高等院校移动商务管理系

移动商务模式设计

Model Design of Mobile Business

（第二版）

洪 涛◎主编 陈 哲 付镜懿 金 达◎副主编

图书在版编目（CIP）数据

移动商务模式设计/洪涛主编. —2 版. —北京：经济管理出版社，2017.1
ISBN 978-7-5096-4829-2

Ⅰ. ①移⋯ Ⅱ. ①洪⋯ Ⅲ. ①电子商务—教材 Ⅳ. ①F713.36

中国版本图书馆 CIP 数据核字（2016）第 316247 号

组稿编辑：勇　生
责任编辑：勇　生　王　聪
责任印制：杨国强
责任校对：超　凡

出版发行：经济管理出版社
（北京市海淀区北蜂窝 8 号中雅大厦 A 座 11 层　100038）
网　　址：www. E-mp. com. cn
电　　话：（010）51915602
印　　刷：玉田县昊达印刷有限公司
经　　销：新华书店
开　　本：720mm×1000mm/16
印　　张：18.75
字　　数：347 千字
版　　次：2017 年 4 月第 2 版　2017 年 4 月第 1 次印刷
书　　号：ISBN 978-7-5096-4829-2
定　　价：38.00 元

编 委 会

专家指导委员会

姜奇平　中国信息经济学会常务理事，中国社会科学院信息化研究中心秘书长，《互联网周刊》主编

赖茂生　北京大学教授、博士生导师

李　琪　西安交通大学电子商务研究所所长、教授、博士生导师

李正茂　中国移动通信集团公司副总裁

刘　丹　北京邮电大学经济管理学院副教授

刘腾红　中南财经政法大学信息与安全工程学院院长、教授

柳永坡　北京航空航天大学副教授

吕廷杰　北京邮电大学经济管理学院院长、教授、博士生导师

马费成　武汉大学信息管理学院教授、博士生导师

秦成德　西安邮电大学教授

乔建葆　中国联通集团公司广东省分公司总经理

沈志渔　中国社会科学院工业经济研究所研究员、教授、博士生导师

汪　涛　武汉大学经济与管理学院教授、博士生导师

王　琦　北京邮电大学副教授

王立新　北京邮电大学经济管理学院 MBA 课程教授，中国移动通信集团公司、中国电信集团公司高级营销顾问

王晓军　北京邮电大学继续教育学院副院长

谢　华　中国联通集团公司人力资源部人才与培训处经理

谢　康　中山大学管理学院电子商务与管理工程研究中心主任、教授

谢进城　中南财经政法大学继续教育学院院长、教授

徐二明　中国人民大学研究生院副院长、教授、博士生导师

徐升华　江西财经大学研究生部主任、教授、博士生导师

杨国平　上海工程技术大学继续教育学院副院长、教授

杨培芳　中国信息经济学会理事长、教授级高级工程师，工业和信息化部电信经济专家委员会秘书长，工业和信息化部电信研究院副总工程师

杨世伟　中国社会科学院工业经济研究所教授，中国企业管理研究会副理事长

杨学成　北京邮电大学经济管理学院副院长、教授

杨学山　工业和信息化部副部长、党组成员

叶蜀君　北京交通大学经济管理学院金融系主任、教授、博士生导师

张华容　中南财经政法大学工商管理学院副院长、教授、博士生导师

张继平　中国电信集团公司副总经理、教授级高级工程师

张润彤　北京交通大学经济管理学院信息管理系主任、教授、博士生导师

张世贤　中国社会科学院工业经济研究所研究员、教授、博士生导师

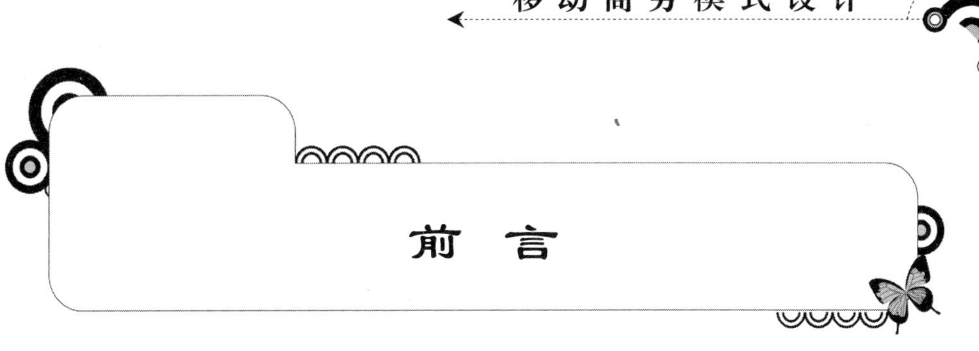

前 言

随着移动互联网的深入渗透，我们的生活、工作和娱乐的移动化趋势越来越明显，移动商务成为不可阻挡的商业潮流。尤其是“互联网+”战略正在推动数字经济与实体经济的深度融合，“大众创业，万众创新”方兴未艾，我们有理由相信，移动商务终将成为商业活动的“新常态”。

在这样的背景下，有必要组织力量普及移动商务知识，理清移动商务管理的特点，形成移动商务管理的一整套理论体系。从2014年开始，经济管理出版社广泛组织业内专家学者，就移动商务管理领域的重点问题、关键问题进行了多次研讨，并实地调研了用人单位的人才需求，结合移动商务管理的特点，形成了一整套移动商务管理的能力素质模型，进而从人才需求出发，围绕能力素质模型构建了完整的知识树和课程体系，最终以这套丛书的形式展现给广大读者。

本套丛书有三个特点：一是课程知识覆盖全面，本套丛书涵盖了从移动商务技术到管理再到产业的各个方面，覆盖移动商务领域各个岗位能力需求；二是突出实践能力塑造，紧紧围绕相关岗位能力需求构建知识体系，有针对性地进行实践能力培养；三是案例丰富，通过精心挑选的特色案例帮助学员理解相关理论知识并启发学员思考。

希望通过本套丛书的出版，能够为所有对移动商务管理感兴趣的人士提供一份入门级的读物，帮助大家理解移动商务的大趋势，形成全新的思维方式，为迎接移动商务浪潮做好知识储备。

本套丛书还可以作为全国各个大、专院校的教材，尤其是电子商务、工商管理、计算机等专业的本科生和专科生，相信本套丛书将对上述专业的大学生掌握本专业的知识提供非常有利地帮助，并为未来的就业和择业打下坚实的基础。除此之外，我们也期待对移动商务感兴趣的广大实践人士能够阅读本套丛书，相信你们丰富的实践经验必能与本套丛书的知识体系产生共鸣，帮助实践人士更好地总结实践经验并提升自身的实践能力。这是一个全新的时代，希望本套丛书的出版能够为中国的移动商务发展贡献绵薄之力，期待移动商务更加蓬勃的发展！

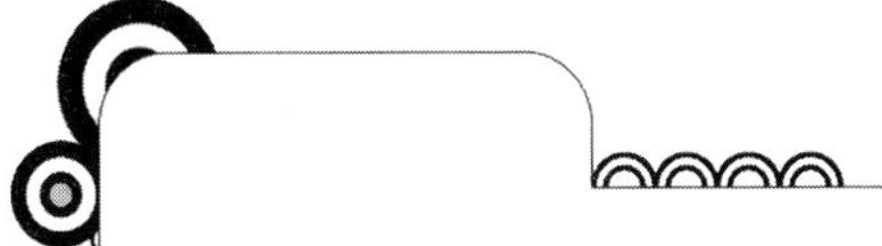

目 录

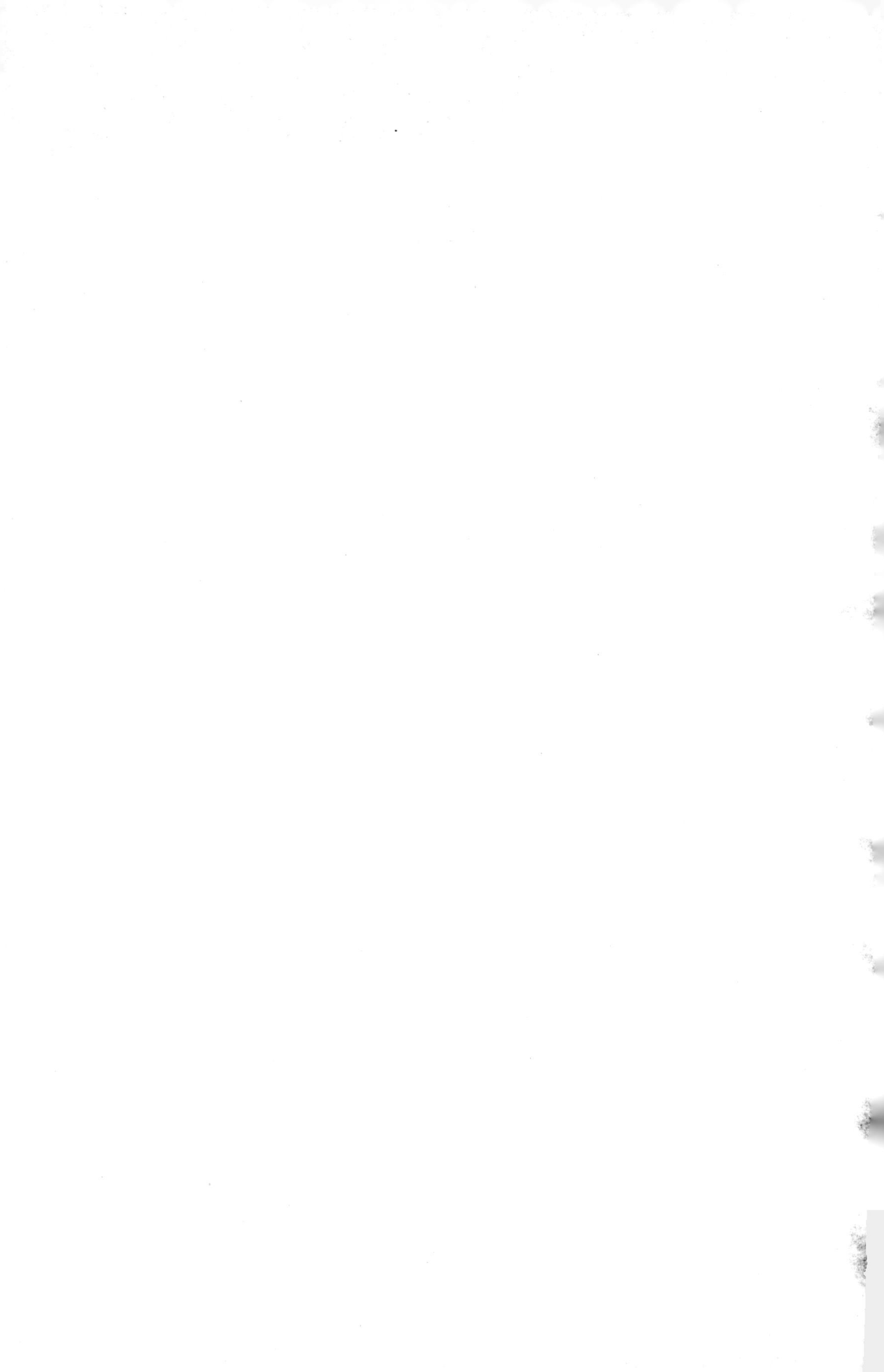

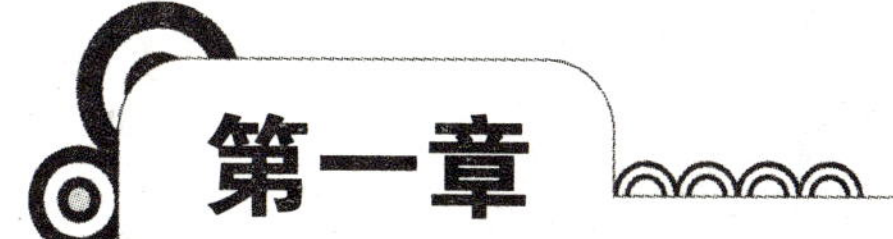

第一章 移动商务概述

学习目的

知识要求 通过本章的学习，掌握：

- 移动商务概念与内涵
- 移动商务的三个阶段
- 移动商务技术
- 移动商务及其流程

技能要求 通过本章的学习，能够：

- 了解移动商务概念
- 了解移动商务的三个阶段及特点
- 了解移动商务技术
- 了解移动商务及其流程

学习指导

1. 本章内容包括：移动商务概念与内涵，移动商务的三个阶段，移动商务技术，移动商务及其流程。

2.学习方法：结合案例了解移动商务的基本概念，移动商务的三个阶段及特点，移动商务技术，移动商务及其流程。

3.建议学时：4学时。

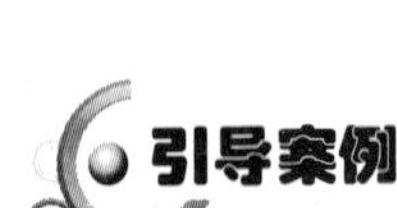

渐行渐近的移动电子商务 2.0 猜想

以前出差都要背个笔记本，现在我基本上不背了，一台 iPhone 加一块充电电池足矣，收邮件、上网、刷微博，手机上都可以完成，干吗非要带个大电脑呢？即便不出差，我打开电脑的时间也比从前大大减少了，回了家我几乎一个星期才开一次电脑，iPhone、iPad 可以满足我的所有需求了。

对我来说，电脑唯一的优势就是它有一个舒服的键盘，打字比较方便，其他方面的功能都可以被移动设备取代了（如果有一天，iPhone 可以出一款带有黑莓那样键盘的手机，可能电脑的这个优势也会被我忽略掉）。从这个意义上说，移动商务的春天已经降临了。

一、移动商务是“颠覆”不是“替代”

移动商务的天下绝不仅仅是这层“替代”的含义，它绝不是说“OK，你 PC 能做的，我手机都能做”这么简单，它现在是在说“我能做的，PC 不一定能做”。

举几个最简单的例子，手机可以拍照，PC 不能；手机可以用 GPS 定位，PC 不能；手机都有 mic 话筒，而 PC 并不都有。虽然这几个零件的成本不高，但它们赋予手机的优势是决定性的。大家可以随便想想看，有多少杀手级的应用是基于这几个硬件的？我粗略举几个例子。

基于拍照的应用：pinterest，美丽说，微博，instagram，二维码，名片全能王。

基于 GPS 的应用：大众点评，google map，陌陌，去哪儿。

基于 mic 的应用：微信，talking Tom。

这些应用都是杀手级的，而且它们都有一个共同的特点，它们或者只有手机版本，或者是其中的核心功能只能在手机上完成。因此，如果说有一天移动互联网取代了 PC，绝不是因为它能够以更便携的体积、更自由的移动性实现 PC 的所有功能，而是因为它提供了 PC 完全不能实现的功能。

二、移动商务 1.0 依旧是淘宝的天下

毫无疑问，利用手机浏览器（也包括 app，如手机淘宝、手机京东等）登录 www 或者 WAP 网站购买商品，这属于移动商务的一种。但这种形式的移动商务，其本质其实和 PC 电子商务是一个道理，只不过是换了一种网络（从电信的宽带网络换成了移动通信网络）、换了一个显示屏（从 PC 的大屏幕到移动设备的小屏幕）而已，它们的道理是相通的，我把它称为移动商务 1.0 模式。理论上讲，在 PC 电子商务上占有优势的公司，在移动商务 1.0 模式下，依然会占有优势。也就是说，淘宝、京东等领先的电子商务公司，在移动电子商务1.0模式中也会继续领跑。

三、移动商务2.0是“消解”不是“打通”

有句话说，能够打败百度的，一定不是另一个百度。所以，能够打败淘宝的，一定不是另一个淘宝，而是一个移动商务2.0的公司。这里，移动商务2.0是我自己的一个定义。

我说的移动商务2.0指的是什么？那就是基于手机特有的硬件，如摄像头、GPS模块、传声器、NFC等，完全消解线上和线下区隔的电商模式。

移动商务2.0和O2O有重合的地方，但是并不完全相同。O2O指的是线上和线下的打通，在这里，线上和线下是割裂的两个体系，一个是实体店，一个是电商网站渠道，它们的陈列体系不同、财务体系不同、组织架构不同、仓储不同……所有都不同，由于它们相互独立，所以才需要“打通”。

但是我所设想的移动商务2.0除了包括这种O2O打通之外，更具有想象力的是“消解”。也就是说，由于移动商务2.0的出现，会诞生“一体两店”的概念。它和O2O不同，“一体两店”的线上线下两个店铺本身是一体的，它们共享同样的商品、同样的库存、同样的财务流程、同样的管理团队，所以，它们其实是同一个店的两面。

听上去似乎有点绕，说个具体点的例子吧（当然，也是我猜想出来的）。估计不少人都有这样的经历，到了一个陌生的地方了，想找吃饭的地儿，于是你拿出手机，打开google map或者大众点评的app，输入“饭店”进行搜索，然后找出一个你觉得还不错的，按照GPS指引的路线走过去吃。

那么我们能不能在买东西的时候也可以这样呢？比如说某人急需要买一个杜蕾斯，这时候，他拿出手机打开某移动电商app，搜索“杜蕾斯”，于是搜出来一堆他附近有杜蕾斯出售的店铺，他可以看到不同店铺的杜蕾斯价格和店铺的地址，而且，他可以选择直接在线付款，然后走过去提货或者选择请店铺快递给他，当然他也可以选择货到付款。

还有另一种可能性，当我们在实体店里逛街的时候，看到了一件我喜欢的衣服，但是我又觉得接下去可能还会碰到更好看的，于是我把这件衣服的条码拍摄下来，它就进入了我的“手机购物车”，我继续去逛街。当我把整个商场逛完以后，我回过头来翻看购物车，留下了其中的3件，然后直接在手机上下单付款，商家把衣服送到我的家里。

这是我的一个猜想，但是我不认为这是不可能实现的，无数当年我们认为不可能的事情，现在都在渐渐成为我们生活的一部分。

资料来源：许维. 渐行渐近的移动电子商务2.0猜想［N］. 天下网商，2012-03-21.

问题：

谈谈你对移动商务1.0、移动商务2.0、移动商务3.0的看法？

第一节 移动商务概念与内涵

一、移动商务的定义

移动商务是指通过手机、PDA、掌上电脑等手持移动终端从事的商务活动。与传统通过电脑（台式PC、笔记本电脑）平台开展的电子商务相比，拥有更为广泛的用户基础。

二、移动商务的内涵

移动商务（M-Business），它由电子商务（E-Business）的概念衍生出来，现在的电子商务以PC机为主要界面，是"有线的电子商务"；移动商务则是通过手机、PDA（个人数字助理）等无线终端通信所进行的各种商务活动。移动商务决定21世纪新的商业活动，是实现企业办公信息化的全新方式，移动商务可高效地与用户接触，允许他们即时访问关键的商业信息和进行各种形式的通信。移动商务是移动通信、PC电脑、互联网、物联网"四网融合"的最新信息化成果。

移动商务是商务活动参与主体可以在任何时间，在一定的无线网络条件下，任何地点实时获取和采集商业信息的一类电子商务模式，移动商务活动以应用移动通信技术和使用移动终端进行信息交互为特性。由于移动通信的实时性，移动商务的用户可以通过移动通信在第一时间准确地与对象进行沟通，与商务信息数据中心进行交互，使用户摆脱固定的设备和网络环境的束缚，最大限度地驰骋于自由的商务空间。

三、移动商务的当事人

移动商务的当事人由7个交易当事人构成（见图1-1）。

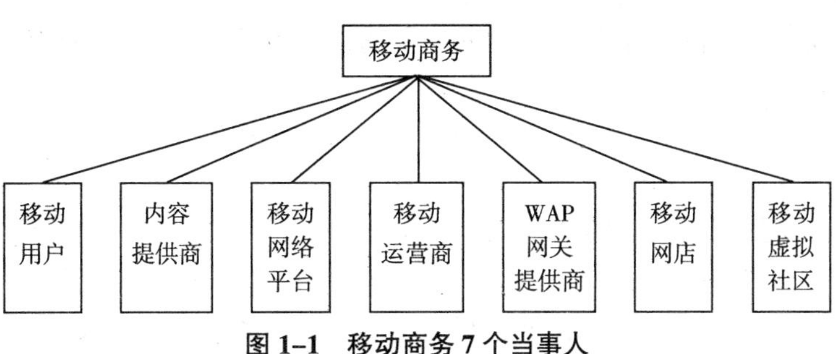

图 1-1　移动商务 7 个当事人

(1) 移动用户。移动用户是指持有各类移动终端的消费者、客户，客户包括采购商、供货商、代理商等，2012 年初我国移动电话用户超过 10 亿人，其中有 4 亿多是手机网民。

(2) 内容提供商。内容提供商直接地或通过移动门户网站间接地向客户提供信息和服务。网络公司通过发布新闻消息等方式，以年、月等单位定期向接收信息和服务的客户收费，收费的金额可能是固定的，也可以根据该信息产品的被访问情况而确定。而战略联盟即移动门户的收益主要来源于最终消费者。通常消费者按浏览的内容或访问的页数收费。内容提供商的关键成功因素在于内容提供商把与移动用户的任务交给其战略联盟完成，而将主要精力专注于专业能力上。同时，还避免了在市场开拓、交易平台维护和管理方面耗费过多的资源。但内容提供商也有其缺陷，即过于依赖内容战略联盟来扩散内容。

(3) 移动网络平台。移动门户通过无线网络使移动用户从不同的移动运营商和内容提供商无线网站来获取服务，同时为移动客户提供服务和信息。移动门户是用户接受无线网络的入口。移动门户的关键成功因素是通过建立灵活的平台，可以支持不同的标准、协议和终端，方便用户交易。通过在各个接触点收集和分析用户信息，移动门户还可以提供个性化、区域化服务。此外，通过建立一定规模的客户基础，移动门户可以吸引移动网络运营商和内容提供商加盟。移动门户主要收入来源于广告收入、交易收入和接入收入等，还可以通过吸引内容提供商做广告来收取费用。

(4) 移动运营商。移动运营商提供一个范围广、使用方便的业务平台，为移动用户提供快捷方便的接入，并在安全、计费、支付等方面提供支持。移动用户、服务提供商和银行在此平台上交换信息。典型应用如中国移动的移动梦网，其服务提供商合作伙伴有 600 多家，提供了超过 7 万种业务。移动运营商的关键成功因素是通过控制移动网络平台，占有主动权，并自主选择内容提供商。作为移动价值链的枢纽，移动运营商确保参与者的交易信息安全。通过与内容提供商合作，也可以吸引移动用户，扩大客户群。在此模式中内容计费存在一定难度。传统的基于时长或数据流量的计费方法已不足以解决移动网络的计费需求。

（5）WAP 网关提供商。WAP 技术是一组通信协议，把 Internet 技术与无线网络技术结合起来，针对移动通信设备接入 Internet 以及其他待开发的新型电信增值业务而设计的一套规范。它通过 WAP 网关对 Web 服务器的信息进行转换，以使 Web 服务器能够浏览 Web 服务器上的内容。WAP 网关提供商的关键成功因素是将处理功能集中在 WAP 网关中，大大减少了手机操作负载。服务提供商还通过与 WAP 网关提供商合作致力于改进服务，而无须担心相关的技术细节以及安全等问题。

（6）移动网店。生产者商家通过 WAP 网关直接与移动用户进行商务活动，提供信息和服务。内容提供商可以通过 Web 服务为用户提供各种有价值的信息，包括私人邮件阅读、世界新闻、金融、旅游信息，用户也可以根据个人兴趣定制信息。目前移动直接面向客户的模式还不是很完善，由于移动设备屏幕、键盘小并且功能复杂，不仅需要新技术实现信息的可视化，还需要合理利用有限的键盘实现操作命令。

（7）移动虚拟社区。移动虚拟社区为用户提供类似于传统网络虚拟社区功能，如交友、聊天和同学录等。2004 年初，Motorola 和友联网联合推出中国首款手机支持的无限虚拟娱乐社区——MOTO 都市。MOTO 都市将网络社区中的精彩内容移植到手机中，包括 MOTO 会所、工作中心、MOTO 购物、MOTO 校友录等多种功能。

四、移动商务的特点和优势

移动商务是一种大众化的商务工具，是一种新销售促销渠道，是一种新的支付工具，是一种个性化的服务。

（一）移动商务的特点

与传统的商务活动相比，移动商务具有如下七个特点：

（1）开放性、包容性。移动商务因为接入方式无线化，使得任何人都更容易进入网络世界，从而使网络范围延伸更广阔、更开放；同时，使网络虚拟功能更带有现实性，因而更具有包容性。

（2）无处不在、随时随地的便利。移动商务的最大特点是“自由”和“个性化”。传统商务已经使人们感受到了网络所带来的便利和快乐，但它的局限在于它必须有线接入，而移动电子商务则可以弥补传统电子商务的这种缺憾，可以让人们随时随地结账、订票或者购物，感受独特的商务体验。

（3）潜在用户规模大。2012 年初我国的移动电话用户已超过 10 亿人，是全球之最。显然，从电脑和移动电话的普及程度来看，移动电话远远超过了电脑。而从消费用户群体来看，手机用户中基本包含了消费能力强的中高端用户，而传统的上网用户中以缺乏支付能力的年轻人为主。由此不难看出，以移动电话为载体的移动电子商务不论在用户规模上，还是在用户消费能力上，都优于传统的电子商务。

（4）能较好确认用户身份。对传统的电子商务而言，用户的消费信用问题一直是影响其发展的一大问题，而移动电子商务在这方面显然拥有一定的优势。这是因为手机号码具有唯一性，手机 SIM 卡片上存储的用户信息可以确定一个用户的身份，而随着未来手机实名制的推行，这种身份确认将越来越容易。对于移动商务而言，这就有了信用认证的基础。

（5）定制化服务。由于移动电话具有比 PC 机更高的可连通性与可定位性，因此移动商务的生产者可以更好地发挥主动性，为不同顾客提供定制化的服务。例如，开展依赖于包含大量活跃客户和潜在客户信息的数据库的个性化短信息服务活动，以及利用无线服务提供商提供的人口统计信息和基于移动用户位置的信息，商家可以通过具有个性化的短信息服务活动进行更有针对性的广告宣传，从而满足客户的需求。

（6）易于推广使用。移动通信所具有的灵活、便捷的特点，决定了移动电子商务更适合大众化的个人消费领域，比如：自动支付系统，包括自动售货机、停车场计时器等；半自动支付系统，包括商店的收银柜机、出租车计费器等；日常费用收缴系统，包括水、电、煤气等费用的收缴等；移动互联网接入支付系统，包括登录商家的 WAP 站点购物等。

（7）更易于技术创新。移动电子商务领域因涉及 IT、无线通信、无线接入、软件等技术，并且商务方式更具多元化、复杂化，因而在此领域内很容易产生新的技术。随着中国 3G 网络的兴起与应用，这些新兴技术将转化成更好的产品或服务。所以移动商务领域将是下一个技术创新的高地。

（二）移动商务优势

与传统电子商务相比，移动电子商务的优势主要表现为五个方面：

（1）移动商务最大的优势是“随时随地”和“个性化”。传统电子商务已经使人们感受到了网络所带来的便利和乐趣，但它的局限在于台式电脑携带不便，而移动电子商务则可以弥补传统电子商务的这种缺憾，可以让人们随时随地炒股或者购物，感受独特的商务体验。

（2）移动商务的用户规模大。到 2012 年 6 月底，我国互联网用户已达到 5.38 亿人，而相比之下，2012 年初，我国的移动电话用户超过 10 亿人，网上手机用户超过 4 亿人。

（3）移动商务有较好的身份认证基础。对传统的电子商务而言，用户的消费信用问题是影响其发展的一大“瓶颈”，而移动电子商务在这方面显然拥有一定的优势。这是因为手机号码具有唯一性，手机 SIM 卡上存储的用户信息可以确定一个用户的身份。对于移动商务而言，这就有了信用认证的基础。此外，与西方国家相比，目前我国银行卡的使用率不高，商业信用体系尚不健全，个人信用体系缺位。银行卡使用率低、使用网点少等现实问题的存在，都给移动电子商务发展提供了机遇。在我国，以移动终端为载体的移动小额支付，有可能代替信用卡，弥补整个社会消费信用制度的缺位，成为人们较为容易接受的新型电子支付方式。

（4）移动电子商务更适合大众化的商务应用。由于基于固定网的电子商务与移动商务拥有不同的特性，移动电子商务不可能完全替代传统的电子商务，两者是相互补充、相辅相成的。移动通信所具有的灵活、便捷的特点，决定了移动电子商务应当定位于大众化的个人消费领域，应当提供大众化的商务应用，因此 B2C 可能成为移动电子商务发展的主要模式。

（5）移动商务能够有效规避传统电子商务出现的泡沫。与传统的电子商务不同的是，在手机钱包、手机银行等移动电子商务发展进程中，移动运营商发挥着十分重要的作用。移动运营商不仅拥有庞大的用户群，而且拥有稳定的收费关系及收费渠道。更为重要的是，近几年来，国内移动运营商已经构建起了成熟的移动数据业务发展产业价值链以及与 SP 进行利润分成的商业运作模式，这为移动电子商务业务的发展创造了良好的条件。此外，在移动电子商务发展之初，将主要面向大众市场，这使得移动商务的发展从一开始就有了现实的支点。因此，在一定意义上说，移动商务可以避免传统电子商务所出现的泡沫和波折。

五、移动商务存在的问题

（一）安全性是影响移动商务发展的关键问题

相对于传统的电子商务模式，移动电子商务的安全性更加薄弱。如何保护用户的合法信息（账户、密码等）不受侵犯，是一项迫切需要解决的问题。除此之外，目前我国还应解决好电子支付系统、商品配送系统等安全问题。可以采取的方法是吸收传统电子商务的安全防范措施，并根据移动电子商务的特点，开发轻便高效的安全协议，如面向应用层的加密（如电子签名）和简化的 IPSEC 协议等。

（二）无线信道资源短缺、质量较差

与有线相比，对无线频谱和功率的限制使其带宽较小，带宽成本较高，同

时分组交换的发展使得信道变为共享；时延较大；连接可靠性较低，超出覆盖区域时，服务器则拒绝接入。所以服务提供商应优化网络带宽的使用，同时增加网络容量，以提供更加可靠的服务。

（三）缺乏对消费者的吸引力

就目前的应用情况来看，移动商务的应用更多地集中于获取信息、订票、炒股等个人应用，缺乏更多、更具吸引力的应用，这无疑将制约移动电子商务的发展。

（四）移动终端设计的不完善

为了能够吸引更多的人从事移动电子商务活动，必须提供方便可靠和具备多种功能的移动设备。例如，基于 WAP 的应用必须比 PC 易于操作（如电话那样）；无线设备采用 WAP 后，仅允许提高较小的成本。移动电子商务作为一种新型的电子商务方式，利用了移动无线网络的诸多优点，相对于传统的“有线”电子商务有着明显的优势，是对传统电子商务的有益补充。尽管目前移动电子商务的开展还存在很多问题，但随着它的发展和飞快普及，很可能成为未来电子商务的主战场。

第二节　移动商务的三个阶段

一、第一阶段：以短信为基础的访问技术

第一代移动商务系统是以短信为基础的访问技术，这种技术存在着许多严重的缺陷，其中最严重的问题是实时性较差，查询请求不会立即得到回答。此外，由于短信信息长度的限制也使得一些查询无法得到一个完整的答案。这些令用户无法忍受的严重问题也导致了一些早期使用基于短信的移动商务系统的部门纷纷要求升级和改造现有的系统。

二、第二阶段：采用基于 WAP 技术的方式

第二代移动商务系统采用基于 WAP 技术的方式，手机主要通过浏览器的方式来访问 WAP 网页，以实现信息的查询，部分地解决了第一代移动访问技术的问题。第二代移动访问技术的缺陷主要表现在 WAP 网页访问的交互能力极差，因此极大地限制了移动电子商务系统的灵活性和方便性。此外，由于 WAP 使用的加密认证的 WTLS 协议建立的安全通道必须在 WAP 网关上终止，

易形成安全隐患，所以 WAP 网页访问的安全问题对于安全性要求极为严格的政务系统来说也是一个严重的问题。这些问题也使得第二代技术难以满足用户的要求。新一代的移动商务系统采用了基于 SOA 架构的 Webservice、智能移动终端和移动 VPN 技术相结合的第三代移动访问和处理技术，使得系统的安全性和交互能力有了极大的提高。

三、第三阶段：同时融合多种技术

第三代移动商务系统同时融合了 3G 移动技术、智能移动终端、VPN、数据库同步、身份认证及 Webservice 等多种移动通信、信息处理和计算机网络的最新的前沿技术，以专网和无线通信技术为依托，为各类商务人员提供了一种安全、快速的现代化移动商务办公机制。数码星辰的移动商务软件是新一代移动商务系统的典型代表。

它采用了先进的自适应结构，可以灵活地适应用户的数据环境，并可以适应于包括移动办公、移动 CRM、移动物流、移动银行、移动销售、移动房地产等所有的商务应用，具有现场零编程、高安全、部署快、使用方便、响应速度快的优点。该系统支持 GPRS、CDMA、EDGE——所有制式的 3G 网络。

第三节 移动商务技术

一、无线应用协议（WAP）

WAP 是开展移动电子商务的核心技术之一。通过 WAP，手机可以随时随地、方便快捷地接入互联网，真正实现不受时间和地域约束的移动电子商务。WAP 是一种通信协议，它的提出和发展是基于在移动中接入 Internet 的需要。WAP 提供了一个开放、统一的技术平台，用户使用移动设备很容易访问和获取以统一的内容格式表示的 Internet 或企业内部网信息和各种服务。它定义了一套软硬件的接口，可以使人们像使用 PC 机一样使用移动电话收发电子邮件以及浏览 Internet。同时，WAP 提供了一种应用开发和运行环境，能够支持当前最流行的嵌入式操作系统。WAP 可以支持目前使用的绝大多数无线设备，包括移动电话、FLEX 寻呼机、双向无线电通信设备等。在传输网络上，WAP 也可以支持目前的各种移动网络，如 GSM、CDMA、PHS 等，它也可以支持未来的第三代移动通信系统。目前，许多电信公司已经推出了多种 WAP 产品，包括 WAP 网关、应用开发工具和 WAP 手机，向用户提供网上资讯、机票订购、流动银行、游戏、购物等服务。WAP 最主要的局限在于应用产品所依赖的无线通信线路带宽。对于 GSM，目前简短消息服务的数据传输速率局限在 9.6kb/s。

二、移动 IP

移动 IP 通过在网络层改变 IP 协议，从而实现移动计算机在 Internet 中的无缝漫游。移动 IP 技术使得节点在从一条链路切换到另一条链路上时无须改变它的 IP 地址，也不必中断正在进行的通信。移动 IP 技术在一定程度上能够很好地支持移动电子商务的应用，但是目前它也面临一些问题，比如移动 IP 协议运行时的三角形路径问题；移动主机的安全性和功耗问题等。

三、“蓝牙”（Bluetooth）

Bluetooth 是由爱立信、IBM、诺基亚、英特尔和东芝共同推出的一项短程无线连接标准，旨在取代有线连接，实现数字设备间的无线互联，以确保大多数常见的计算机和通信设备之间可方便地进行通信。“蓝牙”作为一种低成本、低功率、小范围的无线通信技术，可以使移动电话、个人电脑、个人数字助理（PDA）、便携式电脑、打印机及其他计算机设备在短距离内无须线缆即可进行通信。例如，使用移动电话在自动售货机处进行支付，这是实现无线电子钱包的一项关键技术。“蓝牙”支持 64kb/s 实时语音传输和数据传输，传输距离为 10~100m，其组网原则采用主从网络。

四、通用分组无线业务（GPRS）

传统的 GSM 网中，用户除通话以外最高只能以 9.6kb/s 的传输速率进行数据通信，如 Fax、E-mail、FTP 等，这种速率只能用于传送文本和静态图像，但无法满足传送活动视像的需求。GPRS 突破了 GSM 网只能提供电路交换的思维定式，将分组交换模式引入 GSM 网络中。它通过仅仅增加相应的功能实体和对现有的基站系统进行部分改造来实现分组交换，从而提高资源的利用率。GPRS 能快速建立连接，适用于频繁传送小数据量业务或非频繁传送大数据量业务。GPRS 是 2.5 代移动通信系统。由于 GPRS 是基于分组交换的，用户可以保持永远在线。

五、移动定位系统（MPS）

移动电子商务的主要应用领域之一就是基于位置的业务，如它能够向旅游者和外出办公的公司员工提供当地新闻、天气及旅馆等信息。这项技术将会为本地旅游业、零售业和餐馆业的发展带来巨大商机。

六、第三代（3G）移动通信系统

经过 2.5G 发展到 3G 之后，无线通信产品将为人们提供速率高达 2Mb/s 的宽带多媒体业务，支持高质量的语音、分组数据、多媒体业务和多用户速率通信，这将彻底改变人们的通信和生活方式。3G 作为宽带移动通信，将手机变为集语音、图像、数据传输等诸多应用于一体的未来通信终端。这将进一步促进全方位的移动电子商务得以实现和广泛地开展，如实时视频播放。

七、移动商务操作系统

移动商务操作系统主要有苹果 iOS6 移动操作系统、谷歌 Android 操作系统、微软 Wphone 操作系统、诺基亚 Symbian 操作系统、黑莓 OS 操作系统、Linux 操作系统等。最新数据显示，2012 年第一季度，谷歌 Android 在全球智能手机市场份额占 59%，苹果 iOS6 为 23%。

（1）iOS6 操作系统是苹果推出的移动操作系统，2007 年，苹果推出第一款 iPhone 手机时，其与谷歌地图就建立了非常亲密的关系。但随着 iPhone 手机和其他智能手机的崛起，改变了苹果与谷歌之间的关系。2012 年，苹果发布的 iOS6 操作系统最引人注目的内容，是苹果用自家的地图软件代替了谷歌地图，双方也由原本的合作关系变得针锋相对。苹果 iOS6 的推出对微软也造成了冲击。iOS6 可视电话应用的 Facetime 也支持 3G，并准备将其标准化至手机及电脑中。

（2）Android 操作系统是谷歌的操作系统。谷歌借助 Android 操作系统向移动设备市场的推进，2012 年 6 月，谷歌推出了音乐、电影、电子书和移动应用商店，与苹果的 iTunes 展开直接竞争。如今，移动地图技术成为了谷歌与苹果的最新战场。Android 4.0 就是为了抢在苹果之前布局市场。目前已有多家手机厂商的新产品采用了谷歌这一最新的操作系统。

（3）Windows 操作系统是微软个人电脑（PC）的操作系统，虽然 Windows 系统在移动终端市场上占据的份额还不大，但微软也在亦步亦趋地追赶。其阵营最具代表性的就是诺基亚了。2012 年 6 月，据国内最大通信连锁企业迪信通公布的数据显示，北京地区诺基亚手机市场销售比例由 6%增至 10%，实现近一年以来的首次增长。这得益于诺基亚 Lumia 系列手机登陆国内市场。同时，WPhone 智能系统销售比例也随之提升至 5.2%，而在 2012 年第一季度这一数据还是零。2012 年 6 月微软发布 WPhone8 引起了极大的关注。

第四节　移动商务及其流程

一、网络架构模型

遵循现代通信工程学的基本理念，移动商务涉及三个大的模块的构建：一是终端应用系统，二是空间无线传输通道，三是经济组织内部现存 IT 系统（Intranet）的完善。图 1–2 是一个典型的移动商务应用模式。

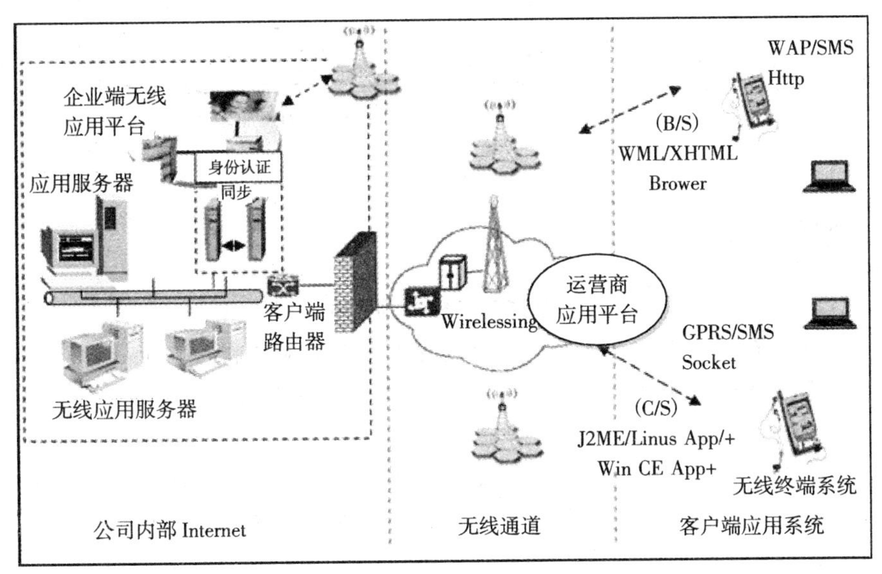

图 1–2　典型的移动商务应用模式

二、移动商务系统体系结构

根据移动商务应用的网络模型，我们可以进一步抽象出移动商务的系统体系结构，如图 1–3 所示。

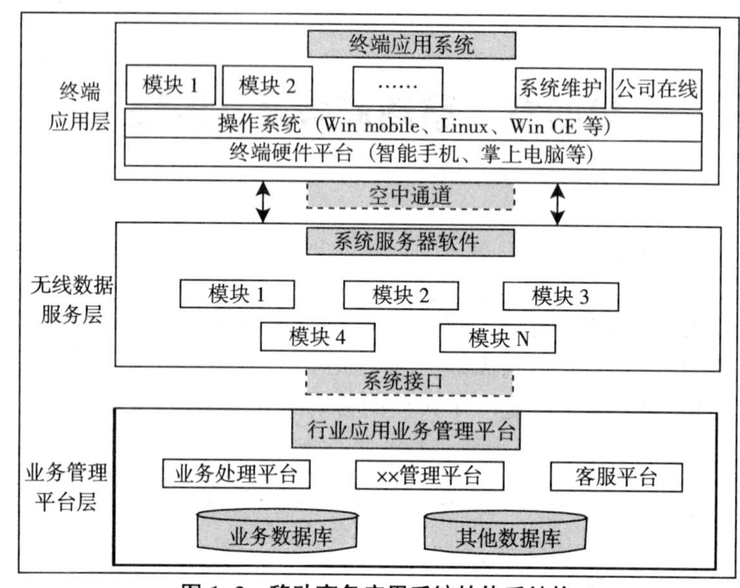

图 1–3 移动商务应用系统的体系结构

空中网移动商务

随着电子科技的飞速发展，中国成为世界最大的手机用户市场，而且人们已经不再局限于其通话功能，手机上网逐渐伴随着人们日常工作生活。而今，以手机功能为载体的电子商务也应运而生。空中网就是其中一个，它敏锐地意识到，由于手机使用方便、携带便捷的特性，将成为人们生活中不可缺少的一部分，而且手机会从一个简单的通信工具，变成集通信、信息和娱乐三位于一体的工具。于是空中网把互联网与手机联系在一起，打造"无线互联网"，推崇一种手机化的生活方式，这是未来人们随时随地获取信息、沟通、娱乐最便捷的方式。本文通过分析空中网的盈利模式，实现对电子商务的进一步探讨。

一、空中网概述

空中网成立于 2002 年初，是一家由海外归国留学生创立的高科技企业。作为移动通信产业的整合平台服务提供商，空中网提供彩信（MMS）、WAP、JAVA 等 2.5G、3G 平台上的产品和服务，以传统互联网和短信为基础服务应用平台，面向整个移动通信增值服务产业。

空中网的使命是为中国手机用户提供最人性化的服务，推崇便捷时尚的手机化生活方式，方便人们随时随地获取信息、沟通和娱乐，提供最便捷的信息产品和技术支持。空中网致力于以领先的技术水平和对用户的深入理解来提供广受欢迎的娱乐产品和完善的服务，为其丰富内容得以实现提供重要保障。

空中网总部在北京，公司下设空中传媒、空中猛犸、空中娱乐产品事业部、空中音乐事业部、商务拓展部、市场部、技术部、网络部等多个部门和分公司，员工人数达到800人。公司云集了来自全球各地的业界精英和一流的管理人员。创始人董事长兼CEO周云帆和总裁杨宁带领全体员工继续向国际化大公司发展，掀起了继互联网之后又一次受人瞩目的成功创业浪潮。

空中网与中国移动、中国联通、中国电信、中国网通结成了合作伙伴关系，通过它们，为中国巨大的手机用户和固定电话用户提供丰富多彩的电信增值服务。空中网与多家国际大型娱乐和体育公司建立了战略合作关系，空中网上游结合运营商各个产品线的业务，下游结合手机等通信终端，通过各种交互式手段，打造出一系列和手机用户随时随地交流互动的平台，开创了手机化的生活方式。

二、空中网的主要业务构成

1. 彩信梦工厂

该板块分成不同种类的主题，制作精美的彩信，供大家下载，传送亲情、友情、爱情等。彩信梦工厂中的主题由最初的三五个增到十几、二十个，彩信内容从明星、日历到风景、宠物、贺卡、卡通人物、汽车等，形式也从一幅图片变成了现在近万首和弦铃声、上万张彩色图片、动画下载，以往好几句话才能表达的意思，现在一个动感彩信就能说明，且图文并茂、色彩鲜明、简单明了。

Web页面上可以任意地浏览大量图片和乐曲，同时，可以选择的手机种类从国外经典的到国内最新的，满足了不同彩信手机用户的需求。

2. 铃声下载

包括和弦铃声与彩铃。体现了服务的周全性，尽量满足更多的消费者，为自己聚拢客户，抢占市场。消费者也可以通过“K铃制造”来得到自己喜欢的由国内顶级音乐人、音乐策划、动画设计师等业内精英全力打造的铃声，上传到网站上，和大家分享。彩铃业务是一项移动增值业务，用户可以通过多种方式选择铃音或语音，对方在拨打你的电话，接通等待时便可收听到丰富多彩的音乐和语音，展现你的个性风采！用户可以设置特定的拨出号码，当你拨打这些号码时，听到的等待音将是你自己设定的铃音或音效，自由享用。彩铃业务的申请和使用不受终端限制，所有的固网电话用户、全球通，神州行以及VPN用户均可使用。

3. 空中商务

包括WAP建站、短信网址和无线营销三种分类业务。空中网企业WAP网站使用标准WAP上网协议，符合WAP2.0规格的生成系统，是适用于企业用户使用的一套专业的手机上网服务，拥有十分丰富的表现力，图片、声音、文字随意组合创造未来3G的新商机。短信网址是利用短信方式及WAP网址方式为移动终端设备快捷访问移动互联网内容和应用而建立的一种访问WAP的方式，是基于移动互联网内容的IP及域名体系之上的应用标准，也称"点播码"是企业开展移动商务的基础。无线营销，是利用第五媒体（手机媒体）进行商业信息精确投放的服务，是企业开展"移动定向营销"的最佳选择。

4. 空中少儿

通过给小朋友们提供以智力百科、情感、心理健康咨询为主要内容的青少年儿童声讯查询服务来收费。自2004年开始，空中网秉承强烈的社会责任感，进军青少年儿童教育领域，致力于儿童娱乐产品同电信增值业务的结合。小神龙热线2004年7月12日开通，在中国几十家电视台同步播出，受到家长和小朋友的欢迎，获得社会好评。从2005年1月开始空中网与中国最大的国产动画公司之一湖南宏梦卡通公司独家合作，基于其制作的"虹猫"大型系列卡通节目，全面推出多种相关的电信增值服务。

比如"虹猫热线"，与"虹猫"大型系列卡通节目合作创建热线，虹猫、蓝兔与小朋友们相约在电话两端，伴随小朋友们共同度过美好时光。热线精彩内容有虹猫、蓝兔春节晚会特辑、有奖问答、音乐频道、开心故事城、游戏屋、卡通明星面对面等。

5. JAVA 游戏[①]

该部分业务有着骄人的业绩。该子网站设有咨询中心、产品中心、开发中心、下载中心和交流中心。介绍了丰富的手机游戏，提供给消费者付费下载。同时也透露一些正在开发的游戏项目，让消费者对游戏更加期待。更让人觉得空中网手机游戏放心的是，这里还开设有交流中心，让众多的消费者在这里抒发一些游戏体验的感言、经验和提出游戏不足之处的建议。这些都能让消费者感到，这个网站是确确实实在为消费者着想，从而能形成一大批忠实的客户，进而带动一大批新的消费者关注和使用空中网的产品。

6. 与NBA联手组建NBA手机官方网站，通过无线网盈利

2007年9月，空中网与NBA共同推出NBA手机官方网站成为无线互联网行业最大的亮点。随时、随地、随身、个性化是NBA手机官网最重要的特点。

---

① http: //game.kongzhong.com/editor/cota/gameshow.html.

除了全球首次实现的手机视频直播，NBA 手机官网更推出了 MyNBA 社区，强化了随身性与互动性。据了解，通过 MyNBA 球迷可以寻找兴趣相投的球友、订阅 NBA 资讯新闻，并能与 NBA 球星进行交流。

2007 年 11 月 10 日，NBA“中国德比”在火箭主场休斯敦丰田中心上演，姚易联手奉献了一场精彩比赛，吸引了超过 2.5 亿球迷的关注。“姚易大战”期间，NBA 手机官方网站 cn.nba.com 的点击量、首次推出的 NBA 手机视频直播观看人数、MyNBA 社区平台同时在线人数均达到峰值。NBA 手机官方网站为空中网赢得了巨大人气。业内人士分析，与 NBA 的合作，是空中网媒体化战略的重要组成部分，体现了空中网以内容满足用户需求的经营理念。有了人气和点击率，就会有商家赞助支持。耐克、摩托罗拉等大广告主已经开始有规模地投放无线互联网广告，随着手机广告市场的迅猛发展，手机广告必将成为空中网未来盈利来源的重要组成部分。

三、空中网盈利模式分析

1. 战略目标

空中网的使命是为全球手机用户提供最人性化的服务，推崇便捷时尚的手机化生活方式，方便人们随时随地获取信息、沟通和娱乐。它的战略目标是成为全球领先的无线互动娱乐、媒体和社区服务的提供商。

2. 目标客户群

空中网的目标客户定位为中国的 10 亿手机用户，以 15~35 岁的年轻人为主。

3. 盈利模式

空中网目前的业务主要包括无线互联网门户 Kong.net、2G 业务（包括 SMS、IVR、CRBT）、2.5G 业务（包括 MMS、WAP、KJAVA）等几大业务。

（1）2G 平台产品收入。首先，SMS 短信收入一直是空中网 2G 收入的主要来源，所占比例大于 60%；其次，IVR 交互语音应答服务；最后，CRBT 彩铃和其他收入。

（2）2.5G 平台产品收入。WAP 收入，首先一直是空中网 2.5G 收入的主要来源，所占比例大于 50%；其次是 MMS 彩信收入；最后是 JAVA 收入。

（3）社区服务、手机媒体、互动娱乐收入。空中网按照品牌线来划分，可以划分为社区服务、手机媒体和互动娱乐三大产品。社区服务主要包括社区交友，其中的产品主要包括不夜城、激情男女和校园情人；手机媒体，以手机为载体，基于获取即时信息的新媒体被国内先锋传媒人士称做“手机媒体”。互动娱乐包括手机游戏、铃声图片和彩铃。互动娱乐收入所占份额基本保持在 50%以上，是空中网营收的主要来源之一。媒体服务营收和社区营收规模相当，保持在 20%左右的规模。而无线互联网门户 Kong.net 目前还是完全免费，没有盈利模式。

4. 核心能力

在建立核心竞争力过程中，空中网始终贯彻“速度为先、内容为本、营销为王、品牌制胜”的16字方针，并且坚持保证品质、精细运营。

空中网放眼长远，关注整体业务发展，凡事提前准备。正是这种态度加上一系列好的时机，空中网虽然发展时间短，却以它的专注和全力以赴成为了新业务的引领者。可见，对时机的把握和速度是其成功的前提条件。

在内容方面，空中网除了深入开发自有内容，还与众多内容提供商开展合作，大量的对外合作缩短了它们自己探索的过程，“拿来主义”和“改良主义”扩大了空中网的产品线，丰富了服务内容，借助合作伙伴内容的力量，空中网走出了一条盈利的捷径。而空中网独特的立体营销攻势，使空中网业务线重点突出，产品遍地开花。

保证品质、精细运营使空中网在产品研发和运营上力求精益求精。产品从策划到上线严格控制每个环节，以求品质完全保证。市面上新出的手机包括还没有上市的，空中网产品制作和运营人员都有，每个产品人员手持五六部手机，都能说出哪款手机更适合使用空中网的哪些产品和服务。

空中网从内容到营销，最终的目的是将空中网打造成为知名品牌，将通信、信息、娱乐集为一体，让更多的人享受空中网提供的便捷时尚的手机化生活方式。

5. 资本模式

空中网于2004年7月在纳斯达克上市，并成功募集了1亿美元，创始人杨宁和周云帆个人持股率各为19.8%。从而成为我国继掌上灵通后第二个在纳斯达克上市的移动服务提供商。

6. 电子商务盈利模式的“1+5”分析

一个核心是指价值创造结构。空中网构建了一个网络资源平台，为广大手机用户提供了下载手机音乐、动画、游戏的专业网站，方便快捷，并且有质量保证。在这个过程中，空中网收取资源下载费用，实现盈利。

五个基本点是指五个基本构成要素，它们是：利润对象、利润点、利润源、利润杠杆、利润屏障：

（1）利润对象是指企业提供的产品或服务的购买者和使用者群体，而空中网的目标客户定位为中国以15~35岁的年轻人为主的手机用户。

（2）利润点是指空中网提供的实物产品和服务产品，对于空中网来说，它的利润点即其网站上的数字资源，主要有无线互联网门户Kong.net、2G业务（包括SMS、IVR、CRBT）、2.5G业务（包括MMS、WAP、K-Java）。

（3）利润源是指企业的收入来源，空中网主要通过向手机下载客户收取下载费用，图铃、游戏、手机上网，根据流量和下载次数计算费用，获得自身收入。

（4）利润杠杆是指空中网吸引客户购买和使用产品或服务的一系列活动，空中网与很多知名企业合作，针对不同阶段年轻人关注的热点问题开展各种各样的活动，实现吸引客户和宣传产品的目的。并且，空中网紧跟时代发展的脚步，应用不断发展的数字技术，不断推陈出新，满足广大客户的产品需求。

（5）利润屏障是指企业为防止竞争对手掠夺本企业的利润而采取的防范措施，空中网作为数字技术的前沿机构，具有其权威性和专业性。空中网有着优秀的企业团队，良好的管理模式，作为中国手机娱乐先锋，带动了国内数字技术的发展。

四、空中网技术路线图

空中网络技术路线见图 1–4。

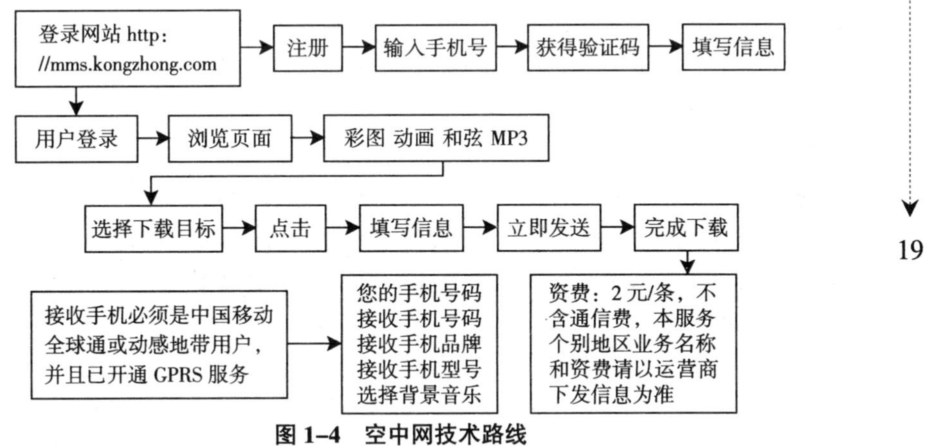

图 1–4　空中网技术路线

五、空中网的新政

2009 年 2 月，空中网把空中网的重心转移到社区和游戏等，打造一个符合手机游戏业务和传统增值服务业务渠道特点的内容资讯与社区及游戏结合的手机门户。

在此思路下，2009 年 2 月 19 日，空中网同诺基亚旗下的风险投资部门诺基亚成长伙伴（Nokia Growth Partners）签署了协议，将以 5 年期可转换优先债券形式，获得对方约 680 万美元的投资；之后 5 年内，诺基亚成长伙伴也有权以每 ADS（美国存托股）5.0 美元的价格从空中网手中再购买 200 万股 ADS。通过和诺基亚合作，空中网能获得重要的硬件平台来支撑新的服务。

1. 流量变交易量

业务线分成三个大块，除门户 Kong.net 外，还包括传统的 SP 业务以及它强势确立的手机游戏。通过 Kong.net 吸引大量免费用户的眼球，将其有效地转换成手机游戏的收入或传统增值服务的收入。通过三条线结合，在产品和渠道上赢得主动权。

2. "押宝"手机游戏

尽管空中网的 SP 业务仍占其总收入 90%，手机游戏业务仅占 10%，空中网总裁王雷雷却异常看好手机游戏市场，他希望 2009 年手机游戏成为收入增长的主要驱动力，占整体收入的 25%~30%，在毛利上应该占 35%~40%。

手机游戏的多元化运营模式也有一定的互补关系。手机游戏的运营中分为单机游戏、WAP 页面游戏和手机网游，2009 年单机游戏会运营 80 款，其中 70%是自主开发，30%是靠品牌合作和分成模式；WAP 页面游戏会有 5 款左右；手机网游会运营 4 款。

在收费模式上，手机网游跟互联网网游一样，靠虚拟道具来收费。单机是按下载收费，一次收 8~10 元。WAP 页面游戏也是靠虚拟道具来收费，三种手机游戏互相具有替代作用。

带宽的增加、资费的下调也给手机游戏带来了机会，2008 年底以来，中国移动的上网资费已经平均下调了 50%多，这有助于缓解此前手机上网的 20 号现象（每月 20 号的时候，由于包月流量已经耗尽，手机上网用户量大减）。对于游戏来说，则意味着功能可以更复杂，画面可以更精细。

3. 新模式探索

除了手机游戏，空中网看好传统 SP 中的音乐业务。另外 2009 年比较热的在手机上做类似于 Flash 小游戏产品。空中网年内会推出近 100 款 Flash 分析，它产生一个玩这个 Flash 的社区。还有就是，空中网把之前的经营成果，今年重新包装成一个梦幻城的概念，会更突出在休闲游戏的概念。

总之，空中网最大的成功是实现了从传统 SP 向无线互联网门户的升级，并将"免费内容 + 广告"这一经过传统媒体及互联网验证的盈利模式移植到无线互联网。据统计，中国目前有超过 10 亿手机用户，通信产业规模超过 4000 多亿元，而中国通信产业每年的移动无线增值业务收入已经超过 500 亿元，其中非短信类的无线增值业务超过 200 亿元的规模。空中网于 2007 年正式提出媒体化战略，确立了以内容赢得用户黏合度、以用户赢得广告收入的盈利思路，并在此思路下全面整合旗下的产品和市场资源。

空中网发展时间虽短，但赶上了最早开展 2.5G 业务的浪潮，而且以它们的专注和全力以赴成为了新业务的引领者，同时也与中国移动建立了良好的紧密合作关系，为后来的发展开了个好局。从空中网的模式可以看出，用户规模、消费者需求、创新业务平台、整合产业链、迅速扩张是一种商业模式得以成功的重要元素。

资料来源：洪涛. 电子商务盈利模式案例 [M]. 北京：经济管理出版社，2010.

问题讨论：

1. 空中网有哪些移动商务业务？
2. 简析空中网的“1+5”盈利模式。
3. 试析空中网的技术路线图。

本章案例 2

移动商务模式之争也是操作系统之争

在 2G 时代，手机的操作系统不重要，因为手机的基本功能只有语音和短信，它的文件格式是通用的，完全不同的手机，打电话和发短信，没有任何问题。但是 3G 却完全不同，不仅是打电话和发短信，其实也不是用手机上互联网，而是需要用手机完成各种应用，需要在手机里安装各种新的软件，操作系统显然就极为重要，它和一个建筑一样，是这个建筑的最基础的结构。

一、众多操作系统并行发展是一个灾难

目前手机的操作系统有 10 个之多，非常强大的 Symbian、和 PC 有很好同步能力的 Wphone、苹果的 iOS、黑莓 OS，还有 Linux 和 Android 等，这些操作系统并行发展，其实就是一场灾难。因为所有的业务都需要为这些操作系统做适应，每一个业务都需要多次开发，而用户手机互不通用，每一次换手机都会成为一场灾难。

操作系统解决的途径无非两个：一个途径是和通信频率一样，全世界认识到通用的价值，必须通用，通过全球性的国际组织，形成统一的标准。另一个途径是通过市场的竞争和选择，形成一统天下的格局。我们都知道 PC 曾经有过上百个操作系统，但是最后存在的无非是两大系统，一个是 Windows 系统，另一个是苹果的系统。虽然还存在其他的一些系统，但是均无法形成真正的影响力。手机目前还没有看到国际组织来形成标准。自然竞争最后一统天下的态势非常明显，未来十多个操作系统，会逐渐演变成“五强争霸”，最后到“两强对峙”，形成今天 PC 的基本大格局。

二、未来的五大操作系统

Symbian：曾经这个系统占据了手机 60%左右的市场份额，绝大部分用户使用的手机都是这个操作系统，很久以来，Symbian 系统以人性化、操作方便著称，也有数十亿用户习惯了使用它。在它的后面有一个强大的诺基亚。尤其值得的一提的是，现在它已经是一个开放的系统，它得到大量开发者的支持。现在任何一个手机业务如果不先想到诺基亚的手机、不想到Symbian，那无疑是放弃一个巨大的市场。然而Symbian要面临的一个巨大考验是，它是2G时代开发的系统，虽然面向智能手机时代，已经出了S60，功能也越来越强大，但是它的底层架构还是存在一些问题，效率不是很高。同样的硬件情况下，表现并不尽如人意，而以后用什么办法能突破，这也是一个巨大问题。但是，Symbian在相当长一段时间会非常强大，我们也渴望诺基亚能在架构上完善Symbian，或者用新的系统来取代它。

Wphone：在PC时代，Windows的强大是不容置疑的，在手机领域要重造一个Windows是微软一直的梦想。所以微软投入了很大精力在手机操作系统想有所作为，Windows ce，Windows mobile一直到今天的Wphone。坦率地说，情况一直不太好，从来没有达到微软希望的份额，甚至未来有被挤垮的危险。出现这样的情况，最重要的一点，微软在手机操作系统上，一直没有形成突破性的思维，而是沿袭了Windows的思路，一方面这个系统臃肿，许多智能手机一上就被拖慢，甚至被拖垮，用户体验不好，另一方面在UI的设计上，还是Windows多层菜单式，这完全不符合手机的特点，这方面可以说微软没有创新，只有守旧。Wphone可圈点之处，就是和PC的同步非常强大，也比较方便。因此，随着硬件越来越强大，它还是会有一些机会，不过如果没有质的变化，它不会有大的机会。

iOs：iPhone的创新，不止是一个外观和设计，其实它更重要的操作系统和UI的创新，这个基于Linux的操作系统，无疑是为智能手机专门开发的，我们都知道，iPhone产品的硬件配置都不高，尤其是CPU，无法和现在高端智能手机相比，但是它的稳定性和反应速度却比许多智能手机要好。道理就是操作系统，这是一个架构简单、反应速度快、稳定性高的系统，它的出现使智能手机操作的体验和感受发生了质的变化。而它的UI设计却革命性地打破了菜单与层级，用平铺式的多屏设计，把每一个应用都平铺在用户的面前，让用户能用最快的速度找到自己喜欢的应用。所有用过iPhone的用户，都会有新的体验和感受，应该说，目前为止，对于智能手机的理解，还是iPhone的系统做得最好。现在大部分系统都要把UI从层级转向平铺也很明显说明了这一点。iPhone最大的问题，这是一个封闭的系统，只有苹果自己用这个产品，支持的手机非常少，这种情况它就缺乏了爆发力，很可能会重演PC的格局，东西好，但是只能在一个小的平台上，而且虽然现在iPhone有大量的软件，只不过起步早，其他系统采用开放的平台，有大量手机支持，假以时日，超过iPhone是不成问

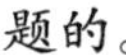

题的。

黑莓 OS：这也是一个封闭的系统。BlackBerry 产品最初出现时，并不是为了打电话，而是为了收发电子邮件而研发，这个产品一开始就不是为了电话而生的，因此，它的目标是企业移动办公的一体化解决方案，这个系统也是一个智能化程度很高，架构适合智能手机的系统。这个系统一个最大的特点，就是它的立足点不是通信，而是一个企业移动办公的平台，有很多有针对性、商用质量很高的商业应用作为支持。而且它的安全性程度较高，对于高端商业人士而言，不仅可以方便快捷地进行商务处理，同时，很大程度上，它的可靠性是值得期待的。通过相当一段时间发展，黑莓手机已经成为了欧美地区，尤其是美国商务人士的标志。这些和它的稳定、具有安全性的操作系统有很大关系。

黑莓也存在一个较为封闭的问题，它只适合 Blackberry 手机，而且如果它要开放，就失去了安全性和自己特有应用的价值。

Android：这是一个充满了潜力的操作系统。首先，它是一个为智能手机开发的操作系统；其次，它是没有带着旧的思维定势的操作系统；最后，它是一个开放的操作系统。这些使 Android 具有完全不同于过去操作系统的一些特质。一方面，它的架构简洁，符合智能手机的需要，在这样简洁的架构下，手机的响应效果较好。其实在这个操作系统的开发过程中，已经有多个智能手机操作系统成功与失败可以作为参考，而且世界上也已经从手机电话向智能手机转变，它可以摒弃一些不适合智能手机的特点，而采用最有价值的方案和思路。比如 UI 设计，它就基本采用了平铺式的结构，而不现采用层级菜单。另一方面，Android 采用的是开放的模式，因为它的核心开发者 Google 并不是手机制造商，手机厂商使用这个系统，不会有心态上的压力，可以相信，会有越来越多的厂商采用这个系统，而中国移动也在此基础上改造开发了 OMS 系统，可以想象，随着时间的推移，中国移动的 5.5 亿用户会产生爆发力，因此，这个系统在未来会有远大前途。而今天它也已经成为摩托罗拉和索尼爱立信重新崛起的重要支撑。

随着 3G 的发展，手机操作系统从多极化向集中过渡是必然的，可能未来手机的操作系统主导的只会在 2~3 个，大部分今天的操作系统会边缘化，而在这些操作系统中，这五大操作系统是更会有机会成为最后的获胜者。当然市场的发展是瞬息万变的，会不会有新的系统崛起，尚未可知，不过今天这五大操作系统是我们不能忽视的操作系统。

资料来源：http：//www.emzay.cn/3g/19.htm.

问题讨论：

1. 为什么说“这些操作系统并行发展，其实就是一场灾难”？
2. 未来移动商务操作系统是由市场来决定的吗？

本章小结

在第一节移动商务概述里，论述了移动商务的一些基本问题。

移动电子商务是指通过手机、PDA、掌上电脑等手持移动终端从事的商务活动。与传统通过电脑（台式PC、笔记本电脑）平台开展的电子商务相比，拥有更为广泛的用户基础。

移动商务的内涵是指通过手机、PDA（个人数字助理）等无线终端通信所进行的各种商务活动。移动商务决定21世纪新的商业活动，是实现企业办公信息化的全新方式，移动商务可高效地与用户接触，允许他们即时访问关键的商业信息和进行各种形式的通信。移动商务是移动通信、PC电脑、互联网、物联网“四网融合”的最新信息化成果。

移动商务由7个交易当事人构成：①移动用户；②内容提供商；③移动网络平台；④移动运营商；⑤WAP网关提供商；⑥移动网店；⑦移动虚拟社区。

移动商务是一种大众化的商务工具，是一种新销售促销渠道，是一种新的支付工具，是一种个性化的服务。具有7个特点：①开放性、包容性；②无处不在、随时随地的便利；③潜在用户规模大；④能较好确认用户身份；⑤定制化服务；⑥易于推广使用；⑦更易于技术创新。

移动商务与传统的电子商务相比的优势有：①移动电子商务的最大特点是“随时随地”和“个性化”；②用户规模大；③有较好的身份认证基础；④移动电子商务更适合大众化的商务应用；⑤未来的移动电子商务市场将主要集中在四个方面：自动支付系统；半自动支付系统；日常费用收缴系统；移动互联网接入支付系统；⑥移动电子商务能够有效规避传统电子商务出现的泡沫。

移动商务存在的问题主要有：①安全性是影响移动商务发展的关键问题；②无线信道资源短缺、质量较差；③缺乏对消费者的吸引力；④移动终端设计的不完善。

在第二节里，论述移动商务发展的三个阶段：①第一阶段以短信为基础的访问技术；②第二阶段采用基于WAP技术的方式；③第三阶段同时融合多种技术。

在第三节里论述了移动商务的技术：①无线应用协议（WAP）；②移动 IP；③“蓝牙”（Bluetooth）；④通用分组无线业务（GPRS）；⑤移动定位系统（MPS）；⑥第三代（3G）移动通信系统；⑦移动商务操作系统。

本章复习题

一、名词解释

移动商务　移动商务技术

二、选择题

1. 移动商务由（　　）交易当事人构成。

A. 移动用户　　B. 内容提供商

C. 移动网络平台　　D. 移动运营商

E. WAP 网关提供商　　F. 移动网店

G. 移动虚拟社区

2. 开展包含大量活跃客户和潜在客户信息的数据库的个性化短信息服务活动，并且可以通过具有个性化的短信息服务活动进行更有针对性的广告宣传，这是基于（　　）。

A. 移动商务潜在用户规模大

B. 移动商务能较好确认用户身份

C. 移动商务能提供定制化服务

D. 移动商务具有无处不在、随时随地的特点

3. 移动商务是（　　）融合的信息化成果。

A. 移动通信　　B. PC 电脑

C. 互联网　　D. 物联网

4.影响移动商务发展的关键问题主要是（　　）。

A. 安全性差　　B. 无线信道资源短缺、质量较差

C. 缺乏对消费者的吸引力　　D. 移动终端设计的不完善

5.移动商务技术主要有（　　）。

A. 无线应用协议（WAP）　　B. 移动 IP

C. “蓝牙”（Bluetooth）　　D. 通用分组无线业务（GPRS）

E. 移动定位系统（MPS）　　F. 第三代（3G）移动通信系统

三、简述题

1. 简述移动商务技术发展所经历的三个阶段。

2. 试述现实中应用广泛的几种移动商务技术。

3. 结合现实中的事例，谈谈移动商务在生活中的应用。

四、论述题

与传统的商务活动相比，移动商务的优势及面临的问题有哪些？

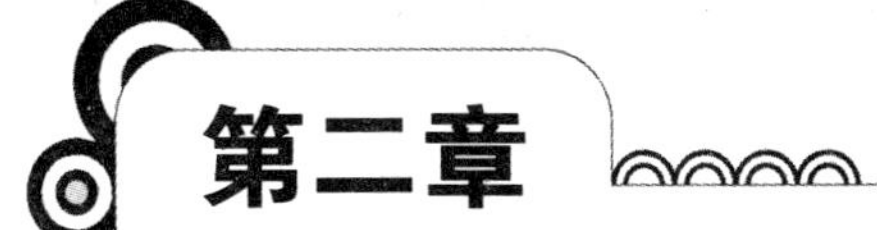

第二章 移动商务模式

学习目的

知识要求 通过本章的学习，掌握：

- 移动商务的定义和内涵
- 移动商务的特点
- 商业模式概念及其内涵
- 成功商业模式的特点
- 移动商务具有的优势
- 安全性是影响移动电子商务发展的关键问题
- 移动商务经历三个阶段的技术方式
- 移动商务“1+5”模式

技能要求 通过本章的学习，能够：

- 分析移动商务存在的问题
- 了解移动商务的功能
- 熟悉移动商务模式分类
- 懂得移动商务技术的应用
- 运用移动商务“1+5”模式进行案例分析

学习指导

1. 本章内容包括：移动商务模式理论基础，移动商务通模式，移动商务的三大主流模式。

2. 学习方法：结合案例了解移动商务模式理论，移动商务通模式，移动商务的三大主流模式。

3. 建议学时：4 学时。

便携上网器频换"马甲"

在近一两年时间，随着移动互联概念的快速发展，WIFI 与 3G 无线网络的逐步普及，国内市场上便于移动的电脑终端不断冒起，不单是传统处理器厂商、PC 厂商，就连手机芯片厂商以及手机厂商都希望在此分一杯羹，因此各种形态，各种尺寸，功能大同小异的便携式笔记本产品纷纷登场。当中的名称也不尽相同，有上网本、平板电脑、UMPC、MID……最近，有厂商更推出了名为智能本（Smartbook）的便携式移动上网终端。

不少用户对这些功能大同小异而名称如天书奇谈的电脑产品表示迷茫。今天，就让我们来系统了解一下吧。

一、移动商务催生多形态产品

总的来说，这些不同名称的电子产品，主要功能都是便于用户携带，在户外进行商务办公处理、上网冲浪等。

在一系列便携式笔记本产品中，上网本最为消费者所熟悉。为了保证该产品有准确的市场地位，英特尔更曾严格规定，上网本大小在 7~10 英寸，重量不超过 1.5 公斤，价格低廉。

然而，随着上网本从 2008 年的火暴到 2009 年的降温，并且面临众多劲敌，芯片厂商似乎将标准放开了。在 2009 年，在市场上开始出现一些屏幕尺寸在 11~12 英寸，搭载英特尔 Atom 处理器的笔记本产品，它们也被称为"上网本"。

不仅是上网本遇到"定义危机"，目前，平板电脑、MID、UMPC 等都遇到类似的问题。当初业界对平板电脑的定义是一款无须翻盖、没有键盘、小到足以放入女士手袋，但功能完整的 PC，屏幕一般小于 10.4 英寸。如今市场上，屏幕在 10 英寸以上、具备键盘、被厂商称为"平板电脑"的产品并不少见。

而 MID 与 UMPC 的分别，也是令人费解。它们都是屏幕在 4~6 英寸，能放在用户口袋里的笔记本。据业界定义，UMPC 和 MID 的界定不在于硬件、规格和软件，而在于应用。UMPC 强调的是全功能的小型随身计算机，面向移动商务人士，而 MID 针对的是普通消费者。

上网本经历了近两年的火热，尽管目前逐步降温，但仍然没有降低各大厂商的热情，现在，不仅是 PC 厂商、芯片厂商、硬件厂商，甚至是 MP4 厂商，都在推出不同硬件、不同系统的便携式移动笔记本产品。

业内人士分析，如今市场上众多不同尺寸的便携式笔记本产品出现，只是厂商们为了尽可能覆盖市场，要说到它们的性能有多大的不同，实质上没有太大的区别。有的只是外形、尺寸、软件以及机身上品牌的不同。

二、都拿革命性来说事

一款新产品初亮相时，总有厂商会乐此不疲地称其为革命性产品，甚至说会取代某竞争产品。日前，显卡制造商英伟达执行长黄仁勋表示，各式各样的平板电脑即将上市，2010 年将掀起一场“平板电脑革命”。

而刚刚登场的智能本，也被业内人士表示有足够的能力与上网本叫板，并会成为主流。

然而，业界对此并不抱过高期望，鉴于全球金融危机后复苏速度尚不确定，平板电脑、智能本是否能吸引消费者掏腰包尚不清楚。

业内人士表示，平板电脑、上网本与智能本这三种产品，从目前情况来看，说谁能替代谁，还言之过早。正如很多人说台式机会被笔记本取代，现在台式机依然有一定的生存空间，因为只要市场有需求，它就会存在。

三、消费提醒：莫被概念搞晕了头

对于一名非专业人士，或者非电脑发烧友的普通消费者来说，要准确地区分它们，并不容易。名字越多、概念越多，用户只会越糊涂，也不知道什么产品才最适合自己的需要。

最近，更有 IT 发烧友在其博客上生动地通过图片和文字向网友介绍如何分别 MID 与 UMPC 这两种性能相仿的移动网络终端。

一些电子产品的概念名称往往只是让厂商以及销售人员更能清晰地区分其功能和市场定位，有的甚至是为了与竞争对手功能类似的产品区分，并突出自己的优点，作出另外的命名。最明显的，就是上网本和智能本。

如今电脑产品已朝着大融合方向发展，厂商为了进一步满足市场需求，将多种功能融合在同一产品中。例如现在一台平板电脑、智能本，它的主要功能是上网、邮件收发和进行办公文档处理。这和上网本的主要功能有着大部分的重叠，如此同质化的产品，导致了用户无法分清不同概念产品真正的不同用处。

当然，不同形态、不同功能的移动网络终端产品诞生，对于消费者来说，也算得上是一件好事，起码能有更多的选择。

资料来源：文静. 便携上网器频换“马甲”[N]. 广州日报，2010-01-13.

➡ 问题：

你如何看待移动商务模式？

第一节 移动商务模式理论基础

一、移动商务模式

移动商务模式是由移动商务价值链中的某几个部分相互合作而逐步形成的盈利模式。移动商务模式包括移动运营模式和移动商务模式。具体来说有以下两种：

1. 价值链模式

商务模式是价值链中的多个参与角色根据服务提供和收入分配等方式相互联系、相互影响形成的一个商务系统。商务模式描述了移动运营商和外部合作伙伴在价值链中的分工和扮演的角色，是指外部的、企业实体间合作的方式，重点解决企业与环境的互动关系，包括与产业价值链环节的互动关系（见图 2–1）。

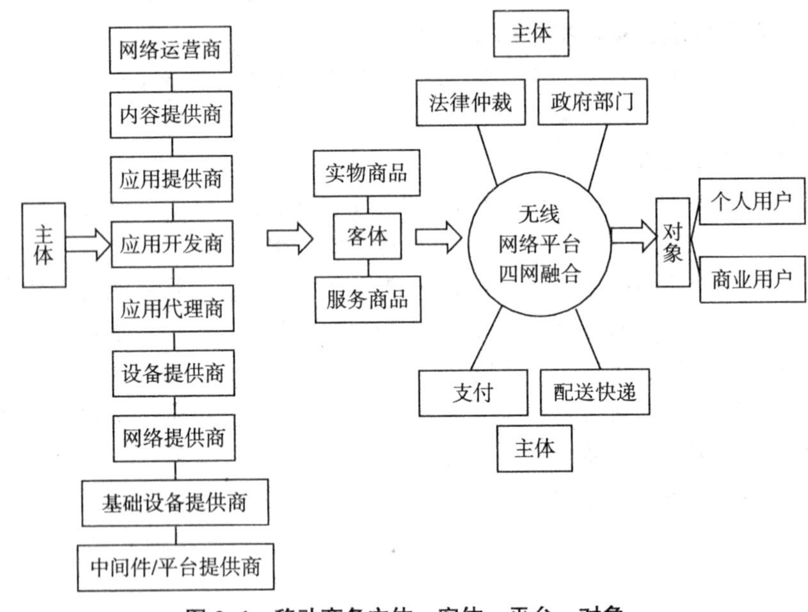

图 2–1 移动商务主体、客体、平台、对象

2. 运营链模式

企业内部支持该商务模式的一组内部业务流程（端到端的业务活动、业务活动之间有先后、依赖、输入输出、并行等关系）或业务实现方式构成了运

营模式。运营模式是指企业实体内部的运营流程，由于中国移动二级架构的特点，我们把中国移动分成省公司和集团公司来探讨运营流程的复杂性（见图 2-2）。

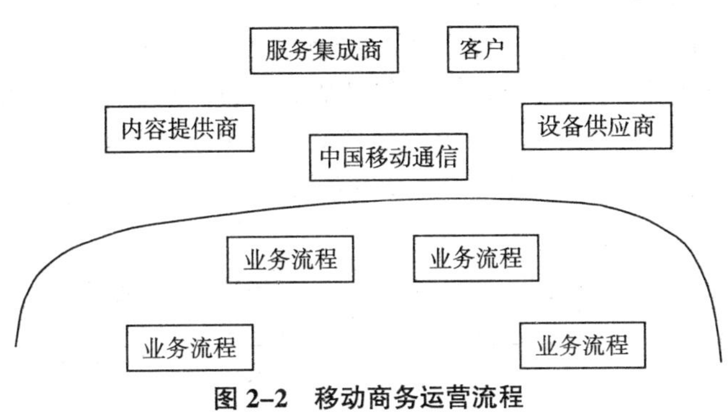

图 2-2 移动商务运营流程

二、移动商务体系结构

1. 移动商务的主体

移动商务的主体包括内容商和服务的参与者、技术商的参与者、法律和政府机构的参与者以及用户。

（1）内容商和服务商的参与者通常指网络运营商、内容提供商、内容综合商、应用提供商、应用开发商和无线门户等。

（2）技术商的参与者指设备提供商、网络提供商、基础设施提供商、中间件/平台提供商等。

（3）法律、政府机构的参与者，如法律机构和政府机构等。

移动商务企业的内部构成主要包括市场部、数据部、集团客户部等。

2. 移动商务的客体

移动商务的客体是指移动商务主体提供给社会的实物商品和服务商品，其服务商品是指其提供的各类服务，如语音、数据（固定数据和移动数据）。

3. 移动商务的对象

移动商务的对象包括个人用户、集体用户、业务集成商等，其中目前 9 亿移动手机用户是其主要的移动商务对象。

4. 移动商务的空间网络

移动商务的网络包括电信网、互联网、电视网（主要包括移动网）、物联网，其中移动电信网是其直接网络；此外，互联网、电视网、物联网是其间接网络。随着“三网融合”、物联网的发展，移动商务的网络将不断地创新，形成宽带网、数字电视网、新一代互联网、物联网“四网融合”趋势。

三、移动商务价值链

移动商务价值链包括内容与服务、内容与服务集成商、业务门户、网络运营、应用软硬件平台、终端设备、客户接触渠道、受理与开通、收费与支付、售后服务 10 个环节，这 10 个环节的有机结合，或者融合，称之为移动商务价值链。又称为 3G① 时代信息产业价值链，呈现出更多参与角色、以用户（消费者）为中心的特点，具体表现这中国移动价值链的 10 个环节（见图 2-3）。

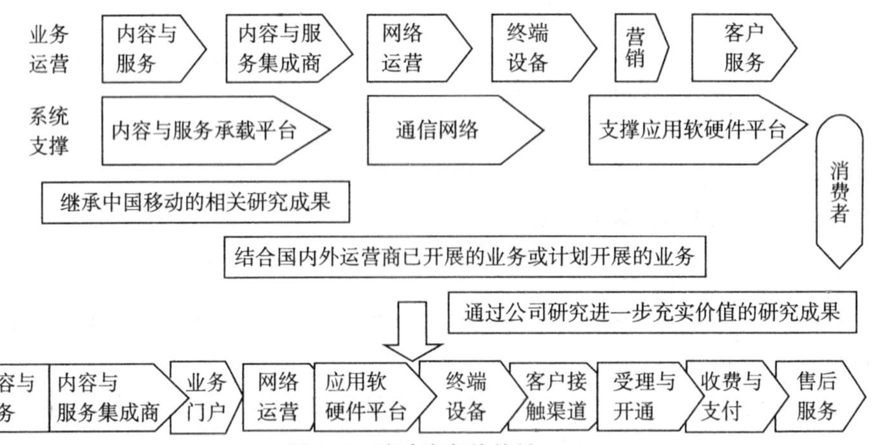

图 2-3 移动商务价值链

1. 内容与服务

(1) 采集或创建信息和内容；

(2) 将原始信息和内容加工成一种可以传播的版本；

(3) 管理产生信息的资源和信息内容。

2. 内容与服务集成商

将信息和内容加工成适合运营环境传播和管理的媒体形式；构建特定的网络和系统以实现特定服务的提交，虚拟产品承载开发和运营。

3. 业务门户

管理客户注册信息和客户消费行为习惯，是管理客户的入口。

① 第三代移动通信技术（3rd-generation，3G），是指支持高速数据传输的蜂窝移动通信技术。3G 服务能够同时传送声音及数据信息，传输速率一般在几百 kbps 以上。目前 3G 存在四种标准：CDMA2000，WCDMA，TD-SCDMA，WiMAX。

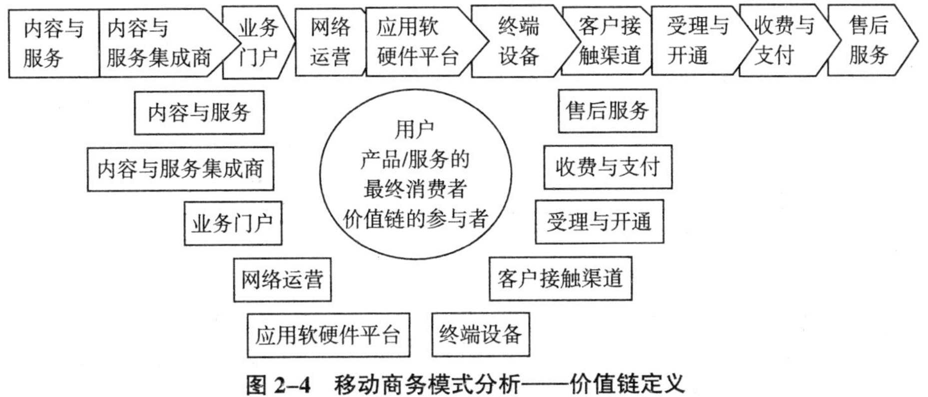

图 2-4 移动商务模式分析——价值链定义

4. 网络运营

提供物理的、虚拟的基础网络，实现内容和服务的接入和传输；基于移动网所掌握的终端位置数据；SIM 卡的制造和管理。

5. 应用软硬件平台

企业管理信息系统开发和运营，包含支撑系统和其他企业管理信息化系统。

6. 终端设备

手机和其他无线终端等硬件终端；软件界面和操作系统。

7. 客户接触渠道

销售网点的开发、部署和管理；客户的接触和获取（客户资源的获取及维系）。

8. 受理与开通

产品订购关系生成和维护管理；服务开通、变更管理。

9. 收费与支付

对产品使用的记录，批价；对客户使用费用的收取和管理，提供客户缴费渠道；客户欠费，呆账的管理。

10. 售后服务

提供产品的售后服务，提供客户投诉渠道；满足客户咨询的需求；满足客户建议的需求。

四、移动商务模式

（一）移动电信具体模式

移动电信具体模式包括定制终端、客户门户运营、功能型服务、关系型服务、100%的独立运营、MSP、自有信息服务、代营销、代服务、代计费、全运营、成为数据运营商、支撑外包、支撑虚拟运营 14 种具体移动电信模式（见图 2-5）。

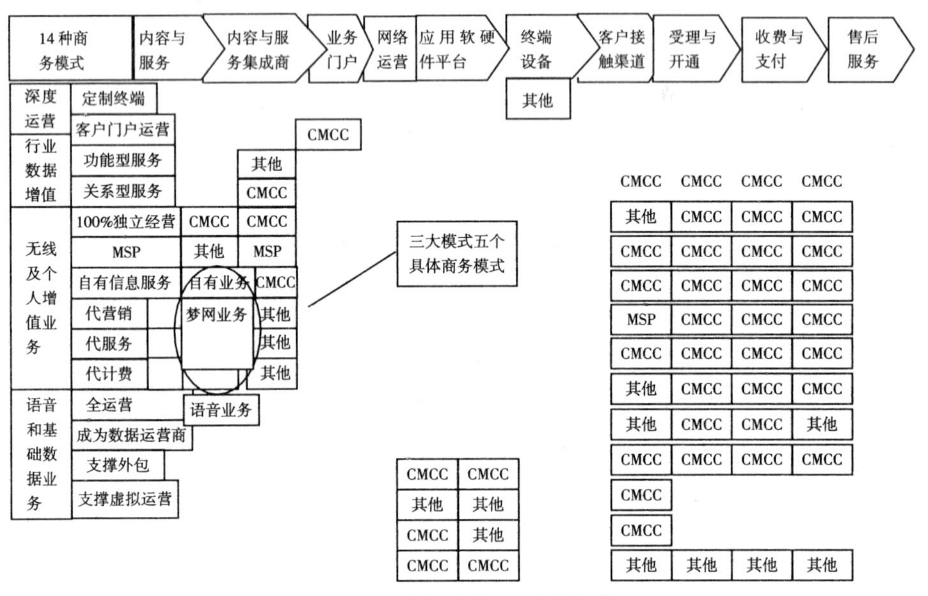

图 2-5 移动电信的 14 种具体模式

（二）主要移动电信模式

在上述 14 种电信具体模式中，又分三大类：自有业务、梦网业务、语音业务，其中自有业务指自有信息服务，梦网业务指代营销、代服务、代计费，语音业务指全运营，即三大类中又包括五大类。

（三）主要移动商务模式

主要移动商务模式包括七大类，具体包括成为虚拟运营商模式，代计费、代服务、代营销模式，自有信息服务模式，功能型模式，关系型模式，客户门户运营模式，定制终端模式，这七大类模式是比较普遍的移动商务模式（见图 2-6）。

（四）"四网融合"背景下的移动商务模式

"四网融合"背景下的移动商务模式包括 B2B 移动商务模式、B2C（含 B2F）移动商务模式、B2B2C 移动商务模式、C2B（C2T）移动商务模式、C2C 移动商务模式、移动支付移动商务模式、移动商务供应链模式等（见表 2-1）。

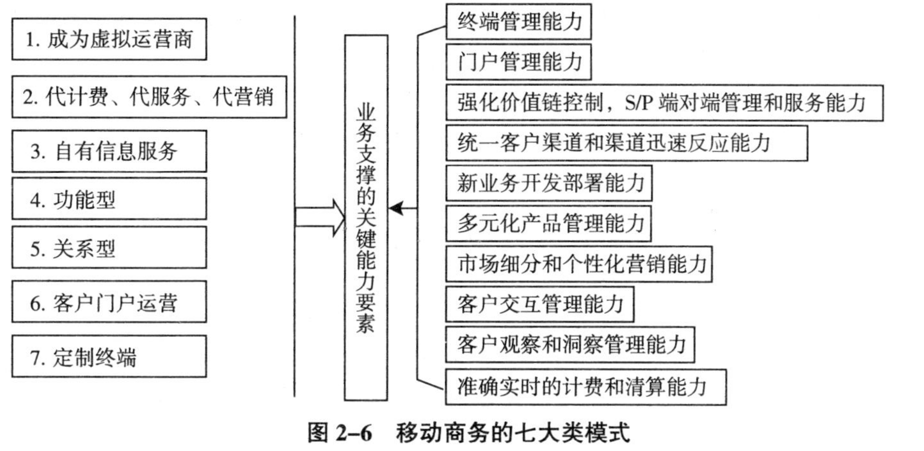

图 2-6 移动商务的七大类模式

表 2-1 移动商务类型

电子商务类型转换				
B2B	C2C	G2B	M2C	ABC
RAT	O2O	G2C	BMC	BAB
B2C	C2B/C2T	C2G	B2T	娱乐竞拍
B2B2C	B2G	B2M	SoLoMo	P2C
P2P	SNS-EC	B2S	移动支付	移动供应链

第二节 移动商务模式

一、商务模式研究综述

商业模式的历史最早可追溯到 20 世纪 70 年代。Koncz（1975）和 Dottore（1977）在数据和流程建模的过程中，最先使用了 Business Model 的概念。

20 世纪 80 年代，商业模式的概念逐渐出现在 IT 领域，以反映行业动态。

20 世纪 90 年代中期，互联网应用开始以构建企业电子商务平台为主流的浪潮，商业模式开始作为业界主流词汇语成为理论界和实业界的关注焦点。

对于商务模式的概念，理论界基于不同的角度，给出了多种多样的定义，主要的概念视角有以下五类：

1. 收益模式类

该类定义将商业模式描述为企业的收益模式。

Hamel（2000）将商业模式分为四大要素，在四大要素间产生了三种不同的连接，这些连接重点就是公司如何赚得应有的利润。

Rappa（2004）认为，商业模式就其最基本的意义而言，是一种能够为企业带来收益的运营模式，是一个公司赖以生存的模式。

2. 价值创造模式类

该类定义将商业模式表述为企业创造价值的模式。该类定义的核心观点是商业模式是企业价值创造的逻辑。

如 Afuah、Tucd（2000）和 Amit、Zott（2000）都认为，商业模式是企业为自己、供应商、合作伙伴及客户创造价值的根本性来源。Mahadevan（2000）认为，商业模式是企业价值流、收益流和物流的混合体。Chesbrough 和 Rosenbloom（2002）认为，商业模式是反映企业商业活动的价值创造、价值提供和价值分配等活动的一种架构。

Afuall（2003）的观点是，商业模式的目的是为了创造卓越的客户价值并确立企业获取市场价值的有利地位的各种活动的集合。商业模式创新的本质，是获取更大的价值。

3. 战略模式类

该类定义将商业模式描述为不同企业战略方向的总体考察，涉及场主张、组织行为、增长机会、竞争优势和可持续性等。埃森哲公司的王波、彭亚利（2002）认为，商业模式可以包含两个层面的内容：一是经营性的商业模式亦即企业的运营机制；二是战略性的商业模式，指的是一个企业在动态的环境中如何改变自身以实现持续盈利的目标。

4. 体系模式类

此类理论认为，商业模式是一个由很多因素综合起来构成的系统，是个体系或集合。

Petrovic 等（2001）认为，商业模式是通过一系列业务过程创造价值的一个独特的商务系统。马哈·迪温（2000）认为，商业模式是企业三种至关重要的流量——价值流、收益流和物流的唯一混合体。

5. 洪涛“1＋5”盈利模式

洪涛在 2007 年提出“1＋5”盈利模式，即“一个核心、五个基本点”。“一个核心”即市场需求价值创造结构框架体系，“五个基本点”即利润对象、利润点、利润源、利润杠杆、利润屏障构成一个有机的整体。[①]

① 洪涛. 流通产业经济学［M］. 北京：经济管理出版社，2007；洪涛.电子商务盈利模式案例［M］. 北京：经济管理出版社，2011.

二、商务模式概念及其内涵

1. 商务模式的定义

商务模式是指组织所采取的适合市场经济规律的，具有某种规范的，能够带来效益的组织、业态、经营等独特的制度、措施、形式等。

2. 商务模式的内涵

（1）收入模式——商业模式是企业的运营模式、收入模式，是企业如何适应环境变化合理配置内部资源实现盈利的方式。

（2）价值创造模式——商业模式是企业创造价值的模式，从价值创造的视角来考虑商业模式，认为商业模式是企业创造价值的决定性来源。

（3）系统体系——商业模式是一个由很多因素构成的系统，是一个体系或集合，强调商业模式的综合性，研究视角更宽泛、更全面，能够从各个维度更系统地诠释商业模式的实质。

3. 商务模式的功能

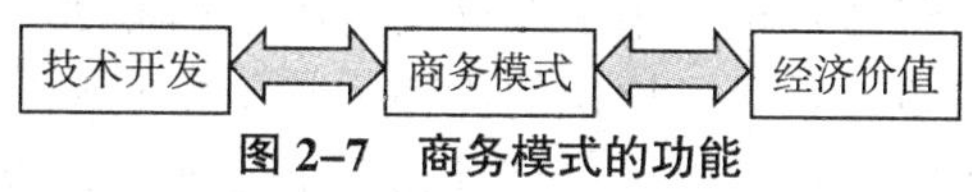

图 2-7　商务模式的功能

具体来说，商业模式的功能包括：①明确价值主张；②确定市场分割；③定义价值链结构；④估计成本结构和利润潜力；⑤描述其在价值网络中的位置；⑥阐明竞争战略。

4. 商务模式的构成要素

商务模式是由多个维度组成的，不存在单一的商业模式，图 2-8 所示的 6 个因素是建立商业模式的一种框架。①

5. 成功商务模式的特点②

（1）有效性。一是指能够较好地识别并满足客户的需求，做到客户满意，不断挖掘并提升客户的价值；二是指通过模式的运行能够提高自身和合作伙伴的价值，创造良好的经济效益；三是包含具有超越竞争者的，体现在竞争全过程的竞争优势，即商业模式应能够有效地平衡企业、客户、合作伙伴和竞争者之间的关系，既要关注客户，又要企业盈利，还要比竞争对手更好地满足市场需求。

---

① Rainer Alt、Hans-Dieter Zimmermann（2001）指出，使命、结构、过程、收入、法律事务、技术是商业模式的 6 个要素。

② 洪涛. 流通产业经济学［M］. 北京：经济管理出版社，2007.

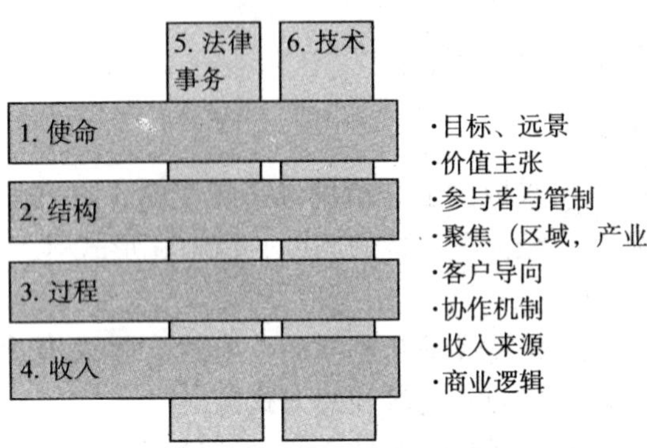

图 2-8　商务模式的法律、技术要求与约束

（2）整体性。好的商业模式至少满足两个必要条件：一是商业模式必须是一个整体；二是商业模式的组成部分之间必须有内在联系，这个内在联系把各组成部分有机地关联起来，使它们互相支持，共同作用，形成一个良好的循环。

戴尔电脑直销模式之所以成功，其重要的原因之一是戴尔具有低于 4 天的存货周期，这种高周转率直接带来了低资金占用率和低成本效率，使得戴尔的产品价格低，具有竞争对手无可比拟的优势。戴尔的低库存高周转率正是来自其核心生态系统内采购，产品设计，订货和存货管理，制造商及服务支持所产生的协同作用，这是其真正的核心竞争力所在。

（3）差异性。商业模式的差异性是指既具有不同于原有的任何模式的特点，又容易被竞争对手复制，保持差异，取得竞争优势。这就要求商业模式本身必须具有相对于竞争对手而言较为独特的价值取向以及不易被其他竞争对手在短期内复制和超越的创新特性。如美国西南航空公司的商业模式所选择的特定服务航线和目标顾客，也使得竞争对手只能模仿其中某一个环节而无法模仿全部。差异性的存在也使得试图学习戴尔和西南航空的企业，从未有过成功的例子。

（4）适应性。商业模式的适应性是指其应付变化多端的客户需求、宏观环境变化以及市场竞争环境的能力。商业模式是一个动态的概念，今天的模式也许明天被演变成不适用的，甚至成为阻碍企业正常发展的障碍。好的商业模式必须始终保持必要的灵活性和应变能力，具有动态匹配的商业模式的企业才能获得成功。

（5）可持续性。企业的商业模式不仅要能够难以被其他竞争对手在短时期内复制和超越，还能够保持一定的持续性。商业模式的相对稳定性对维持竞争优势十分重要，频繁调整和更新不仅增加企业成本，还易造成顾客和组织的混乱。

（6）生命周期特性。任何商业模式都有其适合的环境和生存土壤，都会有一个形成、成长、成熟和衰退的过程（见图 2-9）。

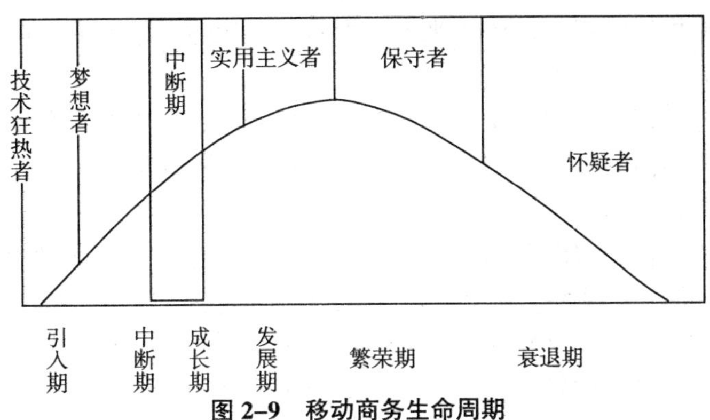

图 2-9 移动商务生命周期

三、"1+5"移动商务模式

1. 移动商务的一个核心框架体系

移动商务模式都应有一个核心，这个核心就是指移动商务对象的需求价值实现为核心创造移动商务结构框架体系，以市场需求为导向是电子商务结构体系的导向，并以需求为导向确定整个体系构架。围绕核心形成五个基本点构成一个有机整体。

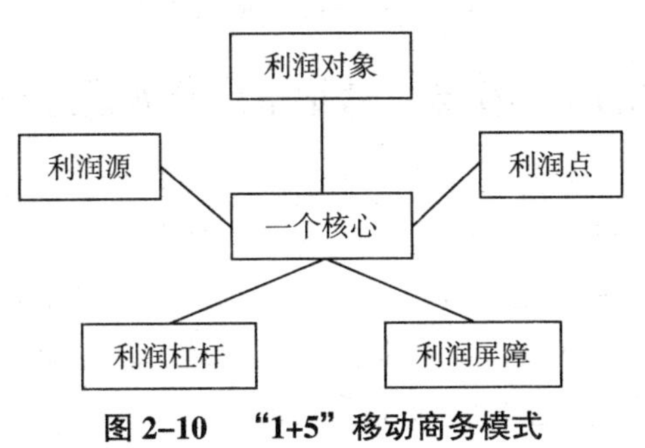

图 2-10 "1+5"移动商务模式

2. 移动商务模式的五个基本点

五个基本点指的是五个基本构成要素：利润对象、利润点、利润源、利润杠杆、利润屏障（见图 2-10）。

利润对象是指经济组织提供的产品或服务的购买者和使用者群体，他们是电子商务网站利润的唯一源泉，它解决的是向哪些用户提供价值的问题。

利润点是指经济组织可以获取利润的产品和服务，好的利润点：一是要针对目标客户的清晰的需求偏好；二是要为构成利润源的客户创造价值；三是要为企业创造价值。它解决的是向用户提供什么样的价值的问题。

利润源是指经济组织的收入来源，即从哪些渠道获取利润，解决的是收入来源有哪些的问题。

利润杠杆是指经济组织生产产品和服务以及吸引客户购买和使用企业产品或服务的一系列活动，必须与企业的价值结构相关，它回答了企业能够提供的关键性活动有哪些的问题。

利润屏障是指经济组织为防止竞争对手掠夺本企业的利润而采取的防范措施，它与利润杠杆同样表现为企业投入，但利润杠杆是撬动“奶酪”为我所有，利润屏障是保护“奶酪”不为他人所动。它解决了如何保持持久盈利的方法问题。

“1＋5”电子商务盈利模式是我们分析电子商务盈利模式的基本范式与规范，按照这个范式我们可以对不同的电子商务盈利模式进行分析，同时探讨其存在问题及其解决途径。

第三节　移动商务的三大主流模式

以信息流为基础，企业通过移动通用实名可以展开各种商务模式的运用，三大商务模式将主导未来企业移动商务运用的发展方向。

一、营销型移动电子商务：营销推广延展信息空间

企业通过移动通用实名实现信息通道的互通互联，注册“实名”后，免费获赠手机建站服务。同时，也解决了信息指向的问题。信息的平台覆盖和用户覆盖、手机 WAP 网站的平台化展示使得企业的信息流畅通，精准和覆盖面广。不仅延展了企业的信息空间，而且还能很容易地形成企业某些对口产品效率很高的销售渠道，以实现信息通道的互通互联。

二、商务型移动电子商务：智能分析、在线支付和商务交易

商务双方的诚信认证和支付通道的诚信是保障企业商务交易健康发展的前提和保障。在移动通用实名营销型基础上，移动商务增加了移动终端的特性。移动终端的特色是具有实时、随身、定位等能力，因此，未来的移动电子商务企业如果能深入分析用户购买行为与时间、地点和购买相关行为的关系，巧妙地将用户行为和产品购买结合，必然能形成很大的市场。围绕移动终端用户商务信息的智能处理、数据的挖掘分析、商品的管理和订单的跟踪等商务运用模式也将得到长足的发展。

三、社区型移动电子商务：移动化、社区化、本地化、商务生态圈的构建

移动电子商务的特点是服务对象的移动性、服务要求的即时性、服务终端的私人性和服务方式的方便性。未来整个移动电子商务的发展趋向移动化、社区化和本地化。围绕人们生活服务需求提供即时特价、优惠服务、交流互动的企业商务生态圈的移动商务模式能很好地解决用户规模和企业商务推广的需求。在此基础上，以好友关系为信用的相互交易的社区型移动电子商务将主导未来的发展方向。

移动商务渗透和改变着人们的消费习惯和生活方式，也在不知不觉中影响和左右着各个企业下一轮竞争角逐的力量格局。商业版图，乾坤未定，谁将在下一轮周期的竞争中脱颖而出，谁将是最后的胜者？创新移动电子商务三大模式的移动通用实名满足了不同企业不同层次的移动电子商务需求，为企业按需定制、量身定做移动电子商务应用，是极具潜力的移动电子商务实践。

本章案例

亚马逊移动战略显成效　零售业加速多渠道并进

据市场研究公司尼尔森日前发布的调查报告称，亚马逊成为全球最大的移动零售网站。尼尔森的研究人员搜集了自愿参与该项调查的5000名美国智能手机用户的数据，在报告中，亚马逊、百思买、eBay、Target和沃尔玛占据智能手机移动零售交易量的60%。美国用户更倾向于通过移动Web在线购物，而非相关应用。

一、亚马逊发力移动电子商务

除了传统电子商务网络平台外，亚马逊在移动零售上也风生水起。据消费者体验调查公司ForeSee发布的2011年消费者对电子商务公司的满意度调查，结果显示，亚马逊仅次于苹果排名第二。

对于亚马逊移动电子商务的表现，尼尔森指出，一方面，男性较女性而言更倾向于使用在线购物，这就印证了尼尔森分析相关统计数据后的结论，其中影响最大的可能是消费者的性别。另一个原因可能是它尽可能地在各方面都满足了移动购物消费者的需求。另一方面，智能手机的普及功不可没。美国《商业周刊》网络版曾撰文称，移动电子商务过去几年的发展并未达到预期目的，但这一领域目前已经开始快速增长，具备网络浏览功能的智能手机是移动电子

商务的一大推动力，许多用户会在无法使用 PC 上网或周围没有实体店面时使用智能手机购物。

2011 年，移动商务市场增长强劲，越来越多的消费者通过智能手机进行购物。ForeSee 的研究显示，34%的网上购物用户通过手机进行产品搜索，其中15%的人直接通过手机进行购买。因此就不难看出亚马逊涉足智能手机领域的意图了。花旗集团引述其亚洲供应链渠道调查称，鉴于平板电脑 Kindle Fire 得到了市场的认可，亚马逊可能于 2012 年第四季度推出智能手机。

对零售商来说，建立一个移动网页十分重要。像亚马逊这样的网络零售商，在这一点上做得十分出彩。实体零售商若不追上移动互联网浪潮，将会放走一个巨大的市场机遇，也会降低消费者的购物满意度及其销售额。

二、欲开实体店扩张零售渠道

亚马逊的零售渠道正不断扩张，开始向线下发展，有报道称，其计划在西雅图开首家实体零售店。这家实体零售店除销售 Kindle 电子阅读器、Kindle Fire 平板电脑以及相关配件外，还将出售亚马逊独家图书库书目。

亚马逊线上线下同时发力，支付方式成为了消费者比较关注的一个地方。移动支付作为新兴的费用结算方式，由于其方便性而日益受到网上商家和消费者的青睐。移动支付尽管只是最近几年才发展起来，但因其有着与信用卡同样的方便性，深受消费者，尤其是年轻人的推崇。移动支付作为一种崭新的支付方式，将是连接线下线上以及移动电子商务的重要手段。

对于亚马逊来说，在线上渠道的顺风顺水为其积累了不少的人气，品牌得到大部分消费者的认可。另外，随着智能手机的发展，以及在移动互联网的大背景下，移动电商的前景超乎想象。移动电子商务的价值不仅在于销售渠道的拓展，这还是一种全新的商业模式。

亚马逊在移动互联网领域建立了属于自己的品牌形象，这对一个电商企业是十分有利的。因为在移动电子商务领域，企业品牌是非常重要、非常关键的因素。而且移动化和电子商务相结合，使人们获取信息和使用电子商务的方式彻底改变了，用户可以完全自主地获取信息，并且随时都可以完成支付。

因此在强大后盾的支持下，亚马逊积极拓展线下资源，寻求新的发展的趋势在所难免。而全方位多渠道的营销方式，也是增加盈利收入的有效方式，更有助于其巩固电商市场霸主地位。

三、零售行业多渠道并进成趋势

在电子商务企业向线下发展的同时，国外的沃尔玛，国内的苏宁、国美等传统线下零售商也看到了电商的利润，都想在其中分一杯羹，纷纷涉足线上销售。

失手京东商城之后的沃尔玛正在争分夺秒地进军线上销售市场。近日，沃尔玛宣布拟对1号店进行增资控股；作为苏宁电器旗下的B2C电子商务公司，苏宁易购也于2010年1月正式上线；相比之下，国美电器在B2C领域的进展就慢了一些。2011年11月，通过收购库巴网，国美电器直接拥有了独立的B2C网站。

对于传统的线下零售商来说，它们已经意识到，电子商务是未来发展方向，必须将其划分出来独立运营。对于实体店而言，地理位置服务和团购等模式都极具潜力。从更大范围看，融手机、在线和实体店销售为一体，多渠道并进成为趋势。这有助于零售商完善自身循环系统，打通产品线。

但许多零售企业反映，目前，线上交易的推广还存在一定难题。网上销售的价格体系会对它们原有的渠道价格系统有所影响，所以要在产品体系和两种渠道的价格体系上分内部进行了区分后，才能再进行网上销售渠道的建设。

不过，不管是发展线上渠道还是拓展线下渠道，所有的零售行业都要考虑如何将网上销售渠道和线下传统渠道结合起来，形成一个全方位、立体式的营销传播渠道，由线上带动线下，线下促进线上，形成一个良性的销售体系。

资料来源：www.cnfol.com. 通信信息报，2012-03-21.

问题讨论：

1. 亚马逊为什么要发展移动商务？
2. 简述亚马逊移动商务与实体店扩张零售渠道的关系。

本章小结

移动商务模式是由移动商务价值链中的某几个部分相互合作而逐步形成的盈利模式。移动商务模式包括移动运营模式和移动商务模式。

移动商务体系结构包括主体、客体、对象、空间网络。移动商务产业链包括内容与服务、内容与服务集成商、业务门户、网络运营、应用软硬件平台、终端设备、客户接触渠道、受理与开通、收费与支付、售后服务10个环节，这10个环节的有机结合，或者融合，称为移动商务价值链。

移动电信具体模式包括定制终端、客户门户运营、功能型服务、关系型服务、100%的独立运营、MSP、自有信息服务、代营销、代服务、代计费、全运营、成为数据运营商、支撑外包、支撑虚拟运营14种具体移动电信模式。

商务模式的多种概念包括：①收益模式类；②价值创造模式类；③战略模式类；④体系模式类；⑤洪涛“1+5”盈利模式。

本书的商务模式是指组织所采取的适合市场经济规律的，具有某种规范的，能够带来效益的组织、业态、经营等独特的制度、措施、形式等。

商务模式内涵：①收入模式——商业模式是企业的运营模式、收入模式，是企业如何适应环境变化合理配置内部资源实现盈利的方式；②价值创造模式——商业模式是企业创造价值的模式，从价值创造的视角来考虑商业模式，认为商业模式是企业创造价值的决定性来源；③系统体系——商业模式是一个由很多因素构成的系统，是一个体系或集合，强调商业模式的综合性，研究视角更宽泛、更全面，能够从各个维度更系统地诠释商业模式的实质。

成功商务模式的特点：①有效性；②整体性；③差异性；④适应性；⑤可持续性；⑥生命周期特性。

“1+5”移动商务模式由“一个核心、五个基本点”构成。

（1）移动商务的一个核心框架体系。移动商务模式都应有一个核心，这个核心是指需求价值创造移动商务结构框架体系，以市场需求为导向是电子商务结构体系的导向，并以需求为导向确定整个体系构架。

（2）移动商务五个基本点是指五个基本构成要素，它们是：利润对象、利润点、利润源、利润杠杆、利润屏障。

移动商务的三大主流模式主要包括：①营销型移动电子商务：营销推广延展信息空间；②商务型移动电子商务：智能分析、在线支付和商务交易；③社区型移动电子商务：移动化、社区化、本地化、商务生态圈的构建。

本章复习题

一、名词解释

移动商务模式　商务模式

二、单项选择题

移动商务的网络不断地创新，已形成“四网融合”的趋势。在移动商务所依靠的网络中，（　　）是其直接网络。

A. 互联网　　B. 电视网

C. 物联网　　D. 移动电信网

三、多项选择题

1. 移动商务的主体主要包括（　　）。

A. 内容商和服务的参与者　　B. 技术商的参与者

C. 法律和政府机构的参与者　　D. 用户

2. 移动商务的客体主要包括（　　）。

A. 实物商品　　B. 技术商的参与者

C. 服务商品　　D. 用户

3. 戴尔电脑直销模式的成功体现了成功的商务模式应具有（　　）的特点。

A. 有效性　　B. 整体性

C. 差异性　　D. 生命周期性

四、简述题

1. 简述“四网融合”背景下的移动商务模式。

2. 简述商务模式的构成要素及成功商务模式的特点。

3. 简述移动商务模式的三大主流模式。

4. 结合现实中案例运用“1+5”移动商务模式进行分析。

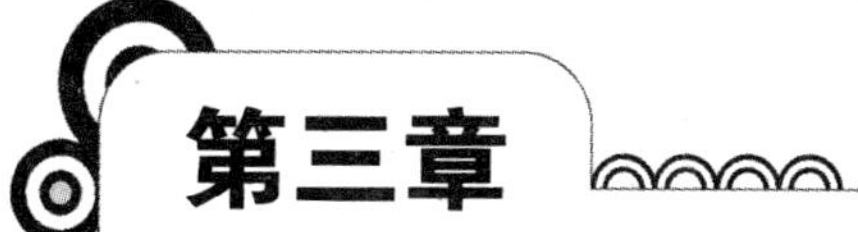

第三章 B2B 移动商务模式

学习目的

知识要求 通过本章的学习，掌握：

- B2B 移动商务模式的概念、优点
- 逆向拍卖（RAT）模式的概念、特点
- B2B 移动商务模式类别的划分方法
- B2B 移动商务模式两大主流类型网站
- 逆向拍卖与移动拍卖的区别
- 逆向拍卖的优势和缺陷

技能要求 通过本章的学习，能够：

- 了解 B2B 移动商务模式的交易流程
- 了解 B2B 移动商务模式的盈利模式
- 熟悉移动逆向拍卖对供货商的要求
- 懂得逆向拍卖五种理论模式和四种应用模式
- 能运用 B2B 移动商务“1+5”模式进行案例分析

学习指导

1. 本章内容包括：公共独立平台交易模式，行业性平台交易模式，企业专用平台交易模式，组合模式，B2B 移动商务发展模式，网上商品交易市场移动模式，逆向拍卖（RAT）移动商务模式。

2. 学习方法：结合案例了解公共独立平台交易模式，行业性平台交易模式，企业专用平台交易模式，组合模式，B2B 移动商务发展模式，网上商品交易市场移动模式，逆向拍卖（RAT）移动商务模式。

3. 建议学时：4 学时。

中国移动 B2B 电子商务模式是什么？

随着互联网工具社会化普及渗透率的空前加深，越来越多的国内企业开始愿意使用互联网进行商业交易。但 4700 多万家中小企业中仅有不足四成尝试过网络营销活动，可见我国电子商务的市场潜力依然巨大。与国外的中小企业热衷于体现自我、建设独立网站不同的是，我国中小企业更愿意通过第三方的 B2B 交易平台介入电子商务活动。

一、我国 B2B 交易平台分为三种类型

第一类是以阿里巴巴为代表的外贸店铺式 B2B 交易平台模式，其所倡导的网商观念与国际贸易线上服务优势曾经获得了业界的广泛赞许。

第二类是以慧聪为代表的内贸商情式 B2B 交易平台模式，该平台以原先慧聪分类商情杂志积累的广泛企业资讯服务资源为基础，具有较强的线下沟通能力。

第三类是买麦网开创的全功能型 B2B 交易平台模式，其特点在于强调“撮合交易”与“主动营销”的服务能力，注重运用互联网、手机、即时通信等多种信息沟通工具帮助企业撮合交易成功。

二、三大 B2B 网站分析

三大 B2B 门户网站鼎立的局面，也给准备入门的中小企业带来了是依附一方还是综合利用取舍上的困惑。第一、二类平台所拥有的行业先行者的知名影响感染了许多用户，过度强调网商的色彩实际上并不有利于企业间电子商务的广泛普及，因为现阶段的国情是相当多的传统中小企业特别是个体商户（如中西部地区）并不熟悉网络应用，甚至还畏惧稍加复杂的上网工具操作，所以很难说服他们应用陌生的商业工具。更何况在令人眼花缭乱网络橱窗般的展示中，要想引起别人注意也并非易事。

三、买麦网手机＋互联网模式

若想促使这些传统商业实体入门电子商务，只能从他们原本就亲近熟识的操作工具入手。在这方面，买麦网进行了新的探索，扩展了 B2B 应用模式，对行业发展有重要意义。买麦网为了开拓电子商务覆盖的最大空间，把手机作为引导对网络陌生的企业用户循序接近电子商务应用的中介载体，也就是让企业用短信的方式就可以将商业供求信息发布在买麦网的 B2B 交易平台上并保留在系统的数据库中。这样当买方用户以短信向买麦网发送求购信息时，买麦网的交易平台会通过系统智能识别判断出求购者需要的是什么，综合考虑距离远近、运输成本等因素，将卖方准确交易信息免费匹配给买方，由此利用手机拉近了传统用户与互联网的距离。

这种手机 + 互联网的移动电子商务平台的出现使得那些不会上网的传统企业或个体商户利用手机也能享受到互联网海量的商业信息传递服务，同时轻松地开展互动式的广泛商贸活动。据悉，这种信息流相对安全可靠、成本低廉、操作简单的移动商务模式，已经开始在传统用户群体中流行起来。

资料来源：唐向军，张鹏飞. 中国移动 B2B 电子商务新模式 [J]. 电信工程技术与标准化，2009 (4).

问题：

移动商务 B2B 模式应有哪些特点?

B2B 移动商务是指“手机 + B2B 电子商务模式”，许多 B2B 电子商务可以通过手机等移动终端来完成，至今 B2B 移动商务模式有多种形式，均是采取“手机 + B2B 电子商务模式”，并在此基础上的衍生。图 3–1 是 B2B 电子商务模式的分类，移动商务则是在此基础上的一个发展。

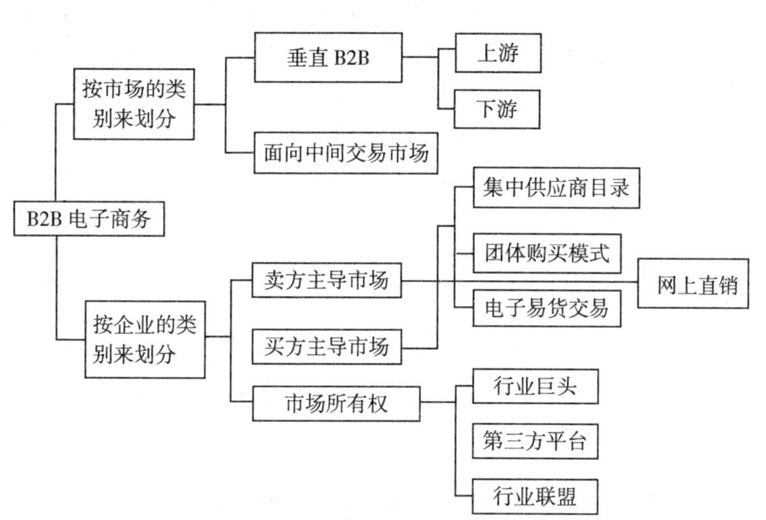

图 3–1　B2B 电子商务模式的分类

第一节 公共独立平台交易模式

公共独立平台交易模式是互联网泡沫时代的产物，主要是提供一个贸易平台，参与者可享受产品信息发布、厂家信息发布与认证、交易促成等服务，同时该平台也可以为特定行业提供一般性问题解决方案。其价值主张为：帮助客户在全球范围内寻找贸易伙伴、提供一站式的业务服务平台、对业务关系实施虚拟化管理以及获取全球各地的价格信息。公共独立平台交易模式吸引了大量风险资金的投入，一时间出现了成千上万家同类网站或平台，但是真正成功的案例却凤毛麟角。

公共独立平台交易市场之所以陷入困境，其原因在于它们采用的商业模式无法准确判断客户的购买意愿和客户对价格的承受力。该模式是随着互联网技术应用而发展起来的，由于运营人员缺乏相关市场的专业知识，不能很好地将新技术与传统商业有机融合，创建新的可有效实施的商业模式。但从更为根本的层面看，行业进入门槛低导致市场内供给过剩，过度的竞争不断挤压利润空间，导致该模式发展的困境。在争夺交易份额的过程中，没有一家能占据绝对的支配地位，大多数后来者要么重新制定业务战略，要么与对手合并，要么干脆被挤出市场。

为在如此的环境中生存并实现持续性的发展，公共独立平台运营商们不得不一方面寻找并建立更具差异性和他人难以模仿的业务能力和卖点，另一方面在风险投资等资金支持下，扩大市场宣传、提供免费服务期等方式吸引参与者，期望未来实现企业价值和盈利能力。但总体而言，该模式并不适用于专业性很强的供应链规划与作业协作等企业核心业务流程的电子化协同运作。尽管那些战略定位良好的独立交易平台仍将继续发挥其重要的作用，但它们不会像当初网络革命热潮中人们预言的那样成为企业网上交易的主导模式。

第二节 行业性平台交易模式

行业性交易平台是传统企业充分利用互联网新技术手段、行业资源和购买力而实施的一种电子商务战略。一方面利用网上交易为企业创造价值，提升行业供应链竞争力，另一方面通过制定行业标准、组织中间采购对 B2B 服务进行有效管控，同时为业内企业集中提供丰富的信息内容，包括行业新闻、行业教育、职位招聘以及提供面向行业的专门化服务。

这些市场的创始成员通常包揽了行业内绝大部分的交易量，以此削弱潜在竞争对手的获利空间和能力。但尽管有实力强劲的创始成员作后盾，许多行业性交易平台仍然深受困扰，摆脱不了一些与生俱来的问题的纠缠：它们一方面要服务于多个创始成员的需要，另一方面又要满足个体成员某些特定要求。由于共同拥有市场的实力企业数量众多，决策过程变得复杂而缓慢，网上在线运营所需要的速度和敏捷性往往难以体现。

事实证明，企业都十分注意保护自身利益，很少愿意在网上公开涉及企业敏感而专有的商业信息，尤其是那些具有强大供应链管理能力的业内领先企业。因此，通过电子商务为行业内企业服务、创造共同价值，建立行业标准规范、形成良性竞争环境等目标尽管愿望良好，却与公共独立交易平台一样，建立一定规模供应商群体所花费的时间要比预期更长。

因此，行业性平台交易模式的实施和成功运营更适用于政府或行业管控力强、监管力度大，企业间关联尤其紧密的行业，如中国电子口岸电子商务系统。

第三节 企业专用平台交易模式

每种 B2B 交易模式都在不同程度上延伸着企业价值链，与上下游企业实现不同程度的信息共享和流程电子化协同。而企业专用平台交易模式能使企业与其贸易伙伴达成最深度的整合。它能充分发挥企业间的供应链协作机制，提高透明度和规范性。因此许多创建企业专用交易平台的企业一般都是供应链管理的领先者，它们在企业内部通过实施 ERP 等工程首先实现了企业内部供应链的有效整合与集成，通过提高预测、库存等数据准确性和业务规范性为企业间作业协同奠定了坚实基础，并希望通过供应链拓展，与合作伙伴建立端对端的供应链交付服务协同作业，以提高在供应链水平而非产品层面的竞争力。

通过企业专用平台，诸多企业与其贸易伙伴达成了极其密切的合作关系，这是目前公共平台模式无法办到的。例如中国台湾半导体制造公司通过企业专用平台技术，使分布在各地的工程师们得以通过网上协作实施芯片设计项目。该系统安全性很高，系统用户无法复制或下载设计图案，保留在数据库中的设计方案受到公司防火墙的严密保护。有权进入该系统的工程师们来自供应链各环节的相关企业，根据不同的访问权限，他们可以同时看到部分或全部的设计图样。他们还可以把单个电路或连接线分离出来，做上标记，跟踪相关电路设计的全过程，并可随时向所有相关人员发表个人的意见和看法。

专用交易平台具有突破性的协作能力，但是这种模式并不适用于所有的企业。但在业内占据主导地位或具备一流供应链管理能力的企业有时也会选择建立自己的专用交易平台。原因在于行业性交易平台的能力远远不能满足它们独特的业务需要和供应链管理流程的要求。例如沃尔玛公司在集中和利用购买力方面做得相当出色，而且公司在市场中具有的支配性地位，能够确保主要供应商积极参与，建立专用 B2B 交易平台对沃尔玛这种类型的公司来说，不仅见效快，反应敏捷，而且收益更大。

需要注意的是，企业专用平台涉及企业间核心业务流程的集成，要求从数据、单据、流程、商业条款的规范与统一，然而不同企业供应链战略、业务体系、内部信息化条件、公司文化往往存在明显差异，并且彼此有不尽相同的关切，因此在具体实施过程中也会有很多具体问题需要协调解决，其中商业规则的标准化、产品标准化、协作流程标准化以及与企业内部 ERP 等系统无缝集成等无疑是实施企业专用平台时必将面对和解决的突出挑战。

第四节　组合模式

参考埃森哲电子交易市场模型框架，B2B 交易平台的基本功能包括供应商发掘、产品目录及价格透明化、产品跟踪、物流、产品开发、采购、供应链规划与协作以及服务管理等内容。每种 B2B 交易模式一般都力求在一项或多项功能上提升效率，改善管理，创造价值。通过 B2B 电子商务提升企业供应链能力的重点是：要从企业战略角度出发，通过模式组合（即选择哪种交易模式以及哪个或哪几个功能项）选择来确定平台的能力，以与企业业务需求相匹配。不论是哪种 B2B 电子交易模式，彼此之间虽在功能强弱上存在差异，但实现它们的技术体系却是近似并可以平滑扩展的。

一般而言，独立和行业性交易平台主要集中在有效地从事采购、销售和信息交流领域，着眼于为各个企业提供一个商贸平台和供应商产品目录服务，提供商机信息并促成交易。而企业专用平台交易模式下，B2B 交易将有力地推动不同企业间供应链管理的同步和协作，通过提供供应链运作效率和降低运作成本，实现管理效益。因此，尽管三种交易模式各有独到的优势和侧重领域，相比之下，企业专用平台交易模式的适应性和协作能力决定它将在B2B发展的下一波浪潮中扮演极其重要的角色，随着专用平台交易模式发展，将有望从更大的广度和深度上推进社会性商业模式的变革，通过提高企业间的集成度和关联性，提升供应链的竞争力。

第五节　B2B移动商务发展模式

中国移动是世界500强企业，是全球网络和客户规模第一的移动通信运营商，其B2B具有重要的影响。公司确立了“做世界一流企业，实现从优秀到卓越的新跨越”的发展战略目标。为打造“一个中国移动”，努力成为移动信息专家和卓越品质的创造者，近年来，中国移动按照“集中化、标准化、信息化”的目标要求，通过ERP系统、电子采购平台等工程的实施以及集中采购业务的深入开展，企业内部供应链体系和能力得到了极大的提升与完善，在取得了显著的经济效益的同时，在公司治理和供应链运作等方面也积累了丰富而有效的实践经验。从2005年开始引入先进的电子寻源与竞价系统以来，采购管理信息化支撑体系不断完善，2007年开始已经陆续具备并应用了B2B电子交易协同能力，并取得了较大社会反响。

中国移动秉承“正德厚生、臻于至善”的企业核心价值观，本着“开放、协同、共享、全球运作”的商业理念，积极践行“绿色行动计划”，通过推动B2B电子商务的应用与创新，创造企业与供应商之间、与合作伙伴之间的“绿色蓝海”。

中国移动作为技术、资金密集型企业，具备供应链管理相对集中、规范的特点，通过管理创新不断探索与上游供应商、合作伙伴建立更加紧密、和谐关系，积极提升供应链价值，以增强企业的核心竞争力。从中国移动的实际需求与条件出发，B2B电子商务发展优先考虑的突破点和重点应该是与供应商、合作伙伴建立更加紧密的关系。对比前面电子商务交易模式的分析，中国移动非常适宜首先选择企业专用平台的电子交易模式为发展基础，与上游供应商实现供应链的深度协作，共享供应链信息，创建新的商业模式，共同提升供应链的竞争力，树立B2B电子商务积极正面的应用典范。同时作为有影响力的大型国企和电信行业领导型企业，适当的时候也可考虑加强与政府、行业协会、合作伙伴等有效合作，将业已成熟的电子寻源、电子竞价等服务和供应链管理经验向社会输送，将经过验证的系统平台能力和经验逐步与社会共享。

随着B2B供应链电子化协作的逐步成熟，通过商业模式的创新、标准的完善以及系统平台能力的提升，为更多的企业提供企业间业务集成、信息共享、电子化运作提供服务，践行中国移动从"通信专家"向"信息专家"战略转型，最终实现更大的经济价值和社会价值。①

第六节　网上商品交易市场移动模式

一、山东栖霞苹果电子交易市场概述

山东栖霞苹果电子交易市场有限公司（英文缩写AEEM），总部坐落在素有"中国水果第一市"、"中国苹果之都"美誉的山东省栖霞市。

AEEM是经发改委批准，报经山东省人民政府同意，在工商管理部门登记注册，由中国果品流通协会、栖霞德丰食品有限公司、栖霞银联投资担保有限公司和烟台蛇窝泊果蔬有限公司共同出资成立的中国第一家苹果现货电子交易市场。主要以苹果现货电子交易、市场信息咨询、苹果交易中介、苹果代购代销和储运配送业务为重点，组织引导我国各苹果主产区的苹果交易商通过现代科学的营销方式进行苹果的采购和销售。

由于传统苹果交易方式受地域、信息、结算、运输、储藏等多种因素的制约，使苹果的产、运、销、需各方交易及利益产生诸多不利影响，已经远远不能适应市场经济快速发展的需要。AEEM将为各方提供覆盖面广、信息量大、适时、快捷的市场供求及相关政策信息，并借助先进、安全、稳定、操作简易的电子交易平台，通过"公开、公平、公正"的交易准则，为产、运、销、需及交易商各方提供一个流通渠道畅通、质量标准认定、交易过程简化、交收安全可靠的立体交易市场，能有效地使各方降低交易成本、减少流通环节、稳定收购价格、增加销售利润，确保产品质量和资金的及时回笼，促进苹果行业健康、快速发展。

随着全球经济一体化进程的日益加快，互联网技术的不断发展。传统行业正在逐步向电子化迈进，为商品现货电子交易提供了良好的机遇和更大的发展空间。AEEM将依托栖霞苹果产区的资源优势，稳健发展，以苹果主要产地为

① 赵晶，彭福昌. 中国移动B2B电子商务发展模式［J］. 电信工程技术与标准化，2009（4）.

中心，加快推进农业电子化、信息化建设，积极发展现代农业，整合涉农信息资源，用标准化、可复制化的方式，稳健、快速辐射至全国市场，以苹果贸易为主导，拉动物流、仓储等相关产业的发展，做成规模、效益双丰收的全国性苹果电子交易市场；为打造苹果第一品牌、促进农民增收、企业增效、建设社会主义新农村、创建和谐社会做出新的更大的贡献。

二、山东栖霞苹果电子交易市场的移动商务模式

山东栖霞苹果电子交易市场采用移动商务技术，进行电子订单交易、电子拍卖交易、电子招标交易。

1. 电子订单交易

指买卖双方在本市场电子订单交易系统分别发出买入和卖出报价，市场按价格优先、时间优先的原则撮合成交，确定买方、卖方之间的成交价格和生成电子交易合同，已成交的合同可以继续通过交易平台进行转让。订货方转让电子交易合同时，应按转让订货价与原订货价之间的差价取得或支付合同转让价差。

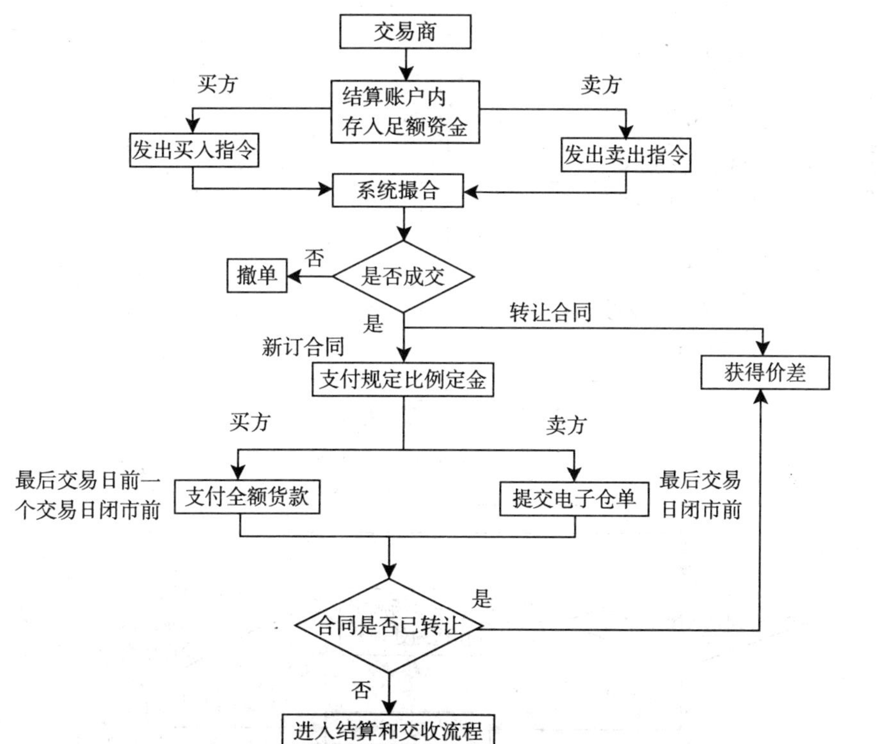

图 3-2 山东栖霞苹果电子交易市场电子订单交易

（1）交易标的：合同标的物为套袋富士苹果，质量标准符合《交收质量标准》。

（2）交易时间：单一品种上市至该品种的最后交易日之间的指定交易时间：星期一至星期五上午 9：00~11：30，下午 13：30~15：30（国家法定节假日除外），其中当日开市前 5 分钟为集合竞价时间。

（3）电子订单交易的优势：电子订单交易所产生的价格具有价格引导作用，可以根据市场行情来合理地安排企业生产和采购计划。通过安全的交易系统，全面的信息，帮助会员更好地制定决策，满足各类投资者规避风险、套期保值、获取利润的需求。通过商品标准化，质量规范化，交收便捷等特点，降低采购成本，防范交易风险。

2. 电子拍卖交易

指卖方会员向交易市场提出申请，将拟出售商品的详细资料提交给交易市

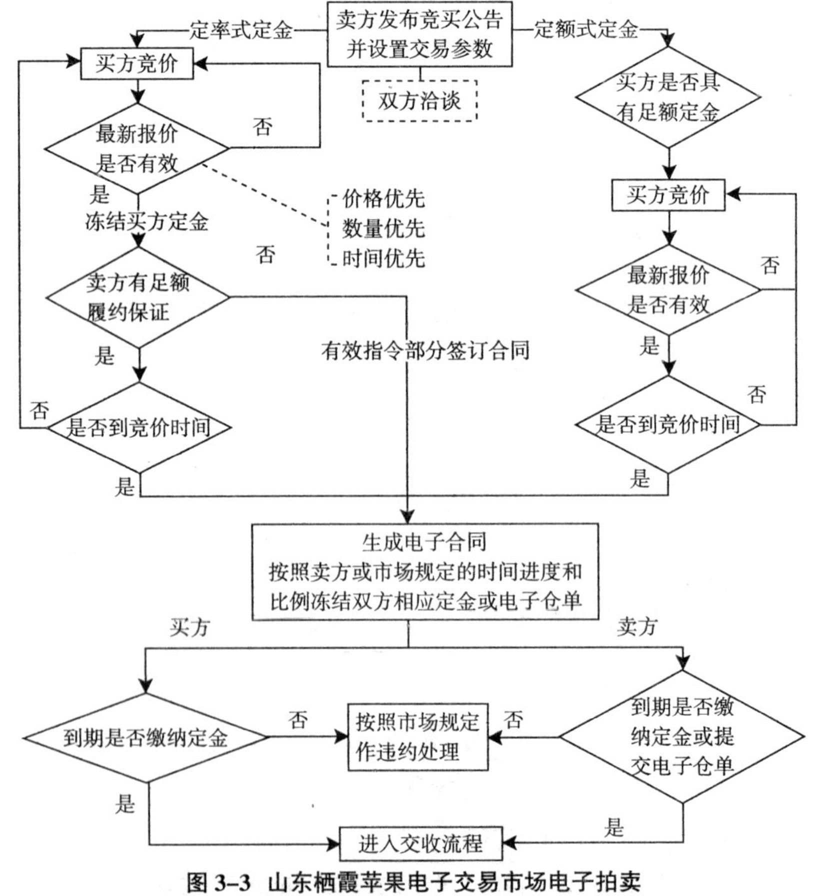

图 3-3 山东栖霞苹果电子交易市场电子拍卖

场，市场确定商品拍卖的具体时间，通过交易市场预先公告后，挂牌报价，买方自主加价，在约定拍卖交易时间内，无人继续加价后，拍卖交易结束，以最高买价成交，双方通过交易市场签订交收合同并进行实物交收的交易方式。

回购价：是指拍卖交易中卖方会员可以买回的价格。在拍卖交易中，如果当前价格低于回购价，卖方会员可以决定回购商品；如果当前价格等于或高于回购价，则卖方会员无权继续加价。如果成交结果在卖方会员自主加价范围内而卖方会员没有自主加价且交易闭市，则视为成交有效，卖方会员不得提出异议。

在市场上某月苹果供不应求或出现其他情况时，苹果生产商、经销商等，可以向市场申请拍卖，以此来达到高价卖出苹果的目的。同时，推动该月苹果的市场流通。

3. 电子招标交易

电子招标交易指买方会员将预购商品信息资料提交给交易市场，确定招标

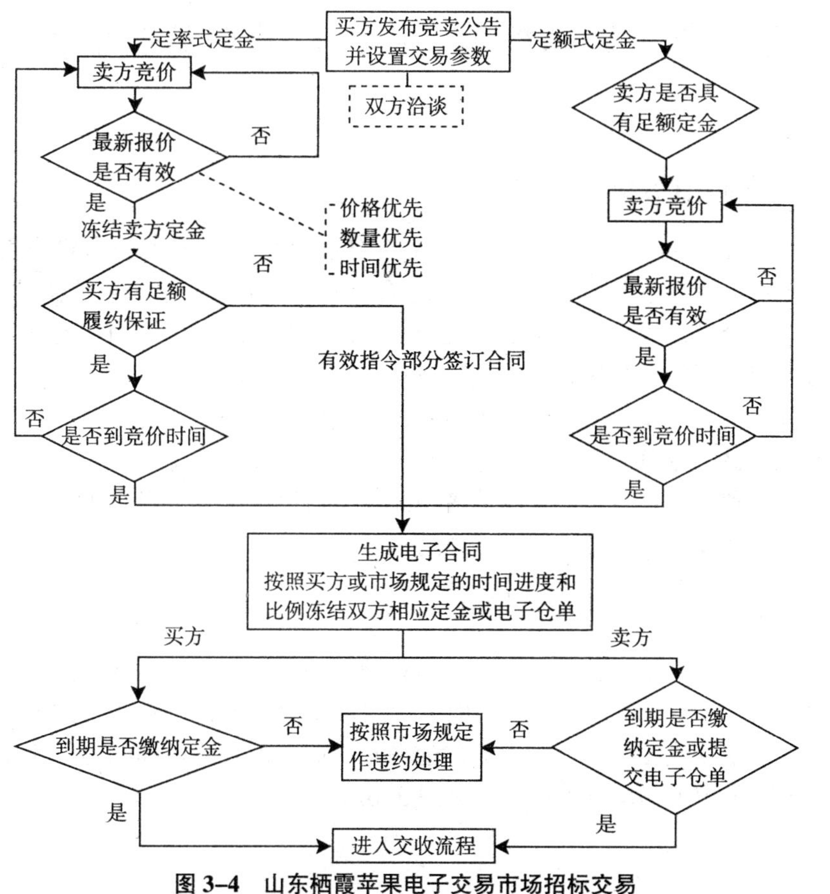

图 3-4　山东栖霞苹果电子交易市场招标交易

交易的具体时间，通过交易市场预先公告后，挂牌报价，卖方自主减价，在约定招标交易时间内，无人继续减价后，招标交易结束，以最低卖价成交，双方通过交易市场签订交收合同并进行实物交收的交易方式。

返销价：是指招标交易中买方会员可以决定最低卖回价格。招标交易中，如果卖方会员报价高于买方会员返销价，买方会员可以决定自主减价；如果卖方会员报价已经低于或等于买方会员返销价，买方无权继续自主减价。如果成交结果高于买方会员返销价而买方会员没有自主减价且交易闭市，则视为成交有效，买方会员不得提出异议。

在市场某月苹果供过于求或一次性购买的数量较多时，苹果贸易企业、消费企业等，可以向市场申请招标，增大选择面，使不同等级的商品在同一个市场内采购，为需求方节约购买成本，提高采购效率。

第七节　逆向拍卖（RAT）移动商务模式

一、逆向拍卖交易模式

逆向拍卖（Reverse Auction）——在传统拍卖中，由卖者公布要出售的商品，由潜在的买者进行投标。而在逆向拍卖中，由买者列出想要购买的商品，由卖者对买价进行投标。即采购商发布标准的采购需求，供应商在有限的时间内通过专门的网络平台进行交互实时竞价，竞价结束时的报价为各个供货商的最终报价，买方根据报价，结合该供货商的供应实力给予综合考评，从而选出一名或几名最具竞争力的供货商作为自己的合作伙伴。这是一种在采购方法上具有革命性和划时代意义的技术或者模式，是可以使个人或者组织能够以最低价格获得商品或服务的专门拍卖方式。

二、逆向拍卖移动商务模式

必联网的逆向拍卖移动商务模式是指该网站采取了移动商务科技，充分利用了手机/IPAD 等移动终端进行逆向拍卖的移动商务模式。其商务技术路线与电子商务技术路线图一样，与互联网逆向拍卖商务模式所不同的是，该模式的不同的环节采用了移动商务技术（见图 3-6）。

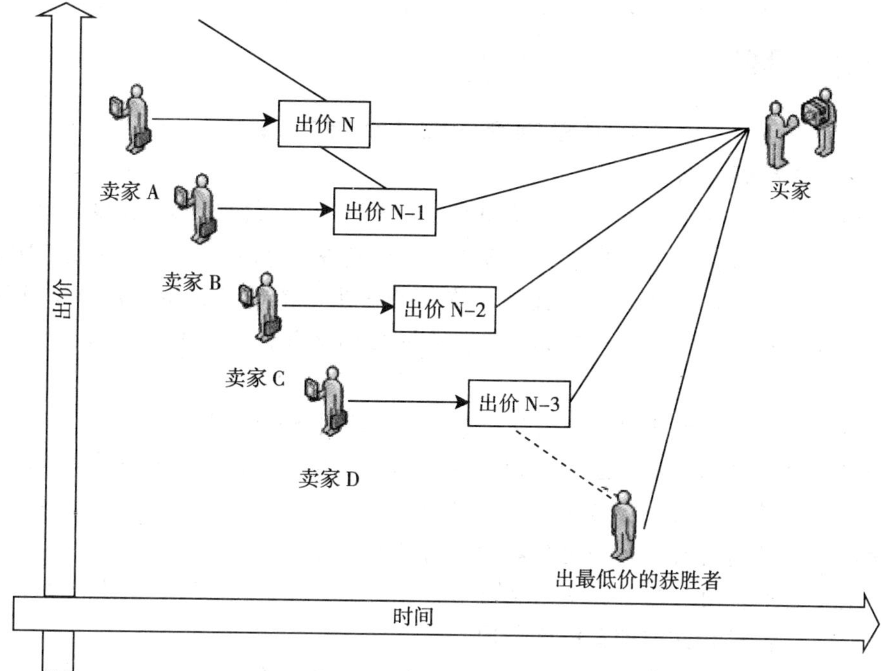

图 3-5　逆向拍卖交易模式

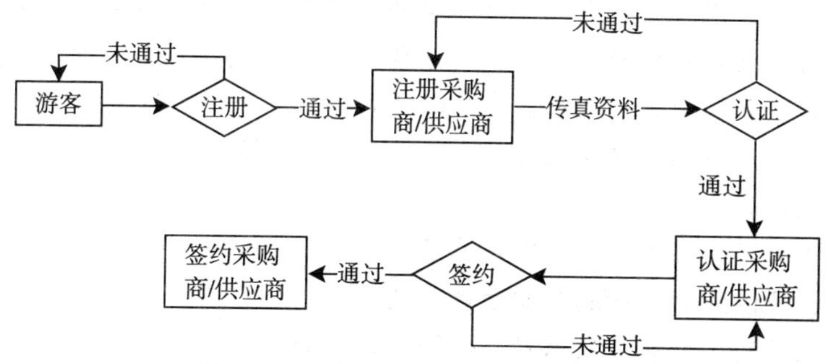

图 3-6　必联网逆向拍卖移动商务模式

B2B 移动商务的 7 个利润源

一、会员服务费

会员费是大部分电子商务网站向会员以年为单位收取的综合性服务费，其中一般包括帮助会员建立旺铺、网络推广、信息查阅等费用。这应该是 B2B 网站最早的一种盈利模式，也是最简单直接的方法，不过在网站初期很难做到，尤其像现在竞争这么激烈，网站如果没有一定的名气，很难有人愿意交取费用进驻网站。

不过现在随着搜索引擎的发展，很多网站通过 SEO 优化，使网站信息可以排到其他网站前面，从而达到在网站没有名气时也可以通过这种方式收取会员费，收取会员费以后，会员可以在网站上发布一定数量的信息，而信息可以在搜索引擎里排到前面，从而达到双方互利互惠的目的。

典型企业：阿里巴巴、中国制造网、生意宝、聚宝盆 B2B、贸发网等。

二、广告费和站内搜索排名费用

广告费和站内搜索排名这种模式每个网站基本都会做，只有费用多少的区别。广告费用也是如此，只要流量大的网站，都可以获取巨额费用，现在中国企业已经逐步认识到网络广告的魔力，它们也加大了在这方面的投入。

搜索排名费用，一般在以会员为主的网站常见，或者以供求信息发布为主的网站，通过收到一定的费用，让交了费的用户信息排在最前面，这种方式也是一种利润很大的模式，但是前提是网站必须具有一定的流量。

目前广告形式主要有：竞价排名广告，关键词搜索广告，按效果付费广告，整合投放型广告等。

此类模式网站太多，这里不列举了。

三、认证供应商收取的企业信誉认证费

随着电子商务的企业越来越多，鱼龙混杂，总会有上当受骗，于是催生这种模式，在会员活动量比较大的网站，这种模式尤其明显，因为一般认证了的企业更受欢迎，而凡是真正想做生意的企业，也不在乎收取的费用，他们更愿意通过认证，让企业得到广大客户的赞同。

典型企业：阿里巴巴、中国制造网。

四、会展展位费、会展广告费、商情刊物

作为互联网企业，不但要关注线上服务，还要关注线下服务。此类模式就是完全利用线下模式赚钱，现在虽然互联网发达了，但还是有相当部分的企业

喜欢通过面对面的形式完成交易，于是这种模式占领了一部分市场，但要注意的是，这种模式的成本相对线上要大一些，操作起来也困难一些，但也有它的优点，就是一旦做起来了，一般的企来是无法超越的，因为这种模式并不是人人都可以操作的。

典型企业：慧聪网、环球资源、环球市场网。

五、收取企业交易佣金

虽然综合 B2B 发展得很早，但现在越来越多的企业更关注垂直行业，很多网站专注于一个行业，它们也就在这个行业成了老大，而很多中小企业也会参与进来。

六、招商加盟服务

这种模式是通过海量的广告形式吸引客户来找到想要的企业，这种方式前期投入比较大，但一旦做起来，利润将是无限的，因为招商加盟企业的利润很大，网站随着也会获取不少的利润。一定要将网站的流量做大，尤其要关注网站的排名、访问量等可以量化的数据，销售一般是招聘大量的电话销售人员卖广告和会员。现在这种网站占据着不少的市场。

典型企业：中国服装网、医药网、小生意。

七、专业技术服务

这种模式一般不会单独出现，而是和其他服务一起。这种模式对技术要求比较高，所以公司必须有一支一流的技术团队。主要项目有：招聘服务、项目外包服务、在线出版服务等。还可提供一系列围绕企业电子商务应用的技术和工具服务，包括即时通信工具、诚信评估和数字认证工具等，站内和站外企业及产品搜索工具、软件管理工具以及企业网站建设技术服务。

典型企业：中国机械专家网、程序员论坛、螺丝网、生意通、阿里软件。

上述盈利模式，对于任何一家企业都不会只选择一种，而是根据自己的实际情况，选择多种模式，并在不断的实践中，最终选出适合自己发展的模式。

资料来源：洪涛. 高级电子商务教程（第二版）[M]. 北京：经济管理出版社，2011.

问题讨论：

试分析某一 B2B 移动商务网站的利润源。

本章小结

B2B 电子商务模式有多种，将其归纳为两大类，近 10 种模式（见图 3–1）。

在 B2B 电子商务模式中，B2B 移动商务模式又具有其独特的特点，具体来说，B2B 移动商务模式主要有 5 种，即由公共独立平台交易模式、行业性平台交易模式、企业专用平台交易模式、组合模式、中国电信 B2B 移动商务模式。

网上商品交易市场移动模式主要有：①山东栖霞苹果电子交易市场移动商务模式；②逆向拍卖（RAT）移动商务模式。

B2B 移动商务模式是将移动商务技术、商业模式应用到 B2B 交易过程，形成特有的 B2B 移动商务模式，使 B2B 电子商务模式移动化，形成新的 B2B 电子商务创新。

本章复习题

一、名词解释

B2B 移动商务模式　逆向拍卖模式

二、单项选择题

政府或行业管控力强、监管力度大，企业间关联尤其紧密的行业，如中国电子口岸电子商务系统，适用的交易模式为（　　）。

A. 公共独立平台交易模式　　B. 行业性平台交易模式

C. 企业专用平台交易模式　　D. 组合模式

三、简述题

1. 简述逆向拍卖与移动拍卖的区别。
2. 简述逆向拍卖的优势和缺陷。
3. 举例说明 B2B 移动商务模式的交易流程。

四、论述题

论述公共独立平台交易模式、行业性平台交易模式、企业专用平台交易模式各自特点及它们之间的区别。

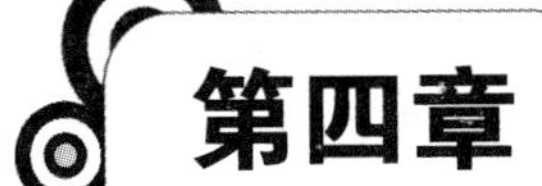

第四章 B2C移动商务模式

学习目的

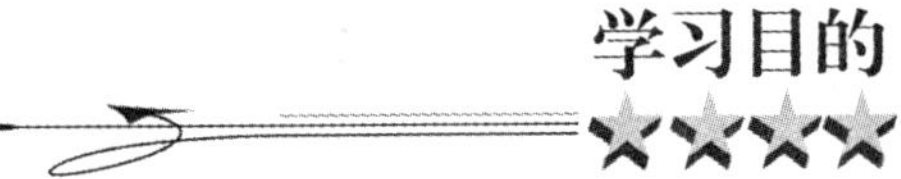

知识要求 通过本章的学习，掌握：

- B2C移动商务模式的交易模式和收益模式
- 移动电视的实现方式和运营模式
- 移动证券的定义、优势及类型
- 移动期货的优势和特点
- 移动证券对证券产业价值链的影响
- 移动证券的使用方式
- 移动期货的未来发展趋势

技能要求 通过本章的学习，能够：

- 了解网上移动购物的特点和未来展望
- 了解网上移动娱乐的现状、问题、内容
- 了解移动技术的发展给旅游业带来的影响
- 了解移动游戏的特点和分类
- 了解移动音乐面临的问题
- 熟悉移动商务在餐饮行业中的应用
- 理解和运用移动保险解决方案

学习指导

1. 本章内容包括：B2C移动商务模式概述；网上移动购物模式；网上移动

旅游模式；网上移动娱乐模式；网上移动餐饮模式；网上移动保险模式；网上移动证券模式；网上移动期货模式。

2. 学习方法：结合案例了解 B2C 移动商务的各种模式的基本内容、特点、价值链、实现方式和运营模式。

3. 建议学时：4 学时。

引导案例

移动 B2C 发展迅猛　掌上乐淘两天下载突破 7 万次

北京消息：移动互联网市场的巨大发展潜力正逐渐显现。目前已经有多家电子商务网站开通了手机平台，如乐淘、淘宝、京东商城及凡客诚品等。在鞋类 B2C 领域率先推出手机客户端的中国最大网上鞋城乐淘 2011 年 4 月 29 日宣布，自 2011 年 4 月 25 日正式对掌上乐淘进行推广后，截至现在，iPhone 及 Android 系统下载量已经突破 7 万次，激活量更是高达 6 万次，Symbian 及 Java 也将陆续推出。

掌上乐淘功能主要包括：①随时随地浏览购买特惠商品；②更多特惠，注册送高额现金券；③三重服务，免运费，包退换，货到付款；④高清大图，轻松浏览，放心下单；⑤订单状态，物流详情，随身快查。

乐淘副总裁陈虎表示，乐淘的手机客户端在短短的几天时间里能有如此高的下载量，这与整个移动电子商务的大环境密不可分。首先，智能手机越来越普及，用户通过手机进行网购的体验越来越好，人们每天花在手机上的时间也明显增多。其次，就是乐淘的用户主要集中在 20~25 岁的人群，这与手机用户特别是相对高端的智能手机人群很吻合。不过最重要的还是掌上乐淘的产品体验做得非常棒，乐淘从一年前就开始着手准备手机平台，历经半年的潜心研发，其间做了大量的市场调研及烦琐的调试工作，当各项指标符合我们的期望值后才于近日正式推出。在推广方面，我们先后和 UC、91 及国内各大手机网站、论坛、智能手机厂商建立了合作。

业界分析人士表示，进入 2011 年，乐淘的市场布局和营销推广步伐明显加快，除了在各大门户网站及网址导航网站大打广告外，还进行了一系列用户体验的提升和优化工作，如换 LOGO 及推物流实时跟踪功能等。近日更是和球星马布里达成合作，乐淘广告片也将于近期登陆各大电视台。

陈虎说，“掌上平台的开局良好是对乐淘移动电子商务战略的极大促进，也证明了乐淘移动互联网团队的实力，今后一段时间，乐淘将持续加大对掌上乐淘客户端的投入力度，并对现有版本不断优化，相信不久以后，掌上乐淘将

成为公司重要的订单来源”。

资料来源：http：//net.chinabyte.com/327/12063827.shtml，2011-04-29.

➲ **问题：**

移动商务何以迅猛发展？

第一节 B2C移动商务模式概述

一、B2C移动商务模式

B2C移动商务模式，即M-B2C，是英文M-Business to Customer（商家对客户）的缩写，是指商家利用无线终端进行零售活动的一种模式。

B2C即企业通过互联网为消费者提供一个新型的购物环境——网上商店，消费者通过网络在网上购物、网上支付。由于这种模式节省了客户和企业的时间和空间，大大提高了交易效率，特别是对于工作忙碌的上班族来说，这种模式可以为其节省宝贵的时间。

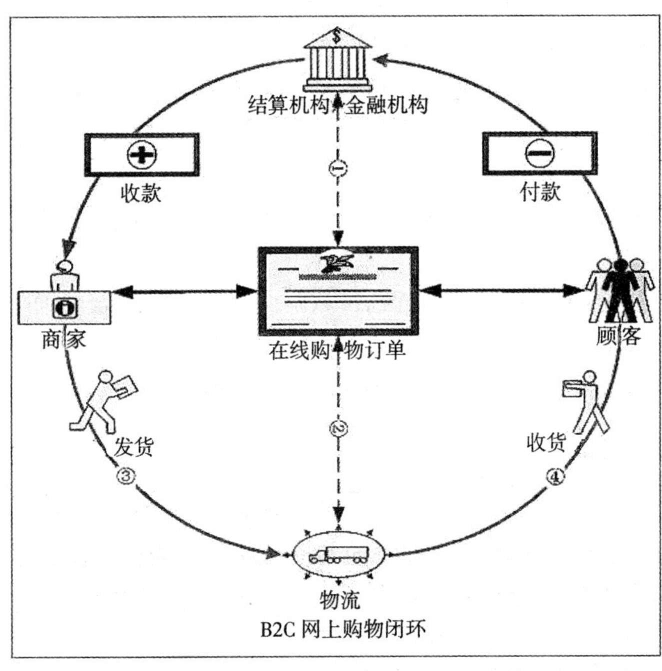

图4-1 B2C业务流程

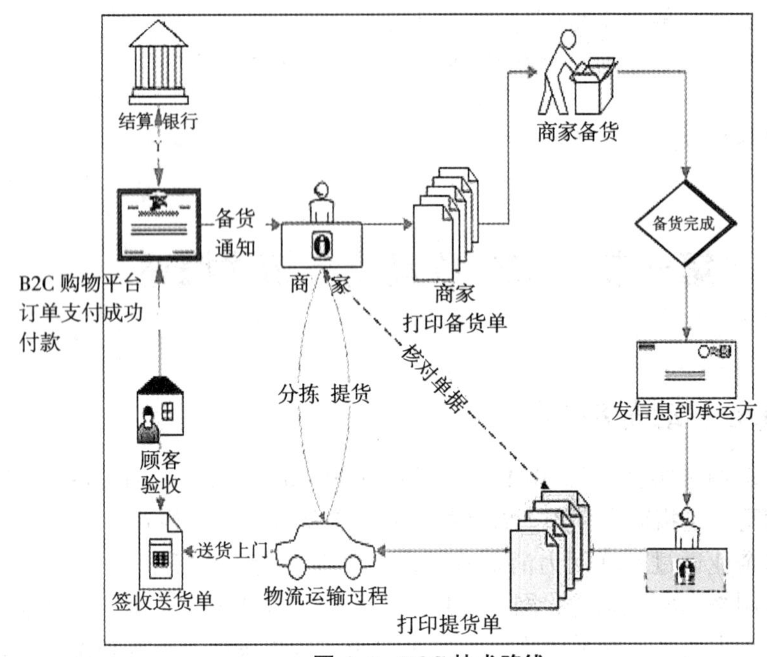

图 4-2 B2C 技术路线

但是在网上出售的商品特征也非常明显，仅仅局限于一些特殊商品，例如图书、音像制品、数码类产品、鲜花、玩具、饮食等。这些商品对购买者视、听、触、嗅等感觉体验要求较低，像服装、音响设备、香水需要消费者特定感官体验的商品不适宜在网上销售，当然，也不排除少数消费者就认定某一品牌某一型号而不需要现场体验就决定购买，但这样的消费者很少，人们更愿意相信自己的体验感觉来决定是否购买。所以，B2C 市场上成功的企业如当当、卓越，都是卖一些特殊商品的。

B2C 移动商务的付款方式是货到付款与网上支付相结合，而大多数企业的配送选择物流外包方式以节约运营成本。随着用户消费习惯的改变以及优秀企业示范效应的促进，网上购物用户不断增长。此外，一些大型考试如公务员考试也开始实行 B2C 模式。

二、B2C 移动商务模式的交易模式

（一）从企业和消费者买卖关系的角度分析，主要分为卖方企业——买方个人的电子商务及买方企业——卖方个人的电子商务两种模式

1. 卖方企业——买方个人模式

这是商家出售商品和服务给消费者个人的电子商务模式。在这种模式中，

商家首先在网站上开设网上商店，公布商品的品种、规格、价格、性能等，或者提供服务种类、价格和方式，由消费者个人选购，下定单，在线或离线付款，商家负责送货上门。这种网上购物方式可以使消费者获得更多的商品信息，虽足不出户却可货比千家，买到价格较低的商品，节省购物时间。当然这种电子商务模式的发展需要高效率和低成本的物流体系的配合。这种方式中比较典型的代表就是全球知名的亚马逊网上书店。

2. 买方企业——卖方个人的电子商务

这是企业在网上向个人求购商品或服务的一种电子商务模式。这种模式应用最多的就是企业用于网上招聘人才。如许多企业在深圳人才市场网（http://www.szhr.com.cn）招聘各类人才。在这种模式中，企业首先在网上发布需求信息，然后由个人上网洽谈。这种方式在当今人才流动量大的社会中极为流行，因为它建立起了企业与个人之间的联系平台，使得人力资源得以充分利用。

（二）根据交易的客体分析，分为无形商品和服务的移动商务模式以及有形商品和服务的电子商务模式。前者可以完整地通过网络进行，而后者则不能完全在网上实现，要借助传统手段的配合才能完成

1. 无形商品和服务的移动商务模式

网络本身具有信息传输和信息处理功能，无形商品和服务（如电子信息、计算机软件、数字化视听娱乐产品等）一般可以通过网络直接提供给消费者。无形商品和服务的电子商务模式主要有网上订阅模式、广告支持模式和网上赠与模式。

（1）网上订阅模式。消费者通过网络订阅企业提供的无形商品和服务，并在网上直接浏览或消费。这种模式主要被一些商业在线企业用来销售报纸杂志、有线电视节目等。网上订阅模式主要有以下几种：

在线出版（Online Publications）。出版商通过 Internet 向消费者提供除传统印刷出版物之外的电子刊物。在线出版一般不提供 Internet 的接入服务，只在网上发布电子刊物，消费者通过订阅可下载有关的刊物。这种模式并不是一种理想的信息销售模式。在当今信息大爆炸的时代，普通用户获取信息的渠道很多，因而对本来已很廉价的收费信息服务敬而远之。因此，有些在线出版商采用免费赠送和收费订阅相结合的双轨制，从而吸引了一定数量的消费者，并保持了一定的营业收入。

在线服务（Online Services）。在线服务商通过每月收取固定的费用而向消费者提供各种形式的在线信息服务。在线服务商一般都有自己特定的客户群体。如美国在线（AOL）的主要客户群体是家庭用户，而微软网络（Microsoft Network）的主要客户群体是 Windows 的使用者，订阅者每月支付固定的费用，从而享受多种信息服务。

在线娱乐（Online Entertainment）。在线娱乐商通过网站向消费者提供在线游戏，并收取一定的订阅费，这是无形商品和服务在线销售中令人关注的一个领域，也取得了一定的成功。当前，网络游戏已成为网络会战的焦点之一，Microsoft、Excite、Infoseek等纷纷在网络游戏方面强势出击。事实上，网络经营者们已将眼光放得更远，通过一些免费或价格低廉的网上娱乐换取消费者的访问率和忠诚度。

（2）广告支持模式。在线服务商免费向消费者提供在线信息服务，其营业收入完全靠网站上的广告来获得。这种模式虽然不直接向消费者收费，但却是目前最成功的电子商务模式之一。Yahoo等在线搜索服务网站就是依靠广告收入来维持经营活动的。对于上网者来说，信息搜索是其在Internet的信息海洋中寻找所需信息最基础的服务。因此，企业也最愿意在信息搜索网站上设置广告，通过点击广告可直接到达该企业的网站。采用广告支持模式的在线服务商能否成功的关键是其网页能否吸引大量的广告，能否吸引广大消费者的注意。

（3）网上赠与模式。这种模式经常被软件公司用来赠送软件产品，以扩大其知名度和市场份额。一些软件公司将测试版软件通过Internet向用户免费发送，用户自行下载试用，也可以将意见或建议反馈给软件公司。用户对测试软件试用一段时间后，如果满意，则有可能购买正式版本的软件。采用这种模式，软件公司不仅可以降低成本，还可以扩大测试群体，改善测试效果，提高市场占有率。美国的网景公司（Netscape）在其浏览器最初推广阶段采用的就是这种方法，从而使其浏览器软件迅速占领市场，效果十分明显。

2. 有形商品和服务的移动商务模式

有形商品是指传统的实物商品，采用这种模式，有形商品和服务的查询、订购、付款等活动在网上进行，但最终的交付不能通过网络实现，还是用传统的方法完成。这种电子商务模式也叫在线销售。目前，企业实现在线销售主要有两种方式：一种是在网上开设独立的虚拟商店；另一种是参与并成为网上购物中心的一部分。有形商品和服务的在线销售使企业扩大了销售渠道，增加了市场机会。与传统的店铺销售相比，即使企业的规模很小，网上销售也可将业务伸展到世界的各个角落。网上商店不需要像一般的实物商店那样保持很多的库存，如果是纯粹的虚拟商店，则可以直接向厂家或批发商订货，省去了商品存储的阶段，从而大大节省了库存成本。

三、B2C 移动商务模式的收益模式

（一）收取服务费模式

除了按商品价格付费外，还要向网上商店支付一定的服务费；例如，Peapod 网上商店，网上购物消费者除了缴纳实际购买商品的费用外，需另外支付订货费和服务费，但是仍有很多顾客；顾客感觉方便；顾客可以使用优惠券，节约资金；顾客可以通过比较，购买商品；顾客可以减少计划外购物，获得自己真正需要的商品，节约顾客时间。归纳 B2C 移动商务收益来源主要有 11 个方面，如表 4-1 所示。

表 4-1 B2C 移动商务收益来源表

1. 销售产品收入	2. 销售主营业务衍生产品收入
3. 产品租赁收入	4. 拍卖收入
5. 销售平台收入	6. 特许加盟收入
7. 会员费收入	8. 上网服务费收入
9. 信息发布收入	10. 广告费收入
11. 咨询费服务收入	

（二）会员制模式

根据不同的方式及服务的范围收取会员的会费。

（三）低价销售模式

降低价格，扩大销售量。例如，当当网上书店实惠的折扣价格，提供的所有商品，其价格都平均低于市价。价格的低廉，吸引网上读者，点击率提高，访问量持续攀升。

四、B2C 移动商务企业类型

（一）经营着离线商店的零售商

这些企业有着实实在在的商店或商场，网上的零售只是作为企业开拓市场的一条途径，它们并不依存于网上销售。如美国的沃尔玛、上海书城、上海联华超市、北京西单商场等。

（二）没有离线商店的虚拟零售企业

这类企业是 Internet 商务的产物，网上销售是它们唯一的销售方式，它们靠网上销售生存。如美国的亚马逊网上书店目前已成为世界销售量最大的书店。

（三）商品制造商

商品的制造商采取网上直销的方式销售其产品，不仅给顾客带来了价格优势上的好处及商品客户化，而且减少了商品库存的积压。例如，DELL计算机制造商是商品制造商网上销售最成功的例子。由于建立了网上直销，使DELL公司跻身业内主要制造商之列。

（四）网络交易服务提供商

网络交易服务是指网络交易平台提供商为交易当事人提供缔结网络交易合同所必需的信息发布、信息传递、合同订立和存管等服务。网络交易服务提供商是指以盈利为目的，从事网络交易平台运营和为网络交易主体提供交易服务的法人，这类企业专门为多家商品销售企业展开网上售货服务，如阿里巴巴等。

五、网上消费市场及购买行为特征

网上商店必须根据网上消费市场的消费者行为特征来制定相应的营销策略，不同的性别、年龄、身份、学历和婚姻状况，将影响到消费者的不同购买行为的个人偏好。

根据CNNIC最新数据，目前网上消费者市场及购买行为特征如下：

目前女性网民比例上升较快，且网民的主体仍旧是30岁以下的年轻群体，互联网应用呈现与年轻网民特征较为相符、仍以娱乐为主的特点。网民的学历结构正逐渐向中国总人口的学历结构靠拢，这是互联网大众化的表现。学生与企事业单位工作人员是网民中比例最大的一个群体。从收入水平上看，总体网民月收入1000元以下的比例较高，主要原因是基本无收入的学生占的比例较大。

分析以上特征，网上营销可以针对年轻群体制定相关的营销策略，女性化商品将更有市场；同时产品的定价要考虑网民的收入水平和学历结构，针对学生群体和非学术群体分别定价。

第二节　网上移动购物模式

2006年，eBay易趣推出国内首个基于WAP技术的手机购物平台，并向其网站2000万名用户提供免费的交易信息短信服务；在这前后，阿里巴巴、腾讯、淘宝等电子商务网站以及新浪、搜狐等门户网站也都宣称已经或即将推出类似的移动电子商务服务；2006年7月3日，卓越网（现亚马逊（中国）网站）宣布推出“移动购物”新服务，北京用户可通过手机短信的方式发送订单，购买图书和音像制品。中国移动在下半年推出全新的手机在线购物平台——“移动商城”。一时间，从电子商务网站到移动通信运营商，似乎一下子把目光投向手机购物这个并不算很新鲜但确实还很稚嫩的应用上。从支付方式和营销手段两个方面分析发现，中国的移动购物，正在从概念走向市场，从虚拟走向现实。

一、手机购物突破小额支付瓶颈

其实早在2003年，中国移动和中国联通的很多地方子公司、分公司就已经纷纷开始了手机购物业务的尝试推广，但是由于种种限制，这类业务基本上以小额支付为主，即用手机通过短信、语音交互或WAP等方式实现数额较小（一般指单笔交易额在500元以下）的支付功能业务。例如，北京移动在官方网站上开设的网上购物“e购通”业务，每月有50元的可消费额度，在额度内可任意消费，消费额与通信费在月末一起结算。

根据国内权威机构对电子商务平台上交易行为的分析发现，70%以上的网上交易额都非常小。单笔交易额小、交易次数多已成为B2C电子商务发展的一大特点。移动小额支付正是适应了人们的这种需求，为人们提供了一种方便的支付手段。但是从欧美一些国家来看，虽然这些国家的手机用户早已全面进入手机结算时代，小到停车费大到商场购物人们都采用移动支付方式，但在传统购物过程中发生的手机支付依然是最有“油水”、远比其他杂费支付具有发掘潜力的一个重要领域。可以说，小额支付只是移动购物市场很小的一块，只有将手机支付拓展到传统购物领域，逐步实现大宗消费的支付，才能拥有真正的巨大商机。

手机购物要突破小额支付的瓶颈，面临的主要障碍就是银行卡与手机卡的捆绑问题。在各地纷纷推出手机购物业务之初，中国移动、中国联通还没有在全国范围内与中国银联就这项业务展开合作，而且中国银联也没有建立起全国统一的银行卡运行网络。因此，各地的运营公司只能和各家银行自主协作，这就带来了运营商、金融机构和零售企业之间的多赢协作难题，如何有效建立足以让零售合作伙伴和众多消费者信赖的移动商务安全信用机制，如何提高手机支付的交易速度和准确程度，确保用户真正享受到手机购物的方便快捷。诸如此类的很多实际问题都需要运营商和他们的合作伙伴循序渐进、共同解决。突破这一瓶颈的关键就是移动运营商与金融机构从最高层面上建立合作伙伴关系，以统一的标准规则在全国范围内推行手机支付方式。2003年8月，由中国移动和中国银联两大股东共同组建的联动优势公司正式向中国银联银行卡的持有人提供服务，业务覆盖面包括飞机票、电影票、戏票、彩票、保险、报刊订阅、手机捐款、教育、缴费、充值等，中国银联同时开始在全国各地试点推广手机支付方式，试图建立全国统一的标准体制。2004年年中，中国联通联合中国建设银行推出了基于“神奇宝典”Brew平台的手机钱包。2004年初成立的上海捷银便是中国联通的合作者之一，与中国移动只有联动优势一家合作伙伴不同，中国联通与超过30家的移动支持企业进行合作。

从两大移动运营商的一系列举措来看，通过与中国银联等全国性金融机构的密切合作，移动购物正逐步走出因支付瓶颈而陷入的推广低潮，在全国范围内以统一的标准安全快捷地进行较大额度的手机支付，已经不存在技术和网络支撑上的障碍。

二、无线营销获手机搜索支持

据统计，2012年初中国手机用户数已经突破10亿人，手机网民数近4亿人，如此庞大的客户群自然令诸多互联网电子商务企业为之心动。当视频、IM、搜索纷纷由互联网平台向手机开进时，C2C、B2C网站也开始向手机平台靠拢。基于互联网的网络购物模式开始向手机平台延伸，标志着网络购物进入了无线营销时代。而手机搜索技术的发展，将极大地促进无线营销的发展。

2006年6月6日，eBay易趣宣布与TOM在线合作，推出国内首个基于WAP技术的手机购物平台，并向其网站2000万名用户提供免费的交易信息短信服务。eBay易趣手机购物平台推出之后，手机用户可以在手机WAP浏览器上直接输入http：//wap.ebay.com.cn进入物品浏览页面，了解商品行情，比较商品的市场价格，并可随时随地购买喜欢的物品，或者在收到eBay易趣发出的含有网址的短信后直接打开进入。值得一提的是，由于WAP相比网络具有更高的安全性，手机购物平台使得主流消费者能在更加安全、可靠的环境中进行在线交易。在这前后，阿里巴巴、腾讯、淘宝等电子商务网站以及新浪、搜狐等门户网站也都宣称已经或即将推出类似的移动电子商务服务。2006年7月3日，卓越网（Joyo.com）宣布推出“移动购物”新服务，北京用户可通过手机短信的方式发送订单、购买图书和音像制品。网民只要把自己喜欢的书籍或音像制品的名字，用短信的方式发送到一个指定的号码，并依次按照系统回复短信的提示键入信息，就完成了全部的订购过程，可以安心等待货品自己“上门”了。

网络购物的商品信息如汪洋大海，要找到自己所需的商品无异于大海捞针。亚马逊（中国）网所经营的图书音像制品已超过30万种，玩具礼品、家居、母婴、化妆品、钟表首饰、个人护理、小家电、手机、数码产品等12大类产品也达到了几十万种，使用手机进行移动购物时，如何解决手机用户的商品检索难题，是手机移动购物能否普及的重要因素之一。

手机搜索诞生于2G，成长在2.5G，成熟于3G并最终成为数据业务的核心应用。据iResearch艾瑞市场咨询通过对无线搜索市场及相关行业的研究，并参考各无线搜索技术运营商的统计数据，预计2006年中国无线搜索用户规模将达3400万名，比2005年增长230%。受到3G商用及无线搜索模式逐渐成熟的影响，2008年中国无线搜索用户将达到12700万名并继续保持高速增长。2005年，Cgogo在中国最先推出手机无线搜索和手机在线购物服务，从GPRS到CDMA，现在手机无线搜索引擎已逐步深入到中国20多个省、区、市，并且根据中国市场的多样性特点，手机无线搜索引擎繁衍出了手机实名、移动商城等多种手机搜索系列产品。有专家分析，2005年中国的无线搜索市场尚处于培育期，2006年手机无线搜索市场有望走向成熟。在这种情况下，C2C、B2C企业向无线平台的拓展将获得快速发展，也将为移动购物营造更加优质的发展环境。

三、移动商城真正实现随身网购

移动购物最关键的两个环节是支付方式和营销手段，对这两个环节的种种限制也正是制约移动购物快速发展的主要原因。因此，在支付方式得到突破、营销手段得到延伸之后，移动购物将发展到与传统电子商务比肩的阶段。日前，从中国移动与银联的合资公司——联动优势处得到的消息显示，中国移动可能会推出全新的手机在线购物平台——“移动商城”。这将是真正实现随身网上购物的手机平台，也许这正代表了移动购物乃至网上购物的主流发展方向。

据联动优势有关负责人介绍，“移动商城”将是整合后的“手机购物平台”，具有类似网上购物的商品呈现、摆放、购买、服务、配送、退货等整套服务功能。通过手机WAP上网，用户可按照商品类别在“移动商城”查找、选择，然后通过手机在线进行支付购买，也可通过短信等其他方式进行支付，真正给用户提供随时随地的购物体验。据悉，这个平台推出后，将使用户真正能够在手机上进行各种商品的选择、比较，并能够使用“手机钱包”等安全的金融支付手段进行手机在线购买，是实物消费在手机上的真实体现。有专家表示，如果“移动商城”顺利推出，手机购物就将走出虚拟，走进现实，并可能对现有移动电子商务体系产生深远影响。

与此相比，eBay易趣手机购物平台上的商品信息数据库并未与eBay易趣互联网上的数据库对接，也未开通无线支付功能，而只是开通了交易信息的短信服务功能。

换言之，在手机平台上达成的订单，最终还要通过互联网平台进行支付。与此相类似，那些利用通信话费或SP预置账号进行“小额支付”的所谓“手机购物”，并没有突破小额支付的瓶颈，也不能利用正常的金融渠道进行支付。“移动商城”完全突破了这些限制，真正实现了随身网购。

有调查显示，2006年，亚太地区的手机购物市场将达到548亿美元，将有大约3亿人用手机购物。而中国在亚太地区的重要经济位置，必然牵动移动电子商务的发展。在此背景下，手机作为一种安全、便捷和先进的支付工具正逐渐显现出其巨大的发展及应用潜力。从潜在的利润机会看，全球零售业发展良好、国内零售市场整体规模不断扩大、国人的购物需求日趋旺盛、潜力巨大。这无疑是摆在移动运营商面前的一个盈利机会。只要人们的购物需求能够稳步持续增长，手机用户的购物频次越多、单次数额越大，手机支付所带来的利润就会不断增长。有数据表明，当前国内WAP用户数量已达到0.8亿~1亿名，其中活跃用户接近3000万名，如此大的市场容量，WAP的商用显然能够成为移动购物市场规模增长的新支点。一道把手机支付和传统购物结合起来的潜力巨大的移动商务大餐，势必会随着安全信用问题的解决以及运营商、金融机构和零售企业间多赢协作计划的逐步实施，而不断浮出水面。

四、移动卖吧

（一）移动卖吧概述

移动卖吧是基于移动支付的第一家无线电子商务平台。2006年9月在广东成立，经过近三年时间的推广和运作，会员数已达到60万人，是广东移动用户购物的最佳平台，2008年5月与湖南移动合作，用手机话费支付购物的湖南移动用户数量已达20万人，2009年7月与北京移动合作开展手机话费支付购物业务sale8.com北京公测期间，每天订单量和销售额都稳步增长。“移动卖吧”为无线电子商务第一站，为您提供专业的手机话费购物平台。目前北京移动手机用户、广东移动手机用户、湖南移动手机用户均可通过手机话费支付在卖吧平台消费。卖吧为您提供图书刊物、音像制品、生活家居、文体户外、数码家电、儿童母婴等物品。

“移动卖吧”是基于移动支付平台为用户提供手机购买影音书刊文化类消费品的支付类业务。本业务为客户提供了随时随地支付购买正版“影视、音乐、图书、期刊”的移动商务平台，用户可以通过手机话费、专有账户等方式来支付账单，并且可以选择湖南地区的配送地点，真正实现便捷的移动支付。

“移动卖吧”为爱好音像书刊的手机用户提供便捷的个性化服务，用户可以通过短信、WAP、互联网、400电话等多种途径购买到正版的碟片、图书、杂志。同时，影音书刊俱乐部还提供即将发行的 DVD 影碟和 CD 唱片的预售、即将上市的最新图书的预订、杂志的预售以及期刊的订阅等多种全方位的增值服务。

（二）平台特点

卖吧借助无线电子商务，用户能够通过其移动通信设备利用 WAP、短信方式进行商品浏览，如影音书刊、生活家居、文体户外、箱包皮具等。通过手机话费进行金额支付，即兴购物会是一大增长点。这种新型的移动支付方式，实现了无线电子商务的便捷性和时代感。在商品上满足的消费者的需求，在支付方式上贴合消费者心意，简便安全的支付模式更迎合了消费者的心理。用户选择心仪的商品后→进入购物车→结算→输入收货人信息→选择支付手机号→提交订单→手机回复扣费确认→收到购买成功短信提示→手机话费支付成功订单已生成。此简单便捷的方式达到用户的购买需求。

（三）移动话费支付购物展望

在无线网络手机应用迅速发展的今天，卖吧作为移动电子商务平台的领头军，随着 3G 产业的兴起，无线电子商务成为应用服务中最主要的部分，网络时代的今天，信息的飞速传播，无线电子商务的概念已深入人心，在政策引导、技术成熟、模式创新等诸多因素的驱动下，网络营销被越来越多的企业和个人用户所接受。随着 3G 的兴起，无线互联网的孕育发展使无线电子商务服务于更多的人群，sale8.com 更迎合了消费者的绿色理念，手机话费支付购物也让人们在购物时享受了支付方式的方便。这些因素使无线电子商务的前景更加光明，手机话费支付购物将使无线电子商务火起来。

话费支付兴起背景。移动运营商在国内开通手机钱包后，用户通过将手机号码和自己的银行卡进行绑定，才可以通过手机进行购物、缴费等消费活动，其门槛相对较高。而业内人士认为，通过直接使用手机话费进行小额支付，降低了手机的使用门槛，购买也更加方便。易讯无限抓住这一机会与运营商合作，开拓了以手机话费为支付手段的移动购物模式，推出了卖吧购物商城。只要通过手机话费就可以满足购物的需要，不用现金、不用银行卡就可以把心仪的商品买回家。这也方便了一些手机报销人群，公费报销手机费的人群日益增多，而一些报销额度较高实际话费使用较少的用户，就可利用额外的话费购买一些需要的商品，如书籍、刊物、生活用品等，享受福利的同时也满足了购物的需求。

（四）移动购物平台发展

卖吧是基于移动支付的第一家无线电子商务平台。2006 年 9 月在广东成立，经过近三年时间的推广和运作，会员数已达到 60 万人，是广东移动用户购物的最佳平台，2008 年 5 月与湖南移动合作，用手机话费支付购物的湖南移动用户数量已达 20 万人，2009 年 7 月与北京移动合作开展手机话费支付购物业务 sale8.com 北京公测期间，每天订单量和销售额都稳步增长。

卖吧 2008 年仅广东销售额已达到 1000 多万元，月平均销售额在 100 万元左右，在每月的活动期间，月订单量达到 5 万多单，商品销售数量达到 9 万多件。手机话费支付购物让我们看到的业绩如此惊人。

（五）移动卖吧购买渠道

（1）网站——通过网站进行移动商务活动。

（2）短信——通过短信进行移动商务活动。

（3）电话——利用电话进行移动商务模式。

第三节　网上移动旅游模式

一、中国移动旅游行业移动信息化解决方案——商旅通

（一）商旅通业务概述

“移动商旅通平台”是基于终端信息化运用的商贸旅游行业综合信息服务平台，由浙江移动、浙江旅游局、杭州贸易局和杭州酷宝科技有限公司共同承担项目前期的研发与推广工作。能全面整合商贸旅游产业各环节的资源，实现信息化互动营销和电子商务的规模化发展，有利于推进信息化建设，积极开拓商贸旅游营销新空间。

（二）客户面临的问题

1. 景点、景区

（1）希望解决团购票及一票通检票、发票问题。

（2）促进游客在景区内的消费、紧急事件处理等。

（3）希望能够有效地控制景区内人流。

（4）景区如何增加的传播渠道和传播方式，吸引游客。

2. 旅行社

（1）需要及时方便地发送预订、订购信息。

（2）如何获得绿色通道解决团购票及一票通检票、发票问题。

（3）如何更方便地使用认证、结算和统计管理。

（4）需要一套低成本、多功能的管理工具。

3. 旅客

(1) 需要更方便快捷地预订、预购景点门票。

(2) 希望有快捷的绿色通道，省去排队买票的烦恼。

(3) 更迅速、快捷地获得景点景区相关旅游信息。

4. 省旅游局

(1) 需要及时了解管理景区预订信息。

(2) 需要及时了解管理旅行社预订信息。

(3) 如何为消费者提供优质服务的景区信息，打造诚信旅游。

(4) 希望推进景区和旅行社的信息化建设，提升管理能力和管理水平。

(三) 业务功能

“商旅通”能为旅游主管部门实现办公自动化，提供旅游品牌形象宣传，实现行业内部信息互动，旅游信息告警及时发布系统和短信投诉受理。还能为旅行社提供国际漫游服务，团队信息自动发布，车辆定位服务（GPS），游客满意度调查。在景点、景区能实现手机电子门票，景区旅游信息发布，景区电子导游（语音、短信），景区游客管理。而宾馆酒店，可实现内部信息化，提供宾馆酒店客户关系管理系统（M-CRM、电子会员卡、电子优惠券、积分联盟等），宾馆酒店欢迎/送系统（小区短信），基于商旅通 iPOS 终端实时在线订房系统，客户满意度调查系统等功能。

(四) 产品及服务

1. 酷宝

显示在手机屏幕上的各类卡、票、证、券的统称为酷宝（条形码 ID、图片、动画、文字的信息组合）。

酷宝引擎：酷宝生成、发送、认证系统。

降低制作及发放成本，便于携带及管理，而且安全性也优于传统模式。

2. iPOS（Information Point of Service）

具有多种信息服务功能的移动终端。除传统的通话、短信、上网功能外，还可实现信息搜索、信息发布、预订确认、酷宝认证、充值缴费、电子支付等功能。

实现整个平台的落地及闭环。

3. 手机客户端

安装运行在手机上的应用软件，提供生活消费领域（吃、住、行、游、购、娱）分类信息移动搜索、比价、管理、评价和投诉等服务。通过 egodoReader 客户可以方便、快捷地获得各类吃、住、行、游、购、娱、学的资讯，譬如折扣优惠、宾馆预订、景区门票预订；客户还可以把自己的内容，如卡、票、证、券、个人私密信息等，通过 egodoReader 存储到手机上，方便信息管理和增强加密性。

免除手机客户通过手机 WAP 浏览器上网的麻烦，增强客户通过手机使用商旅通业务的安全性和黏度。

4. M-CRM（Mobile-Customer Relationship Management）

M-CRM（移动客户关系管理系统）就是将原来传统的客户关系营销/数据库营销结合在移动通信的增值服务与应用上，将移动通信增值业务技术（包括短信、彩信、WAP 等）整合在传统客户数据库营销模式上，为企业客户提供商业活动中精细化的推广与传播的支持。

有效地解决了吃、住、游、行、购、娱、品牌销售等行业的传统客户关系管理面临的普遍性问题。提供了高效便捷的个性化客户营销解决方案。涵盖了酷宝生成、酷宝发送、酷宝认证、客户资料管理、客户消费习惯管理、数据统计分析、客户关怀、客户细分、促销信息定向发布等客户关系管理的各个方面。它基于成熟的短信、彩信服务应用，既可以实现会员卡/打折卡进行营销的全部功能，又能为商家提供直接发布促销与优惠信息、酷宝（卡、票、证、券）、客户关怀信息给顾客的通道，保持与会员和顾客的直接的双向沟通，从而帮助商家对消费者进行个性化、针对性营销。

5. 彩信报

手机彩信报是基于传统纸质媒体与电信增值服务跨平台合作孕育出的传播新方式，将纸媒体的信息内容，以图文并茂的形式，通过无线技术平台发送到客户的彩信手机上，被称为第五媒体。

可以根据需求细分市场，不受区域和时间限制，让企业享受国内领先的智能、精准的点对点无线广告发布平台。

6. 移动商旅门户（Web）

提供企业与消费者良性互动的平台，向移动客户的客户延伸，建立 B-B-C 商业模式。深入到企业客户的客户关系管理，提供具有移动特色的客户关系解决方案，为客户的客户创造价值。

向客户的员工延伸，建立 B-B-E 商业模式。深入企业客户内部运营管理流程，通过移动信息化手段提升企业内部管理效率。如企业短信办公系统，实现短信发布、邮件通知和公文审批。

向自动化生产管理流程延伸，建立 M-M 商业模式。利用移动通信平台实现机器（M）和机器（M）之间的自动控制。

向客户的合作伙伴延伸，建立 B-B-P 商业模式。如通过移动供应链管理系统，全国的合作厂商和销售网点都能随时随地同步共享最新的供求、价格、配送等信息。

通过政务信息化来辐射延伸，创新 B-G-C 商业模式。推动“传统政府—电子政府—移动政府”的转型，为各级政府提供各种移动信息化应用，包括移动办公、移动政务，促进政府部门从“无纸”化办公向“无址”化办公转变。

创新的面向集团客户的信息化服务商业模式。产品充分满足集团客户的多元化、个性化需求并具有“移动”的优势和特点。

7. 商旅无线门户（WAP）

统一的商旅无线门户网站。企业可以按照自身的移动信息管理与服务需求选取所需的功能、栏目，建立起个性化的移动信息门户网站，还可以随意挑选和更改网站外观。用手机访问，客户可以看到一个完全个性化的 WAP 网站，并可以根据需要，在不同的应用模块上利用 WAP、短信和彩信功能进行信息交互。同时，系统具有强大的兼容性和扩展性，可以支持企业第三方软件的接入与应用，充分满足企业需求。

为企业提供了一个全新的宣传与交互的平台。

8. 商旅短信、彩信导报

这是指根据手机客户的位置变动状态信息，利用移动通信网络及短信发布平台，在特定的时间为特定地点（如机场、车站、商场、酒店、旅游景点、会议地点等）的特定客户群（旅客、顾客、与会者等）提供特定的信息服务的新型短信增值业务。

有针对性的传播，大大提高了信息的有效到达率。

9. 亿度移动搜索

现代化的信息爆炸型社会，信息的查询是必不可少的应用。亿度搜索引擎同时具备互联网搜索和移动搜索功能，还可以通过短信方式及时互动沟通。客户只要通过编辑短信，发出一个关键字到系统搜索引擎的服务代码 01155，就可以搜索到需要的信息。

移动搜索与互联网搜索相比，这种方式使用较为简单，而且无须上网设备，只要一台普通移动终端就可以实现随时随地的搜索。

10. 网络营销联盟

各商户独立经营性质不变，而在产品销售和对客户服务方面进行联合营销。商家通过商旅通平台可以便捷、自主地与其他商旅通联盟商户组成网络营销联盟，从而以网络在线预订为纽带，共享信息、客户资源、联合促销，形成一个连锁的会员体系。通过会员制来吸引更多的客户，如实行常客优惠计划，在加盟企业的范围内开展顾客积分和优惠计划，以稳定客源和培养忠诚顾客。

在电子商务营销中，靠单个企业的力量很难形成市场影响，而一定数量的同行企业乃至跨行商户联合起来（如旅行社、景点、茶馆、酒吧、餐饮公司等），则有利于实现市场营销资源和酒店服务资源上的整合，形成较强的集体竞争能力。

11. 车辆定位、游客管理

通过GPS全球卫星定位技术、GSM全球移动通信技术、GIS地理信息系统和计算机网络通信与数据处理技术的结合，可以实现车辆、游客定位和搜寻服务。外地手机客户一旦进入浙江省境内，通过运营商即刻发布手机导航定购信息；订购者，在电信移动运营商的网络获取移动终端客户的位置信息（经纬度坐标），在电子地图平台的支持下，通过WAP显示所在位置，进行导航。

12. 12580移动黄页 & 商旅服务

商旅通12580业务是在挖掘和整合商旅通平台信息的基础上，扩展12580移动黄页查号业务，针对客户的模糊查询和消费、服务等需求提供的产品。该业务既包括面向商家提供的产品和服务信息发布、优惠折扣信息发布、语音广告业务等，也包括面向消费者群体的宾馆酒店客房预订、餐馆酒楼的消费预订、景区景点的导游信息等“吃、住、行、游、购、娱”全方位信息和服务。

商旅通12580业务充分利用移动通信网络、互联网等网络资源，借助GPRS、MMS、SMS、语音等通信手段，针对不同的消费者和商家需求，有机整合挖掘现有各类商家提供的消费和服务资源，同时辅助商家实现客户管理、短信群发、信息上传等服务，将现有仅面向公众的12580服务扩展为面向商家和消费者群体的双向服务，同时向商家和消费者提供更丰富的增值服务内容。

13. 景区电子导游

游览大景点的游客常常抱怨，最容易迷失方向。现在我们可以使用彩信技术充分解决这一问题。用最新的IT技术，将景区信息编成一维或二维条码，置于各景区明显位置。迷失方向的游客只需用手机给所在位置的条码拍照或用短信编写条码编号，并发送到指定查询平台，将会以SMS、MMS和WAP PUSH的形式，接收到相应景区的信息，并提供相关参考路线选项和景区语音导游秘书服务。此服务也可用于旅游以外的交通引导及求救服务中。

14. 商务助理

移动办公、短信客服、互动营销、市场调查、数据采集等日常商务应用，具备强大的管理功能和短信通信功能。

除了能发送纯文本的短信外，还可以发送彩信和WAP PUSH地址链接（解决了一般群发软件仅能发送70字以内文本信息而无法满足企业需求的弊病）；可进行不同信息内容同时发送不同手机的个性化群发功能，为企业节约时间的同时，让顾客感受贵宾式的待遇；客户对群发的内容可进行回复，而信息发送者收到后还可进行二次发送，确保了群发消息的有效性（一般群发设备无此功能）。

给客户带来的好处，带动旅游服务行业效益提升。

给景点、旅行社的管理和营销带来帮助。

为游客提供便捷、快速的旅游咨询服务。

有利于旅游局统计信息。

二、中国移动与全国各省旅游资源合作

（一）江苏旅游局

“旅游通”开启数字旅游新天地——中国移动江苏公司苏州分公司倾力打造旅游信息化平台。

在周恩来总理的故乡江苏淮安，当地政府与省内外 110 家知名旅行社正式启动“周恩来故乡行”系列旅游活动，江苏移动“旅游通”业务为此次活动提供了全程支持。

为了进一步扩大周总理故乡“红色旅游”的影响力，江苏移动淮安分公司与淮安市旅游局积极合作，签订了全区“旅游通”推广合作协议，并以公文形式要求各县、区旅游局及相关重点旅游从业单位积极配合。淮安移动通过手机、互联网等多种技术手段，为游客、旅游企业、旅游行政管理部门提供综合的资讯展示管理平台，通过移动信息化与旅游发展的紧密结合，全面提高淮安旅游行业信息化水平。

为了配合周恩来诞辰 110 周年系列活动，淮安移动进一步优化“旅游通”及相关业务，全力做好“红色旅游”的支撑服务。现在到淮安观光旅游，游客除了可以通过手机获得行程路线、订房热线等旅游信息外，还可以在进入周恩来纪念馆、周恩来故居等景区时收到小区短信，感受到欢迎、关怀之情。另外，游客游览时无须请专业导游，只需通过手机使用旅游通“语音自助导游业务”，就可以享受到声情并茂的多媒体导游讲解了。

（二）厦门旅游局

厦门旅游与移动携手启动“移动旅游通”。

“移动旅游通”是厦门市民生信息化服务的新成员。此平台由厦门市旅游局、中国移动福建公司厦门分公司联合建设，深度整合厦门旅游行业的优势资源，借助短信、彩信、语音接入、无线网站、互联网等多种信息传播手段，为来厦门游客提供包括文字、图片、语音、视频在内的立体旅游信息化服务。

该平台目前可以实现功能如下：①游客可以通过“移动旅游通”及时掌握

厦门旅游的相关信息，以文字、图片、音频、视频等多媒体手段获取厦门各景区景点的介绍信息，并享受相应的折扣优惠服务。②游客还可以通过手机查看厦门的电子地图，寻找所在位置周边的地理信息、热点商家信息等，如麦当劳、大型商场、公交车站等信息。浏览厦门著名景点的360度实景图片，并随意下载保存。③还可以基于中国移动TD-SCDMA的3G网络，实现景区、景点监控管理以及视频点播等。“掌上电子地图”、“掌上实景”、“移动视频”等技术的广泛应用，引领来厦门游客不受时间、地域限制，随时随地体验厦门的无限魅力。随着项目的投入使用，将进一步增进厦门市的旅游内涵，有效提升厦门市的旅游公共服务水平。

（三）广西旅游局

中国移动助推广西旅游信息化建设。2007年16日，广西壮族自治区旅游局和中国移动广西公司签订了广西旅游移动信息化合作协议，游客将通过该旅游移动信息化服务平台，体会“轻松旅游”的感受。

据介绍，2007年“十一”之前，广西旅游信息移动化系统将正式启用。届时，游客就能通过移动短信定制的方式，随时随地都能查询到所需的旅游信息，享受“掌上旅游宝典”服务；或者拨打“旅游服务热线”，通过人工或者语音导航的方式，获取旅游线路、旅游资讯、订房订车票等信息；还可以通过手机上网，浏览到广西旅游局的网站——广西旅游在线的重要旅游信息。

广西近年来接待游客数量和旅游收入持续攀升，其中2006年接待旅游者达7567万人次，创历史新高。目前，广西壮族自治区旅游局已建成包括DI-MOS系统在内的多项信息化应用系统，能够提供从旅游系统内部办公管理、从业单位管理、导游资质管理到旅游信息资讯提供的一条龙服务。

协议的签订，将大力推进广西旅游信息化建设进程，并最终实现以移动信息化助力广西实现“旅游强区”的新跨越。

（四）杭州旅游局

“移动商旅通平台”是浙江省旅游局信息中心、浙江移动通信责任有限公司联合杭州酷宝科技有限公司专门为旅游管理部门、旅游企业、旅游者开发的综合信息服务平台。旅游管理部门通过“移动商旅通平台”可以提高工作效率；旅游企业通过“移动商旅通平台”的手机e码技术可以实现信息发布，客户管理等功能；旅游消费者通过“移动商旅通平台”可以享受旅游企业提供的优惠服务及相关信息。该平台的使用有利于提高江苏省旅游业的综合服务水准，有利于旅游行业的结算现代化、货币电子化，拉近旅游者与旅游企业之间的距离，激活与刺激旅游消费，为旅游企业营造持续稳定的客源市场，加强旅游企业的综合竞争力。

三、移动旅游搜索将是大势所趋

google 认为，移动设备取代个人电脑成为用户的互联网入口，这只是时间问题。因此，迅速崛起的智能电话的使用将对旅游业产生最大的冲击。

配置了地理位置应用程序的发展成熟的移动设备、零漫游费离线导航的可能性、人造环境技术（Augmented Reality）以及更多的这些技术发展，这些都意味着旅游计划和预订领域的变革将继续。

有了这些最新技术以及旅游工具的开发，似乎已经有很多事情可以实现。但请留意，不管是旅游工具还是分销技术，对全球的旅游花费总量并没有带来太大差异。

不过，科技的变化能够影响企业的表现。举个简单例子，当网络得到发展后，传统的实体旅行社便逐渐衰落。那现在是否意味着，一方面，如果一家企业没有本地的 iPad 应用程序，就注定失败？很难说。另一方面，如果一家公司在新潮工具上花费太多时间，也可能出现资源上的严重本末倒置。这是一个有趣的两难局面：我们应该在新兴科技上投入多少的精力和资金？不幸的是，这一问题还没有明确答案，但错误可能会因为路径依赖式的发展而深陷泥潭，无法自拔。

值得注意的是，在移动设备上进行的旅游类活动，如地图查看、方向导航、当地活动和旅游产品研究等，比旅游类交易更快地获得了发展动力。不过作为旅游产品交易的来源，移动市场的增长机会之大不容忽视，并且正蓄势待发。

总的来说，旅游计划和预订随时随地都会发生——就算在最后一分钟也是。同时，旅行者将把从旅游生活圈子中的各种关系获得的建议和受到的影响加以利用——也可以随时把评论和其他观点即时反馈到他们的社交图谱上去。最后，通过现有的地理位置感应服务，所有人（包括企业）都将根据旅行者所在的地理位置以及特定时间点，使相互交流变得更具相关性。

将对旅游业务带来最大冲击的，是迅速崛起的智能电话的使用。移动互联网的出现正对包括旅行者在内的消费者与线上内容进行互动的方式带来变化。我们最近与 OTX 共同进行的一项调研显示，40%的商务旅行者使用移动设备来获取在线旅游信息，同比增加了 25%。类似情况也出现在个人和富裕的旅行者当中。消费者同时还利用他们的设备进行更广泛的活动，包括旅行研究、旅游评论阅读、酒店、飞机和邮轮的入住手续办理以及旅游应用程序下载。移动设备取代个人电脑成为用户的互联网入口，只是时间问题，因此这是一个值得密切关注的领域。

搜索将随着网络的发展而变革，而笔者认为这一项目将是无止境的。总有方法可以让搜索变得更好、更快和更实用；我们依然处于互联网发展史的初始阶段，从我们在短期内所获得的发展来看，过去 20~30 年所取得的进步都非常激动人心。可以肯定的是，配有 Webkit 浏览器的智能手机的爆发式增长，已经对搜索产生了巨大影响，因为更多的用户现在可以随时随地地使用互联网。对旅行者来说，手机的增长更是振奋人心的消息，因为这些搜索工具可以帮助用户在前往新地点或者研究未来出行计划时快捷地寻找当地资讯。

对于制订旅游计划和旅行者到达目的地后获取新信息，移动技术的增长依然是具有巨大意义的。这是一种范式转变（Paradigm Shift）——据称在未来数年内，移动设备将取代台式电脑成为接入互联网最普遍的方式。当消费者可以持续不断地访问互联网，他们研究和购物的方式会发生变化，而市场营销人员和企业使用互联网商务的方式也将发生变化。

另外一个“改变旅游的游戏规则”的重大发展是在线视频。我们的 OTX 调研显示，86%的个人旅行者和 90%的商务旅行者会观看在线视频。考虑到 YouTube 和其他在线视频平台更广泛的增长，现在仿佛所有人都在观看在线视频。然而，不仅仅是视频受到旅行者欢迎，旅游视频也尤其受到旅行者欢迎。63%的男性商务旅行者和 58%的女性商务旅行者表示，他们观看特定旅游内容视频的原因有很多：挑选目的地、组织活动、选择住宿点等。再者，越来越多的用户通过上传旅游内容来记录他们自己的行程，并与其他用户一起分享这些内容。在未来，围绕在线视频而产生的社区将会持续增长。

四、移动技术将引发旅游消费方式二次变革

2009 年 4 月 14 日，旅游行业的权威研究机构 PhoCusWright 以全新角度分析了有潜力推动旅游业和酒店行业变革的技术和创新。该公司估计，在 2009 年，大量新的移动旅游和基于方位的应用软件将面世。

多年来，由于技术能力薄弱，商业模式低效，旅游应用软件的移动应用一直发展迟滞。随着数据传输的加速以及智能手机的遍地开花，旅游应用软件以新的方式整合方位信息和相关文本，智能手机也因此变身为商务人士的“导游”，提升了其旅行体验。

“就像之前互联网改变了消费者预订的方式一样，现在人们对手机的依赖，使得旅游消费方式开始了第二次变革。”美国互联网营销商德尔互动公司的 CEO 福瑞德·马勒克表示，商务旅游业开始日益重视移动技术的应用。

在 PhoCusWright 的《美国商务旅游分销（第四版）》中，移动旅游创新被确定为重塑美国商务旅游格局的七大趋势之一。

（一）智能手机变身贴心“导游”

现在，越来越多的商务人士使用iPhone（手机上网）手机、黑莓手机以及其他智能手机，应势而生的旅游应用程序也如雨后春笋般冒出，让智能手机变身为商务人士的“贴心导游”，帮助他们安排行程、预订酒店等。

据2009年12月22日《纽约时报》报道，位于波士顿的eSupportNow公司的营销副总裁克里斯·塞尔兰德是智能手机的“死忠”粉丝，他指着自己的iPhone手机说，我所有的东西都在手机之中。

手机应用分享社区网站Appolicious.com的创办者、雅虎前副总裁阿兰·沃尔姆斯说，旅行应用程序是下载量排第三名的应用程序，仅屈居于社交网站和游戏应用程序之后。

可下载的旅行应用程序的爆炸式发展在很大程度上归因于智能手机上GPS功能的普及。以前，游客到了一个陌生的城市，如果他想找一家日本餐厅就餐，他需要输入起始地址。而现在，智能手机能够自动识别其当前所处的位置，并据此提供用户需要的信息。

《纽约时报》在报道中指出：商业旅行者认为，目前最流行的与旅行相关的应用程序功能可以分为两类：安排行程和定位。例如，在线旅游线路和行程计划网站TripIt针对iPhone推出的应用软件TripIt，可以在旅行者的手提电话中显示他们的旅行路线详情，令他们所有的旅行计划都能触手可及。

诸如iReceipt等工具能让游客将旅行费用的收据、确认单等进行存储和有效组织，减少以前的旅途中需要携带的纸张数量。而用于定位的应用程序则能借助GPS技术为用户提供其所处环境附近的酒店和的士服务等信息。

比如，Urbanspoon软件包含了大量餐厅信息，方便用户找到最合适的一家。用户可以利用全球定位系统找到附近的一家餐厅；搜索和浏览本地饭店；对比挑选餐厅；该程序还提供了报纸、博客和其他食客的评价。而诸如美国点评网站Yelp和谷歌地图等程序则涵盖了生活的方方面面，从干洗店到咖啡馆的评价信息应有尽有。

可以下载的应用程序有其独特的优势，因为它们可以被存储在手机上，而非远程服务器上。即使手机没有联网，用户也可以使用该应用程序获得相关信息，这意味着游客在机场或者其他不能上网的地方也能够使用该程序。

（二）大公司闻风而动

制造和销售旅游管理软件的公司也注意到了手机应用程序日渐受宠的趋势，其中的一些大公司正在为智能手机生产相关的程序。

美国瑞尔登商务公司的业务主要是为商务人士提供各类旅行信息服务，该公司在商务助理业务领域占据领先地位，其全球销售副总裁托尼·达斯特尔福表示，在他们的商务顾客中，有 90%的人使用手机应用程序。

20 个月以前，瑞尔登为黑莓手机用户开发了一套应用程序，因为 iPhone 手机的商务人士与日俱增，该公司预计于 2010 年第一季度推出针对 iPhone 手机的应用程序。达斯特尔福表示，使用这个应用程序，商务人士将能知晓天气、安排行程、预订酒店等，同时接收到航班延误之类与旅行相关的变动信息，而且，该服务也得到了世界上最大的旅行管理公司，即美国运通银行的支持。

2009 年 3 月，全球最大的职员公务开支管理按需定制服务商 Concur 公司发布了名为 Concur Mobile 的移动技术方案，使旅行者可以在旅途中管理其旅行线路、完成符合差旅规定的差旅交易、获取差旅娱乐开支数据以及审核开支报告。利用这一方案，商务旅行者还可以收集不列入预算的购买项目和小费等杂项数据，以确保这类通常被忽略的交易在整份开支报告中被自动记录和准确计算。

同年 11 月，Concur 公司也正式在苹果在线商店推出了一款免费软件，用户可使用该软件管理旅程，更改航班日期，添加或删除宾馆房间的某项开支，租赁汽车、订餐和叫出租车。

Concur 公司总裁兼首席运营官拉杰夫·辛格表示，这些应用程序深谙商务人士需要更自由地安排其旅程的心理需求。因此，Concur 开发了一个工具，让旅客能够评价酒店；记录旅行游记等，以供他人参考。

酒店运营商如美国选择酒店集团、喜达屋酒店与度假村集团、欧马哈酒店集团、迪士尼世界燕子酒店和海豚酒店也开始尝试使用一些应用程序，让住客通过手机来寻找并且预订酒店。

PhoCusWright 公司的高级技术和商业市场分析师诺曼·露丝表示，酒店业仍然拥有大量的开发潜力，酒店业的最大机会是让所有的功能更加自动化，住客可以通过手机和应用程序来合理安排自己的行程。

（三）隐私管理需强化

美国大洋房地产公司电子商务主管劳伦·格雷表示，这些应用程序潜力巨大，但是，很多人也担心手机会泄露自己的隐私。

格雷举例说，当游客的飞机在某个城市着陆，手机应用程序能够自动地为游客办理登记，向酒店提供自己的特殊要求，但是，旅客可能不想让手机自动发送信息，因为担心自己的信用卡的数据信息泄密。

他进一步指出，或许更大的挑战在于，类似于这样的应用程序需能够访问不同的酒店集团的网络，但是，许多连锁酒店因为竞争原因，拒绝这么做。

酒店业的分析人士认为，尽管存在这些挑战，且在美国，只有 5%的手机用户使用智能手机，但对于商务人士来说，智能手机将很快变得如同信用卡一样重要。

（四）AP 程序重塑旅游指南类书籍市场

随着手机应用程序逐渐演变为我们的“导游”，旅游指南类书籍将淡出市场的预言也是甚嚣尘上，那么，我们还需要旅游指南类书籍吗？

2009 年 12 月，谷歌公司推出了名为“Goggles”的图片搜索服务，该软件通过使用图片来代替关键字进行搜索。智能手机用户只需拍下一个事物的图片，按下〈搜索〉键就能认出地标建筑，识别动植物的种类，或者获知酒类的标签，这大大冲击了旅游类书籍的销量。

2008 年底，谷歌公司发布的应用程序 Wikitude World Browser 也给了旅行指南类书籍沉重的一击，该软件将维基百科上的实时信息以图片的形式传送到用户的手机上，这就是所谓的增强现实（AR）技术。苹果公司的手机都可以使用 Wikitude 应用程序，iTunes 也可以下载该程序。增强现实技术借助计算机图形技术和可视化技术产生现实环境中不存在的虚拟对象，并通过传感技术将虚拟对象准确“放置”在真实环境中，借助显示设备将虚拟对象与真实环境融为一体，并呈现给使用者一个感官效果真实的新环境。

据英国《泰晤士报》报道，目前，采用了增强现实技术的旅游应用程序可以让人们在浏览、参观的同时，接收到途经建筑的相关资料，观看展品的相关数据资料。目前，这种程序的开发还处于萌芽状态，不过，谷歌 Goggles 的发布可能引领类似程序开发之风潮。

目前，谷歌的 Android 手机上已配备了 Goggles 程序，谷歌公司希望苹果公司的手机上也能很快使用该程序。

旅游指南类书籍的出版商也正在尝试使用 AR 技术，最畅销的旅游指南《孤独星球》的电子版也出现在美国的 Android 手机上，手机里的实时图片上会显示出旅行指南等相关信息。使用了 AR 程序的旅游类应用程序的竞争逐渐进入白热化，但是，从目前的情况来看，诸如《壁纸城市导览系列》和搜罗奢华生活的城市指南《Luxe City Guides》等时尚类旅游指南书籍在市场上广受追捧，这些时尚类的旅游指南更新速度非常快，确保了所提供信息的新颖性、独特性和趣味性，保有旺盛的生命力。

PhoCusWright 的报告指出，假以时日，下一代移动技术将实现多媒体传输，以加快实现自助服务和无纸化旅行消费，并且，无论商务旅行者身处何地，都可以为其提供电子钱包支付功能以及差旅费用提交和报销的数据获取功能，移动技术将在商务旅行中得到广泛应用。

第四节 网上移动娱乐模式

一、网上移动娱乐现状

进入 21 世纪，随着数字时期的不断前行，囊括了音像、游戏、资讯、交友等在内的娱乐方法已成为移动娱乐产业主要的组成部分。而随着技术和内容的不断完美，这一行业将在今后两年内进入高速发展期。据 IDC 相关调查数据预测，2010 年全球移动娱乐应用市场价值将达 35 亿美元，年均增加约 23%。

（一）用户在移动环境中娱乐（照相、MP3、MP4、收音机、电子书阅）

资策会 MIC 调查消费者使用移动电话取得流行及娱乐信息时的考虑因素发现，最重要的考虑因素为“信息内容丰富”，占 38%的比例；而有 56%的消费者认为“屏幕够大便于阅览”的考虑因素是最不重要的。

对于流行及娱乐移动信息的呈现方式，57%的消费者偏好首先为直接连上网络任意查询想要的信息，其次为详细的文字说明辅以图片或照片（46%）及简单的文字说明辅以图片或照片（44%）。

对于使用移动电话取得流行及娱乐信息的考虑因素，38%的受访者认为信息内容丰富是最重要的因素，其次为可快速查询到想要的信息（31%）。

高消费族群对于流行、娱乐信息移动服务内容较偏好“可快速查询到想要的信息”的内容，而中、低消费族群则偏好“信息内容丰富”。

高消费族群的购买行为具有目标方向性，对于信息内容的深度要求较高，而中、低消费族群的购买行为具有实时扩散特性，无特定的购买标的物，易在浏览信息过程中产生购买动机，对于信息内容的丰富性较为重视。

（二）移动运营商、设备制造商以及服务提供商的重视

不需要复杂的技术，许多服务只要通过文本信息或简单的图表就可以实现。

不需要特设的硬件、软件或者网络支持。

运营商可以在原有的基础上迅速推出这些服务来获得收入。

二、急需解决的问题

（一）标准

移动娱乐产业标准化严重滞后于它自身的发展。

（二）终端

终端与业务紧密相关。

业务靠终端支持，只有支持该业务终端数量比较大的时候，业务才可以得到比较好的发展；业务量增加，用户需求扩大，终端提供商也会增加这项业务的终端量。

（三）业务网的融合

广播网：频率资源宽，从几十 MHz 到 750MHz。

移动通信网：利用广播网的频谱资源，把广播网和移动通信网结合起来，为移动娱乐产业服务。

三、移动电子娱乐服务的内容和形式

（1）沟通服务：短信息、电子邮件、聊天室、移动 QQ 等。

（2）信息服务：短信、彩信、电子邮件等。

（3）纯娱乐服务：移动游戏、移动音乐、手机电视等。

（4）GPS 服务：方位追踪等。

四、移动游戏

（一）移动游戏的产生

市场需求：用户对电子游戏网络化和游戏终端移动化的需求催生了移动游戏。

技术推动：移动通信网络的数据承载能力的提高，使移动游戏成为可能。

市场运作：移动通信运营商为推动数据业务的发展，增加用户对移动网络的使用，加强了与各种内容服务提供商的合作。

（二）移动游戏的业务特点

（1）便携性。

（2）永远在线。

（3）可定位性。

（三）移动游戏的分类

（1）嵌入式游戏：手机中自带的游戏，贪吃蛇。

（2）短信游戏：多媒体短信游戏、短信猜谜、机智问答，吸引力来自游戏内容本身，画面过于简单，缺乏视觉吸引力。

（3）WAP 游戏：根据 WAP 浏览器浏览到页面上的提示，通过各种不同的选项的方法进行游戏。

（4）JAVA 游戏：基于 K-java 程序语言开发的手机游戏，有较强的交互娱乐性，并支持任意下载和删除。

(5) BREW 游戏：BREW 程序开发语言，支持 BREW 语言的手机。

(6) J2ME/BREW 游戏：设计精美，有吸引力；下载流量大。

(四) 运营模式

表 4-2 BREW 运营模式

业务模式类型	运营模式
运营商中心型	运营商完全控制游戏内容的开发和营销推广，游戏内容被商品化
内容提供商中心型	运营商起到了传递游戏内容的管道作用
收入共享型	价值链参与者通过内容的有效货币比而获得收入份额

五、移动音乐

中国电信推出“爱音乐”引领移动音乐市场新格局。依托中国电信“爱音乐”(IMUSIC) 业务平台，融合了七彩铃音、电话振铃、网络试听、网络下载、音乐资讯、在线搜索、会员服务等多种音乐服务功能。

(一) 音乐版权的问题

知识产权是未来移动音乐发展最为基础的一个影响因素，是大力发展移动音乐所面临的首要解决的问题。

(二) 内容展现形式的问题

随着未来音乐市场的发展，在音乐市场中出现的歌曲、歌手会越来越多，以何种形式把这些歌手以及歌曲展现给用户，让用户能够及时获得新的音乐内容，这是如何扩大市场接触面的问题。

(三) 技术支持问题

未来移动音乐的发展必然走向更加完善的地步，通过移动终端获得完全音乐的方式将逐步取代传统的音乐获得方式。因此，大数据量的下载将成为未来的趋势，这样对于网络容量和下载速度以及下载连续性都提出了更高的要求，需要在技术层面提供更高的支持。

(四) 滚石移动

滚石移动通过与电信运营商、终端设备厂商、互联网服务提供商等相关业者的合作，为有线及无线互联网用户提供一系列的数字音乐产品及服务，发展出适合各种不同载体的娱乐商品，达到将娱乐数字化、移动化及宽频化的目标。

六、移动电视

移动电视是指在公共汽车等可移动物体内通过电视终端，移动地收看电视节目的一种技术或应用。

手机移动电视是指以具有操作系统和视频功能的智能手机为终端设备，收看电视内容的一项技术或应用，属于流媒体服务的一种。

（一）实现方式

第一种是利用蜂窝移动网络实现，如美国的 Sprint、中国的中国移动和中国联通公司已经利用这种方式推出了手机电视业务。

第二种是利用卫星广播的方式，如韩国的运营商、中国的中广卫星移动广播有限公司采用这种方式。

第三种是在手机中安装数字电视的接收模块，直接接收数字电视信号。

（二）运营模式

1. 以无线移动通信技术为基础，移动运营商主导的商业模式

移动运营商采用流媒体技术，即"流媒体技术支撑下的手机电视"。用户可以通过点播或下载的方式收看手机电视内容，移动运营商和用户建立"最后一公里"的关系。

（1）模式特征。这一模式下，移动运营商主导运营平台，产业链的主导权将掌握在移动运营商手中，广电部门或其他节目制作公司作为一个 CP（内容提供商）与其合作。移动运营商主要通过向用户收取电视内容使用费和向广告投放厂商收费获得收益，广电部门与其他节目公司通过与移动运营商分成方式获得收益。

移动运营商主导下的手机电视商业模式，是目前"SP（服务提供商）+运营商"合作模式的一种延伸，用户通过移动通信运营商的网络定制由 CP 提供的节目内容。这种模式的盈利方式与现在各种数据业务的盈利方式类似。目前，在国内，提供内容服务的 CP 都需经过国家广电总局的审核批准。

（2）盈利模式。一般移动增值业务收入：主要是通信费、流量费（计次和包月）和信息费（手机定位、手机支付等）。

移动运营商主导的手机电视业务：增加广告、互动等元素，从而使得其盈利模式更加多元化。

广告模式：传统电视广告依据收视率、节目时段、广告时长等确定广告价值和播出费用，而在移动运营商主导的手机电视上，发布定向广告和点播广告成为可能，从而按用户单击次数付费和按实际效果付费有了可行的方案。

上传反哺模式：在手机电视中，DIY 内容和 UGC 内容构成内容的重要来源。对于内容上传者，运营商可以给一定的报酬，也可以通过免费定制其他内容的方式实现。这种模式的核心是对于内容上传者的反向付费。通过这种模式，能够激发用户的积极性，不断创造新内容。

2. 以数字无线广播技术为基础，广电运营商主导的商业模式

广电运营商采用数字广播技术，即“地面数字广播或卫星数字广播支撑下的手机电视”，在业务上把手机电视视为移动多媒体业务的一种；在收视方式上，用户通过直播方式收看手机电视内容，广电部门与用户建立“最后一公里”的关系。

（1）模式特征。在这一模式下，广电部门主导运营平台，把手机作为移动电视的一种接收终端；在接收终端上强调终端的“移动性”，只要终端上配置有独立的电视接收装置，即可进行接收。

在这一模式下，手机虽是重点，但也只是其“移动终端”布局中的载体之一。并且，产业链的主导权将掌握在广电运营商手中，移动运营商只提供用户管理和收费机制。

（2）盈利分析。广电运营商主导下的手机电视的盈利模式没有跳出传统广告模式的樊篱，主要收入来源是商家广告费。除了广告费之外，也包括其他收入费用，如业务开通费、互动点播费以及信息服务费用，如互动游戏、电子拍卖、股票信息、地图指南等。

用户分别向手机电视运营商和移动运营商提供月租费、流量费，移动运营商就信息费与手机电视运营商进行分成，手机电视运营商要分别向网络运营商提供网络租用费，向内容提供商提供信息分成和内容版权费，商家向手机电视运营商提供广告费。

其计费方式形式多样，有包月计费、按次计费、按流量计费及其他计费方式。

尽管广电运营商要从移动运营商的账单中获得收入，但它实际上是商业模式的核心。

3. 合作运营模式

广电网络与移动网络融合在一起，开展更为丰富的服务。

“广播式下传（卫星 + 地面）+ 移动通信回传（流媒体）”的立体交叉传播方式。

（1）广电运营商：

通过与电信运营商进行网间结算获取收入。

提高已有网络的使用率、增加网络收益，通过信息互动提高电视节目的收视率。

（2）电信运营商：

解决频率资源紧张和经营许可的问题，不用增加大量建设广播电视网络的投入。

网间结算获取网络收益，提高移动业务的使用率、增加网络自身的收益。

第五节 网上移动餐饮模式

"民以食为天"，饮食是人类的生存之本，不论将来人类社会进步到何种地步，"食为天"的地位依然是无法改变的。但是在地位不变的同时，随着社会的不断发展进步，各种新的口味、新的技术、新的产品的诞生，纷纷影响着"食"发生改变，人们希望从过去的吃饱到现在的吃好以及将来的吃得健康。

一、移动商务与餐饮业

随着我国国民经济的快速发展，居民的收入水平越来越高，餐饮消费需求日益旺盛，营业额一直保持较强的增长势头。据统计，自 1991 年以来 20 年，我国餐饮业每年都以 15%以上的速度增长，是 GDP 增长速度的两倍，可以说整个餐饮市场发展态势良好。但"竞争激烈，生意难做"也成了餐饮业的"流行病"。经营者的营销观念比较陈旧，依然只是简单依靠自己的主观来判断消费者的需求，无法适应消费者口味和消费习惯的快速变化。而消费者也只能是吃餐饮经营者所提供饭菜，而无法根据自己的喜好去选择。对于餐饮行业内的消息也非常闭塞，缺乏必要的沟通。于是采用新技术来开展营销对于拓宽传统的餐饮业经营模式和管理模式，提高企业的竞争力具有很大的意义。

移动商务是依托移动网络进行数据传输、并利用移动终端实现商业交易。它在互联网的基础上将触角伸到了有线网络之外，直接触及参与交易的人，实现了商务活动与个体活动的紧密结合，大大加快了商业交易速度、降低了交易成本，并可提高信息查询的精准性，为企业的商务活动开创了新的模式。它是一组技术融合发展的产物，也是一种崭新的商业模式。当把移动商务包含的这些技术以及它的商业模式与餐饮行业结合起来的时候，可以使餐饮业更新它的经营方式，拓展它的大众市场，建全它的软、硬件设施，使餐饮业更具科学（教学案例、试卷、课件、教案）化、集锦化和社会化。

二、在餐饮行业中应用移动商务

（一）构建企业站点，丰富企业宣传渠道

1. 建设企业站点

21 世纪被称为信息化时代，在网上建立自己企业站点已经被认为是一种非

常重要的宣传方式，而对于餐饮行业的企业来说更是如此。尤其是对于一些外出旅游的游客来说，来到一个陌生的城市，往往都想尝到一些本地特色的食品，他们往往是通过网上来获得这些信息，所以在网上构建自己企业站点来宣传自己已势在必行。当企业在网上建设自己的站点之后，客户就可以通过电脑或者手持设备通过有线或者无线网络来获取餐饮企业的信息。

2. 建设短信服务平台

目前我国餐饮企业在营销推广方面的移动信息化需求已非常迫切，多数企业希望能够在短期内见到实际推广效果，提升店内人气，因此，让企业从最简单的应用入手，使其感受到移动应用能够为自身带来的实际利益，在体验中接受移动信息化产品是餐饮行业信息化的突破口。建设短信服务 平台对于实现餐饮企业的精准营销具有显著效果，在餐饮企业可以通过自己的短信服务平台在特定时间对特定用户群发送特定短信的增值服务。对于企业来说，建立自己的短信服务平台具有“个性化”的优势，即见效快、应用灵活、针对性强，能精准直达，锁定目标群体，发送时间地点，都可自由定制，精准发送，广告信息投放实效性强。此外，短信服务平台还能创造新型的客户关系管理方式，对企业经营有所帮助，例如，短信现场互动、短信抽奖活动、短信问卷调查、短信投诉建议、客户积分统计、客户来访统计等。

（二）构建客户信息库，加强对客户的管理

商场上流行着一句名言“掌握客户就是掌握市场，接近客户就是接近成功”，从这句名言可以看出客户对于企业的重要性。对于餐饮行业的企业来说，如果做到既能吸引新的客户，又能抓住老的客户，那么这个企业就能够长盛不衰。那么如何才能做到这一点，除了餐饮企业自身要做到饭菜可口、服务周到这些基本的服务之外，还要加强对客户的管理、对客户的关怀。要对客户进行管理需要建立客户信息库，在信息库中为每一位客户建立一张信息表，表中要记录客户的客户代码（唯一标识每位客户）、姓名、生日、联系方式、积分、会员级别、每次用餐时间、用餐餐桌号码以及点菜目录等信息。这些信息会为将来管理客户提供帮助。比如可以把企业的最新动态如新菜上市、打折信息等，根据信息库中客户所留的电话号码通过短信服务平台发送给客户。或在客户生日、重要节日等特殊日子给客户 发送祝福信息等。通过这些措施可以加强对客户的关怀，增加客户的忠诚度。

（三）引入新型营销理念，激励客户

目前餐饮行业一般只是停留在发放贵宾卡来吸引客户长期消费，而缺乏引入新型的营销理念，这严重阻碍了餐饮企业的发展速度。餐饮企业在营销时可以引入会员制度和直销理念。会员制度是将在餐饮企业消费的客户按照规定严格分为若干等级，每个等级享受不同的优惠措施。会员制度的建立的目的是为了配合直销理念来激励客户。

直销理念的基本原理是几何倍增原理，几何倍增原理简单来讲就是1变2，2变4，…，n变2n的一个过程。几何倍增原理主要包括几个方面：市场倍增、时间倍增、效益倍增。市场倍增指的是将客户从单纯“消费者”的角色转化为“消费者+宣传者”的角色，通过客户的宣传，吸引新的客户将1变为1+1，再依次循环实现客户倍增。时间倍增指的是直销能够倍增时间，但不是增长，而是让时间减少而完成相当的工作量，这是一种逆向倍增。效益倍增是借助于市场倍增而倍增的，对于餐饮企业来说，用餐客户越多，餐位供不应求，那么就可以实现效益倍增。

将直销理念、会员制度以及移动商务模式三者融为一体应用于餐饮企业的营销的方法就是通过客户转发短信，为饭店招揽新的客户，实现用餐客户的倍增。具体的操作方法是：餐饮企业每次向客户发送短信时，在短信内容的前面加入一个唯一标识客户的代码，如果客户将这条具有唯一标识代码的短信发送给他的亲戚好友，亲戚好友通过这条短信来到餐饮企业用餐，并且在用餐后出示这条短信，那么这些用餐的客户可以享受一定的优惠，而转发这条短信的客户可以得到相应的积分，当积分达到某个值时可以成为更高级别的会员，而享受到更多的优惠。这样就可以激励这些用过餐的客户向其他的客户宣传的积极性，也为餐饮企业招揽了更多的客户。

（四）引进新技术新设备，为客户提供增值服务

1. 无线点菜

前文中提到对于餐饮企业为了满足客户与自身之间交互信息需要建立网站，而餐饮企业网站并不单纯可以作为客户了解企业信息的渠道，它还可以使客户能够使用手持设备点菜。餐饮企业可以在其主页下设立名为在线菜单的二级页面，客户在点餐时，就可以通过手机等手持设备经过无线网络登录餐饮企业的主页，在企业主页的在线菜单页面下浏览饭店菜目的具体信息，比如菜的原料、口味、价格以及图片等。这样每位客户都可以通过手机来登录企业的主页了解菜单的详细信息而没有必要为每位客户都提供一个纸质的菜单，同时客户在访问企业的主页的过程中也可以了解饭店的一些其他的相关信息，可以给客户留下更加深刻的印象。

2. 移动支付

当客户在餐饮企业消费后，可以通过手机等手持设备来进行支付，而无须随身携带现金或信用卡。客户在餐饮企业用完餐后，可以通过手持设备登录网上银行，通过网上银行将在餐饮企业消费的金额转入餐饮企业的账户，等待餐饮企业确认之后，就完成了此次移动支付。

（五）加强餐饮行业的移动商务人才培养

没有现代化的经营管理人员，就没有现代化的餐饮业，人才一直是制约餐饮行业发展移动商务的瓶颈。所以要加强这方面人才的培养和引进，在一些专业学校要对相关专业做出调整，让懂信息技术的人懂餐饮，让懂餐饮的人通晓移动商务，让复合型的人才去顺应市场发展的潮流。

三、中国移动餐饮管理

（一）产品概述

使用“移动餐饮管理”，你的餐厅可直接面对中国移动的5亿名手机用户，为你的营销插上高飞的翅膀！

消费者可以通过12580语音门户、短信、彩信、WAP、Web等多种便捷渠道，了解你餐厅的美食、优惠信息。

1. 亮点一：CRM个性营销

（1）采用预设短信、彩信自动定时发送功能，支持不同运营商的手机号码，可向餐厅客户发送生日祝福、节日祝贺、礼品兑换券、会员抢票活动、积分提醒等信息。

（2）可预先对客户群体进行分组，如金卡会员组、女性会员组等。可在特定节日或营销活动中向特定顾客群组发布有针对性的信息通知，如打折促销通知、新品到货通知、针对性的顾客关怀短信等。

2. 亮点二：无线点餐

利用中国移动的定制手机（无线PDA手机）、GPRS/EDGE/TD网络，为广大餐饮企业提供无线点餐功能，服务员使用无线PDA点餐，厨房档口自动分单打印，整个生产过程无纸化，不仅提升生产效率，而且改善企业形象。传统的基于WLAN的无线点餐系统，工程造价高、施工烦琐，使用福建移动的移动餐饮管理产品，极大地降低了用户使用无线点餐的门槛。

3. 亮点三：智能收银结算

移动餐饮管理免费提供用户收银客户端软件，实现收银、账单管理、菜单管理等信息化。

4. 亮点四：自助经营分析

基于实际的销售数据和客户资料的经营分析，为客户提供进一步市场营销的数据支撑，做到有的放矢，给客户创造新价值。

图 4-3　无线点餐

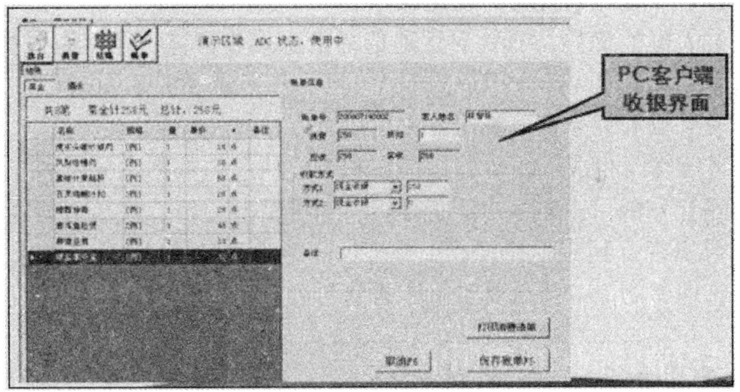

图 4-4　智能收银结算

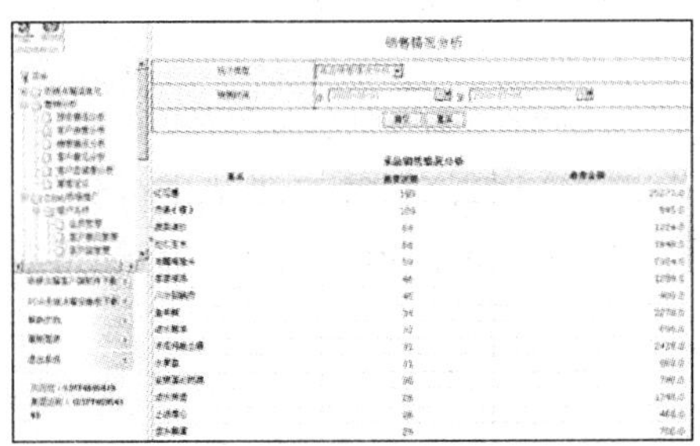

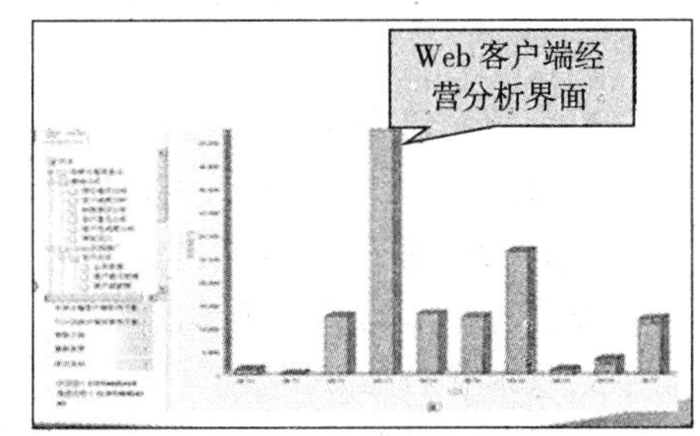

图 4-5　餐饮自助经营

（二）产品应用价值

1. CRM客户关系互动平台

为餐饮企业提供强大的短信、彩信群发功能，可对客户进行分组管理，向餐厅顾客发送生日祝福、节日祝贺、抢票活动、礼品兑换券、积分查询等互动信息，达到企业与客户间良好的双向互动效果，提升餐饮企业美誉度及客户忠诚度。

2. 12580语音平台餐饮信息查询或预订、菜谱点播和定制、彩信地图

12580语音平台能提供餐厅信息的详细查询，支持模糊查询和精确查询。能实现餐厅的座位预订、菜谱预订等功能。对手机用户提供菜谱点播和定制、优惠券下载、积分兑换消费券、餐厅彩信地图、企业名片宣传等功能。企业可借助该平台的强大功能，能更好地进行形象宣传和营销，并发挥大众市场规模的优势，形成前后向营销资源的有效整合，进而增强了客户价值提供能力。

3. 第五媒体精准营销，降低宣传成本

准确的目标客户群体营销、扩大餐饮企业宣传力度及降低宣传成本。完善的短信、彩信发送时间设置、发送状态显示及黑白名单的管理，结合中国移动覆盖了高端人群的优势，有针对性地选择信息接收群体，不仅有效传递信息，还能尽量避免对暂时无须求用户的干扰。

4. 运营管理智能分析，提高企业销售能力

基于系统实时生成的精确营销信息和客户信息的数据库分析和挖掘，能做到详尽的经营分析，比如客户消费分析、销售情况分析，甚至包括客户忠诚度的分析都可实现。通过这个平台，餐饮企业能够实现经营策略分析、营销宣传、销售管理等功能，降低其进行广告宣传和营销的成本，最终为其增加营业收入。

（三）产品功能

1. 客户关系管理

通过客户关系管理功能管理会员资料，通过短信、彩信方式实现与会员的互动。

2. 市场营销分析

对预订情况进行分析，查看预订的开台消费情况；对客户消费进行分析，筛选出高价值客户；对销售情况进行分析，查看企业日销售数据、月销售数据、查看各种菜品的销售情况。

3. 基本资料维护

对桌台、菜单、酒水资料进行维护。

4. 桌台预订功能

新增、修改、删除预订，为预订分配、取消桌台。

5. 收银、点餐功能

进行开台、点餐、收银作业。

6. 桌台信息查看

查看各个区域桌台的状态，使用情况，能过 PDA 就能查看企业所有的桌台使用情况。

7. 预订信息查看

通过 PDA 查看所有的预订记录、桌台预订分配情况。

8. 开台、点菜

使用 PDA 开台、为顾客点餐，查看桌台消费情况，查看桌台客户信息，进行结账申请。

四、移动餐饮的未来趋势

全国餐饮企业整体规模稳步上升，经营水平快速增长，行业集中度稳步加强，与此同时，随着酒店和餐饮业市场的进一步开放，这个传统行业也充满着越来越激烈的竞争。

当前，如何利用现代的信息技术来提高餐饮企业的运作效率，降低运营成本，提高客户满意度和忠诚度，如何在激烈的市场竞争中获得竞争优势与永续发展是每个餐饮企业面临的问题。我国餐饮住宿企业中有 90.4%的企业没有移动信息化应用，9.6%的企业有移动信息化应用，目前的应用主要是短信推广，行业的移动信息化处于最初的培育阶段。

调查发现，由于当前信息化应用程度不同、对移动信息化的认识程度不同，餐饮住宿企业对移动信息化的接受度有显著差异，但需求潜力同样巨大。餐饮住宿企业普遍希望能够提升自身的营销推广能力和客户关系维护能力，具体表现在希望能够利用短信方式将企业的促销信息第一时间传输给消费者、对于老客户能够提供长期的客户关怀。高端酒店（三星级以上的酒店）对移动信息化的需求除了短信推广之外，还希望通过一些移动业务的应用提升自身的客户服务能力，例如希望利用移动 POS 机业务方便酒店用户消费，希望使用集团彩铃业务提升品牌形象。对于中小餐饮企业来说，对于移动信息化的需求还主要表现在提升自身的品牌认知度方面。

移动运营商在餐饮企业信息化建设方面还处于尝试阶段，中国移动广东公司广州分公司推出包括“12580 美食通热线”在内的多项与市民生活紧密结合的餐饮业移动信息化应用，为广大市民提供订房、订餐等服务的综合热线平台。市民不但可以用手机拨打 12580 热线，还可以通过发送短信、WAP 等方式进行查询订座。

随着移动信息化在餐饮行业的推广，不但广大市民可以享受其带来的衣、食、住、行等各方面的方便，餐饮企业也将因为移动信息化的应用而获得竞争力的提升。

第六节 网上移动保险模式

一、保险行业解决方案

保险行业是我国市场经济体系的重要组成部分，随着国际化竞争的加剧，对内降低组织的摩擦力，提升公司的运营效率；对外实现与客户更友好的沟通，提升服务水平，对客户需求给予迅速回应成为行业亟待解决的战略问题。而优化业务与管理流程在技术层面要更多地借助信息技术，特别是快速发展的移动通信技术为保险行业提升管理和服务水平提供了有效手段。如客户对自身保费缴纳状况的动态查询，对保险公司推出的新产品的动态了解，对保险公司出台的保险优惠政策的动态获取；公司业务人员需要随时随地地访问公司 Intranet 查询修改客户信息，随时随地地向客户传递公司相关政策，公司业务管理人员需要随时随地地了解公司业务状况等。移动通信技术的发展为保险行业从业务到管理的移动信息化提供了更为便捷的技术条件。

二、中国移动保险行业信息化解决方案——保信通

（一）业务简介

保信通 MAS 是基于手机、无线 POS、STK、客户端等多种移动终端，通过移动代理服务器，支持短信、彩信、GPRS 等多种无线接入方式，满足保险行业最终客户获取实时信息、保险企业员工移动办公和生产控制等信息化需求的业务解决方案，实现帮助保险企业节约成本、提高效率、增加收入的目的。

（二）业务功能

保信通包括企业 OA 系统、客户信息系统、核心业务系统、理赔相关系统等。

承保应用：移动承保信息提醒；移动营销展开；移动差异化功能定制。

理赔应用：移动理赔查勘调度；移动理赔管理；移动理赔情况沟通；移动

差异化功能定制。

管理应用：移动管理服务；移动差异化功能定制。

服务应用：移动客户服务；移动客户关怀；移动差异化功能定制。

营销应用：移动保险业务介绍；移动客户关怀；移动业务联络。

（三）给客户带来的好处

（1）客户服务信息发布——信息群发和信息定期发布对终端要求低，信息发布成本低，覆盖面宽，加强了保险公司和客户的合作和互动。

（2）辅助办公流程管理——提供保险公司内部，面向客户的各个业务管理流程与客户交互的信息发布通知等，如会议通知、保险政策调整、续保提醒等。

（3）无线投保——为客户提供无线投保，缴费通知、新险种通知等业务。

（4）保单无线查询——客户动态查询保单的处理阶段，保险公司相关政策信息。

（5）移动办公——为员工提供会议通知、工作安排、政策提醒、邮件到达通知等；为审核业务员提供保单状态查询、相关疑问查询等（双向）。

（6）在接到客户报案后，理赔管理部门电话/短信联系外勤理赔人员，调度其中无任务的人员到现场查勘，并通知相关外勤业务人员现场听取客户需求。

（7）理赔人员赶到现场后，对现场进行查勘，采用摄像、照片、短信等方式记录现场采集的各项信息并通过手机上传到公司。

（8）理赔人员无线发送采集的现场信息，与理赔管理部门领导电话/短信进行互动，确认出险程度，做出初步决策，对案情定性。

资料可以由移动的支撑系统中获取；投保成功后，系统给客户提供电子保单；客户可以用短信、语音、Web 等方式方便地查询保单内容；在履赔时，客户只需提供电子保单号和对应手机号的身份证即可。

三、移动保险解决方案

（一）应用概述

移动保险理赔业务主要是面向车险的勘察、定损、调度的移动信息化系统，取代以前的手工操作方式，以提高车险事故的处理效率和客户满意度，也带来了车辆保险品种效益的提高。其主要特点如下：

（1）B/S 架构系统，用户工作界面是通过 WWW 浏览器来实现，减轻了系统维护与升级的成本和工作量。

（2）实现快速准确的施救、勘察、定损、立案。

（3）能够针对理赔人员进行监督，对于报案时间、任务接受时间、与客户打电话联系的时间、现场勘察时间和上传时间进行自动记录。

(4) 后台调度员通过系统与现场人员进行任务调度，包括任务管理、任务提醒、语音通话、自主导航等功能，并支持二次调度。

(5) 定损人员通过终端完成现场定损、照片与视频采集和定位，并实时发回立案和定损信息；可实现调度员让车主自行定损，节省保险公司人力投入；后台具有各种统计功能。

（二）解决方案

采用B/S架构系统，可实现与其他业务系统的对接。实现快速准确的施救、勘察、定损、立案。

定损人员通过智能终端完成现场定损、图像与视频采集和定位，并实时返回立案和定损信息。

系统提供任务调度、任务管理、任务跟踪、任务提醒、二次调度、语音通话、统计分析等功能。

（三）业务功能

1. 登录系统

在查看行程之前，定损人员首先要登录系统，定损人员无须输入用户名和密码，只需直接点击“人保系统”的图标即可进入，此时界面上会显示用户当前的行程数目，若想查看行程的具体信息则需要点击行程数目方可进入。

2. 任务提醒

定损人员登录系统后，如果有新任务，手机会发出提示音，提示定损人员有新任务产生。

3. 行程处理

在行程列表中仅仅显示行程的日期，当您要处理某一条行程时，直接点击行程日期进入行程处理界面，进行定损信息的录入及对现场情况进行拍照，并同时将这些信息上传于后台数据库中。

4. 事故现场拍照

定损人员赶往事故现场进行定损，使用智能终端进行拍照、录像，对事故现场进行采样取证，同时，系统将自动获取事故现场的GPS位置信息，叠加到图片上、视频上，一起回传到后台处理和备案。

5. 二次调度

此功能属于行程处理的子功能，如若定损人员在处理行程时感觉某一任务解决不了，则需要在完成拍照录像及定位工作后，选择二次调度，并将处理结果反馈给后台。

6. 未发送数据处理

在行程处理提交数据后可能因为网络或某些原因造成数据没有发送成功，

此时这些数据将存于未发送数据处理功能模块下，定损人员可以点击进入重新发送直至发送成功。

7. 车主自行定损

如果车辆事故较小，车主报险后，调度员可以通知车主自行定损。车主用手机拍照、录像后，再用手机登录保险公司网站录入相关信息，上传现场相片与视频，或采用短信、彩信上传，由保险公司集中定损处理。

四、保险移动信息化

保险移动信息化是信息化软件开发商、运营商等厂商，根据保险行业的移动应用需求，专门推出的以手机、平板电脑等设备为移动终端，适用于无线网络的一系列移动应用产品和解决方案。

这些产品和方案能有效提高保险企业移动任务型人员和管理层的办公效率，尤其是出差在外途中，从而提高保险企业的业务水平和综合竞争力。与此同时，保险企业客户也将会从中受益，客户通过手机轻松接收来自保险企业的短信通知，掌握最新的险种、保费缴纳情况等重要信息。

现在保险企业中使用最多的保险移动信息化产品是短信通知。短信通知的对象分为企业员工和企业客户两类。针对企业员工的短信通知内容主要包括开会通知、紧急公告、企业邮件等；针对保险客户的通知内容包括续保提示、保费催缴、保险推广、保户关怀等信息。

这种信息化平台搭建非常简易。企业一般可直接与运营商或平台方案供应商联系洽谈。确认合作后，只需通过一定的设置，将平台软件与企业内部系统之间连通，即可实现此功能。从投入成本方面考虑，这类平台也是不错的选择。

另外，现在还有一种被称做“手机客户端程序软件”的移动信息化方式逐渐流行开来。这种信息化方式是为企业提供一个通用的移动办公平台，满足以上提到的企业短信通知功能，还能将企业内部绝大多数办公系统移植到企业人员和企业用户的移动终端，实现随时随 地移动应用。与短信通知的方式相比，这种方式能够传递的内容更加丰富，几乎同 PC 上的内容完全一致。对于保险业务人员、理赔人员等移动任务较多的企业员工，这种信息化方式尤其有效。

从实现的功能上讲，通过这种方式能实现的功能包括：

（1）短信通知（会议信息、紧急公告、续保提示、理赔信息、保费催缴、保险推广等）。

（2）信息查询（客户信息、险种信息、理赔人员派工信息）。

（3）信息采集（新客户信息、新保单信息、事故现场信息、事故调查信息）。

（4）移动审批。

这种信息化方式能实现以上如此多的功能，但实际上这种办公平台的建设并不复杂。只需在企业的内部系统中安装一台专有的服务器，在用户手机端安装手机智能客户端软件，在无线网络下实现二者的连通，之后用户即可通过手机等移动终端访问企业办公系统中的内容。这种平台还能提供权限设置功能，企业可以为企业员工、领导和客户设置不同的访问权限，从而避免重要信息泄露。

第七节 网上移动证券模式

一、移动证券概述

移动证券是基于移动通信网的数据传输功能来实现用手机进行信息的查询和新一代无线应用炒股系统，让一个普通手机成为综合性的处理终端。只要手机在 GSM/CDMA 网络覆盖的范围内（可以收到信号）能够进行查看行情、进行交易。线路资源相对丰富，比较电话委托的“堵单”和网上的“线路连接不上”，手机在下单速度和线路通畅的可靠性上更胜一筹。所以，目前除了柜台、电话委托和网上三种方式外，最受股民欢迎的方式就是最快捷、最方便的手机了。

二、移动证券的优势和类型

手机与传统方式相比，有明显优势：虽然电话委托和网上也能使股民足不出户就完成，但这两种终端的固定性决定了不能随时随地进行。其实只要是一部具有上网功能的手机，就具备了无线炒股的基本条件。目前，随着手机的发展，一些手机甚至还内置了移动证券的功能，让移动证券（手机炒股）显得更加专业。

炒股手机分为两大类：一类是软件扩展型的，即可以装置专门的炒股软件的手机，这其中又分智能手机和 Java 手机两大类。另一类是无法装置第三方软件的手机，它们也有无线炒股的办法，那就是 WAP 炒股。WAP 炒股无须下载软件，只要用手机登录专门的 WAP 网站，就可以进行行情查看、买入卖出等交易了。不过，这种方式的平安性、方便性稍微要差一点。

三、移动证券使用方式

(一) 收费的移动证券

1. 中国移动“手机证券”

中国移动用户可以使用“手机证券”业务，用户需要下载、装置 Java 程序，数据显示目前有约 200 款手机支持该项业务。资费方面，行情、资讯版资讯费为 15 元/月，首次开通当月免费，在线交易为 6 元/月，数据流量费另计。

2. 中国联通“掌上股市”

中国联通用户可以使用“掌上股市”业务，用户进入“互动视界”，选择“掌上股市交易版”，然后可以看到该栏目下的所有带交易功能的软件。在掌上股市交易版中口碑较好的是“钻石版”软件，该软件在 2007 年曾经创下 5 个月内用户数翻 5 倍的佳绩。联通 C、G 两网拆分后，中国联通摆脱“双手互搏”的尴尬局面，将更专注于运营 GSM 网络的“掌上股市”手机炒股业务。目前“钻石版”所支持的机型已经达到 149 款，覆盖市面上几乎所有的主流机型。股民使用“钻石版”软件可以随时随地上网，实现股票的实时买卖交易、查询大盘和个股的走势、行情、K 线图等。资费方面，“掌上股市券商冠名版”行情、资讯版资讯费为 30 元/月，通用证券行情软件版本“神奇股票行情版”行情、资讯版资讯费为 10 元/月。

3. 中国电信“手机炒股”

中国电信用户可以使用“手机炒股”业务，用户进入“手机下载”，依次选择“软件超市”—“软件目录”—“手机炒股”。在“手机炒股”栏目下有多款手机炒股软件，主要分为三大类：一类是“鑫财通”系列；一类是“同花顺”系列；一类是“券商交易”系列。

“鑫财通”钻石版提供股票交易、个股走势、K 线等功能，还有一定的选股功能，其特有的分析专家功能能够为用户选股提供一定的帮助。“鑫财通”精华版也是一款带交易功能的软件，其基本功能与“鑫财通”钻石版完全一致，但不具备选股功能，对于资深股民来说，应该是一款性价比较高的软件。“神奇股票”行情版软件是一款提供综合行情的软件，不带交易功能，但资讯和行情更全面。总体来说，“鑫财通”钻石版功能最强大、最全面，“鑫财通”精华版偏重于交易的便捷性，而“神奇股票”行情版偏重于强大的行情和资讯功能。

“同花顺”系列的软件延续了电脑上同花顺软件的风格，与电脑结合的更紧密一些，但如果从手机用户的操作习惯来说，还是“鑫财通”系列软件更易上手一些。

“券商交易”系列软件是银河证券、中信建投证券等一些大的券商与电信合作伙伴共同开发的软件。这些券商交易系列软件会有券商提供的独家资讯，同时带有查看行情和股票交易功能，每个软件都有券商的个性化设计，对于在这些券商开户的用户来说，使用起来感觉会更亲切。

重要说明：由于网络制式的原因，现在中国电信的手机用户只能通过上面提到的方法下载使用手机炒股软件，不能通过互联网直接下载网上流传的软件。这是因为互联网上能够直接下载的软件大部分都是Java版本的，而绝大多数的中国电信CDMA手机不支持Java软件。而且中国电信目前所有的手机炒股软件没有全免费的。中国电信CDMA网络以其高度的安全性保障股民的交易安全，与交易时可能遇到的风险相比，每个月向中国电信交十几元的信息费又算得了什么呢。

（二）免费的移动证券

1. WAP股票网站

使用第三方WAP专业股票网站。若使用WAP的手机，无须下载软件，只需打开手机的浏览器，在URL或书签（与手机有关）输入证券公司网址。[流量费由与证券公司合作的移动运营商收取，联通的标准资费为0.02元/kb，移动的标准资费为0.03元/kb，用户可以申请流量包月（联通）或者流量费套餐（移动）]。不过，这种方式的平安性、方便性稍微要差一点。但为了在操作上更得心应手，请您继续下一步操作——下载手机交易软件。

2. 免费下载移动证券

免费下载开通移动证券手机炒股软件三步曲：

（1）手机发送短信DB A15074879908至95536（注：B与A之间须有一个空格，其余无空格，95536为收件人，发送短信只需1毛钱），可获取金太阳下载地址，免费安装使用金太阳（安装使用都是免费的，只产生上网流量费，是移动或联通收的，可以到移动或联通营业厅或拨打客服电话，申请5元30M包月套餐足够用了）。

（2）收到回复信息后，用手机登录金太阳网站下载软件，在列表中选择自己的手机型号，没有查找到选通用下载。

（3）安装金太阳软件。第一次运行软件时，按提示输入自己手机号码并发送（不收费用），即完成注册。

四、移动证券需要注意的问题

（1）服务提供商的安全性问题。

（2）手机使用安全，在手机上一般都会保留客户交易后的账号，虽然手机属于私人用品，但登录后不及时退出，如果手机放置不当，仍会给用户带来隐患。

(3) 要防范手机病毒。相对来说，这种威胁目前还比较少，而且也主要发生在Win-dowsMobile或是Symbian系统的智能手机上，其中尤以支持蓝牙功能的手机中毒的机会最大。因此，不要经常无故开启手机的蓝牙功能。

(4) 手机流量，一般使用手机炒股软件，建议都申请一个流量套餐，譬如2元5M或10M等（各地收费不同）、5元的、10元的。未选用套餐的移动或联通会以0.01元/kb收费，套餐如果包5M，其实流量费用为0.0004元/kb。哪个价格优惠很明显了。一般每天看1个小时，一个月10M左右；每天看4个多小时，那流量最好在30M以上。这个如果不留意，会让你花费剧增。

(5) 手机软件平时使用，手机软件自选股不宜太多，一会增加大量流量，二会使刷新变慢。不看手机行情时，建议退出手机软件。Wince平台手机软件都有最小化功能，此时最小化仍会有流量产生，并不会停止。

五、移动证券延伸证券产业价值链

“移动证券”是中国移动携手各大券商联手推出的一项新的数据服务，这一业务定位在为用户提供实时、丰富的财经资讯和证券服务。实时性是“移动证券”业务的最大特点。对于证券业来说，“移动证券”改变了人们的炒股习惯，使得交易模式发生了巨大的变化。作为一种跨行业的合作，一种全新的证券服务平台，“移动证券”给证券业带来的影响是深远的。

例如电话委托不可同时获取行情，短信炒股和电视看股业务的不可交易性，网络炒股的不可移动性，都使得这些业务具有很大的限制。而“移动证券”通过与移动通信产业联姻，具有可移动性、及时交易和大量的资讯服务的特性，很好地解决了以上问题，十分方便。这是证券业产业整合的一次非常成功的案例。

证券业以前的客户大多通过证券交易场所来了解股票和交易股票，而“移动证券”业务的推出将使得中国移动亿万名手机用户都成为其潜在客户或实际用户。这将使得证券业不用花费过多的宣传手段就得到了一大批潜在客户。而且证券业花费的精力将从如何寻找潜在客户身上转到如何营销自身的业务和服务上，这将节省其大量的人力和物力，也使证券公司营销时借助移动的平台高效发挥自身专业化的优势。

中国证券公司的收入来源主要是经纪业务的佣金收入、投行业务的证券发行费收入和自营业务中证券差价收入。长期以来，证券经纪业务是证券公司的重要利润来源，也是最为稳定、风险最小的利润来源，佣金收入在证券公司收入中占有重要地位。“移动证券”使得证券公司不用再建立新的营业网点，却可以达到同样的功效，这样证券公司的交易成本下降，将在很大程度上改善证券公司的盈利能力。

证券公司为投资者提供的资讯都是免费的，这种模式在传统的炒股方式中已经根深蒂固。随着大众传媒的日益发达，人们渐渐进入信息膨胀的时代，而海量信息并不代表着有效信息。在海量信息面前，消费者陷入的是筛选有效信息带来的成本，因此，有效信息本身就是有价的，因为在获取时付出了成本。对于瞬息万变的证券业而言，信息的实时性和有效性要求非常之高，一条及时和准确的股市信息价值无限，而证券业的传统视野制约了这一概念。“移动证券”的推出，首次将“信息有价”的概念引入了证券业，是对证券消费观念的一个重大变革，也为证券业开辟了一个崭新的利润通道。

移动证券基于中国移动的 GPRS 网络和技术支持商的 JAVA 程序和信息提供，而广大券商可以加入到这个平台中提供交易服务。移动证券在证券市场不存在任何排他性，因此带来的是整个证券行业的巨大“蛋糕”。由此可见，“移动证券”的推出带动了整个证券产业价值链的延伸。一方面，“移动证券”的推出降低了交易成本；另一方面，又为移动运营业和证券业共同寻找到了新的盈利点，产生了新的价值链，这对于证券业和移动运营业来说形成了一个“双赢”的格局。

第八节 网上移动期货模式

2004 年 8 月 16 日，中期期货、中国联通、宇龙通信联合在国内第一个推出了“移动期货”业务，此项服务业务是基于中国联通 CDMA2000 1X 高速无线数据网络、全球首款顶级配置的宇龙中文 CDMA2000 1X 智能手机，在强大的中国联通 CDMA2000 1X 高速无线数据网络支持下，凭借 CDMA 网络的安全保密性和 CDMA 1X 高速数据传输优势，它提供速度高达 153.6K 的掌中无线宽带，实现了高速行情、强大分析、快速交易、专业资讯、电脑式操作等功能，是期货交易继互联网电子交易后又一次新的革命。

一、移动期货的原理

在期货市场这个完全由供求法则决定的自由竞争市场上，信息显得异常重要。谁能及时地、准确地、全面地掌握市场信息，谁就能在竞争激烈的期货投资中赢得主动。所以期货交易者必须时时刻刻地关注期货市场的动向，他们对期货价格、农产品资讯、工业产品资讯、期评、业内动态、分析报告、交易提示、机构评论等行情及信息的实时性、及时性、准确性有着很高的要求。

就目前而言，期货投资者绝大部分都是通过 Internet 来了解各项信息。当然，期货公司也会利用电话、E-mail 或短信等手段为客户提供帮助，但无论哪一种方式都不能解决客户身边没有电脑或上不了互联网时所面临的问题。

随着 CDMA 移动通信技术的快速发展，基于中国联通 CDMA1X 业务的正式商用运营以及 WAP/BREW 技术的应用，使"移动期货"即运用手机随时随地查看期货行情、信息、进行期货交易成为可能，且接收信息的全面度与 PC 上网查询几乎相同。

利用手机做期货，这对于期货公司来说，是一项具有前瞻性的业务拓展和创新，对期货交易者而言，大大方便了期货投资者不受空间限制、时间限制，可以随时随地关注期货市场的动向。

二、移动期货的优势

中国国际期货经纪有限公司作为国内首家推出 CDMA"移动期货"业务的公司，是在市场空白背景下进行的一项开拓性业务创新。

与传统模式相比，手机无线应用有着随时、随地、随身进行商务信息查询和交易的独特优势，而期货投资本身对"实时性"具有很高的要求，市场良机瞬间即逝，这种要求甚至会精确到秒。对多数无法全天候盯盘的投资人，随时随地获取期市信息的需求非常强烈，而只有可以随身携带的手机终端才能满足这样的需求，因此，手机移动与期货投资的结合可谓"珠联璧合"。

与以往证券中应用的短信炒股（UTK 卡炒股）和 WAP 炒股等技术，中期公司此次推出基于酷派 688 智能手机上的移动期货服务，在技术上具有更高的安全保障，结合智能手机强大的功能，给投资者提供方便的操作、更快速度的实时行情及在线查询行情并下单交易，能看到实时的期货走势图、资讯，是期货投资者进行移动无线网上期货交易的最佳选择。

中期公司在国内率先推出的"移动期货"是对金融电子化应用的积极创新，是传统期货服务模式与现代无线通信技术结合的典范。拥有"移动期货"服务，才能真正使投资者做到生活、工作、投资三不误，从而轻松理财、驾驭从容！

三、移动期货的特点

中期公司在酷派 688 期货智能手机上实现的"移动期货"方便期货投资者利用移动通信网络、互联网等多种先进的通信手段，随时随地进行期货行情查询、交易、结算以及信息而推出的一种移动的、安全的、个性化的、便捷实用的期货投资服务，在功能上有以下特点。

（一）高速、准确的期货实时行情

通过中国联通 CDMA20001X 掌中宽带，速度高达 153.6kb，五档高速国内期货行情与交易所同步、行情 10 秒甚至更短时间就可刷新，此外还提供多个品种的国外期货行情，使期货投资者随时随地获得期货投资所需要的实时行情信息。

（二）提供强大技术分析

多种技术分析指标、日/周/月 K 线图切换、排行榜等一览无余，实现移动行情分析。

（三）实现快速委托

快速、安全的期货交易功能，提供买入、卖出、撤单、委托查询、成交查询、账户查询、修改密码等功能。委托界面可与行情界面自由切换，方便委托操作，使你不错过任何市场投资机会，真正实现随身的交易。

（四）提供免费移动专业资讯

中期期货集团下属各公司 8 个网站上所有的期货资讯，都可以随时查阅，包括权威财经热点透视、农产品资讯、工业产品资讯、周报月报、业内动态、分析报告、交易提示、机构评论等行情及信息的，投资者享受即时的全面专业投资服务。

（五）即时资金查询

可以随时了解自己保证金账户资金及持仓的变化情况，方便自身风险控制及制订投资计划。

（六）个性化的服务功能和理念，提供了灵活的扩展和支持

除了行情、资讯、交易外，中期公司还将通过手机实现移动在线专家及移动客户服务等个性化的功能，提供灵活多样的扩展业务支持。

四、移动期货的发展趋势

中期公司第一期推出的“移动期货”业务是由中期公司、中国联通、宇龙通信三方共同合作开发的项目，“功能全、速度快、操作简便、安全性高”是第一期酷派 688 期货手机在该业务上的独到之处，它涵盖了强大的个人移动掌中无线网上期货投资交易功能，代表着国内金融电子技术应用与期货业务服务模式最新的发展趋势。中期公司在第一期推出基于高端酷派 688 手机上的“移动期货”业务之后，还将与联通公司进一步合作推出能基于更多低端 CDMA 手机上的“移动期货”业务，使更多的期货投资者能享受“移动期货”带来的新服务。

总而言之，CDMA“移动期货”业务作为一个新兴的投资服务，其不受时间和空间的限制，为客户提供贴身的投资服务，代表着未来金融投资服务技术的发展趋势，必将引发金融投资服务方式的巨大变革。

五、期货移动信息化

期货移动信息化是指信息化软件厂商与运营商针对期货公司的移动应用需求，专门推出的适合期货公司人员和客户使用的，在无线网络下的移动信息化产品、解决方案或移动办公平台。以手机、平板电脑等移动设备为终端，区别于传统的、固定的 PC 终端，是期货移动信息化的主要特点。

在快速的 3G 网络下，移动信息化应用呈现多样化和丰富化的特点。期货公司用户群体大、移动任务多，对移动信息化需求十分强烈。期货公司客户随时随地需要掌握最新的期货价格行情、走势、专家意见等实时信息；期货公司员工，尤其是业务人员和管理层，同样需要掌握前面的这些实时信息，并且在出差在外途中，急需使用移动终端处理各项日常工作事务。

得益于应用开发者们的持续努力和运营商的大力推动，期货移动信息化产品如雨后春笋般出现，其中最常用的是期货行情类软件。期货行情软件是最基础的期货软件，主要供给期货用户下载使用。它能将见答案的期货交易所行情数据通过图形的形式表达出来，传递给期货用户。期货分析软件是在期货行情软件的基础上增加一些分析功能，例如技术指标、买卖信号、画线分析等，供期货投资者参考。

短信通知是期货公司为其客户和员工而搭建的信息平台。针对企业员工的短信通知内容主要包括开会通知、紧急公告、企业邮件等；针对期货客户的通知内容包括期货认购、价格走势、最新政策、节日放假信息等。

对于期货公司业务人员和管理层等移动任务较多的人员，这种信息化方式尤其有效。

从实现的功能上讲，通过这种方式能实现的功能包括：

（1）短信通知（会议信息、紧急公告、期货认购、价格走势、最新政策、节日放假信息等）。

（2）信息查询（客户信息、期货产品信息、市场行情）。

（3）信息采集（新客户信息、新业务信息）。

（4）移动审批。

浙江“抢跑”移动商务

一、“移动商务”：浙江又“抢跑”了

拥有独特的小产业集群和庞大的中小企业的浙江，在我国互联网商业中一直保持领先地位，造就了阿里巴巴、网盛科技等一大批成功的互联网企业。但就在这些基于5亿名网民之上的“网商”们闪耀的光芒背后，将目标定位于9亿名手机用户的新的电子商务模式——“移商”，开始悄然布局，并在政府、移动运营商、企业和消费者的合力推动下，迅速发展、壮大。而浙江也希望能够由此再创一个新的“浙江模式”。

二、政府助阵

“移动快线”、信诺集团酷宝科技公司，这两个名字，虽然在业内颇有影响，但在公众中目前还鲜为人知。唯一可能印象深刻的，就是“移动快线”开通的时候，浙江省发改委、浙江省服务业发展办公室、浙江省信息产业厅、浙江省信息化推进领导小组办公室、浙江省旅游局等政府部门联合浙江移动举办了一个论坛，为其造势。

在论坛上，浙江省发展与改革委员会经贸流通处处长张国云在会上表示，浙江省打造“移动快线”的目的，是利用移动运营商现有的数据平台，完成“移动商业街”的商贸旅游产业信息化基础设施建设，推动现代服务业发展。

据悉，在杭州市，“移动快线”的部署和应用，已由杭州市旅委支持和推动，列入了政府工程，将成为政府在做深、做大电子商务一个新的突破口和重点扶持对象。

三、想象中的市场

浙江政府如此关注“移动快线”，原因就在于看好移动电子商务市场未来的前景。那么，目前国内这一领域的现状又究竟如何呢？

根据计世资讯的预测，2008年中国移动商务应用市场规模将达到306.5亿元，年复合增长率将达40.7%。但整个行业市场的规模并不代表任何一种应用的成熟。对于绝大多数闯入者来说，在这个市场里的种种尝试，表现出的是一种左突右冲的焦虑。

目前在行业内，比较有代表性的有以下三种类型：

（1）新媒体。像分众无线，号称拥有2亿名手机用户的个人资料，每天向这些用户发送商业促销短信数千万条，被央视3·15晚会指为操纵发送大量垃圾短信，这种“媒体模式”也遭到了强烈的诟病。

（2）新平台。与淘宝网等成功的互联网电子商务平台模式相类似。一些移动商务平台号称自己是手机上的淘宝网，但其商家和消费者的人气却不能同日而语。

（3）新商务工具。比如说手机邮件，可以通过手机OA，包括各式各样新型创新的技术、手机支付等，这些新技术确实为移动商务应用提供了丰富的功能，但对整体应用市场的推动仍显势单力薄。

这就像一个想象中的市场，都是虚的。所以，移动商务还是得有一个虚拟和现实的结合。

四、移动商务要落地

“移动快线”的构成——“这种模式可以说完全是我们独创的”——依托移动网络，整合互联网、语音和RFID技术应用，为商家和企业构建的统一服务平台。它将智能移动终端iPOS移动促销员部署到商家和企业，并汇集上百万商家和企业以及数以亿计的消费者，形成全新的移动商圈。

在“移动快线”上，商家和企业向消费者提供消费资讯、实时互动确认、打折优惠、积分回报等便利和实惠，并通过独有的iPOS智能信息终端，与消费者进行实时确认和互动。消费者只要拥有iPOS会员卡，无须改变任何消费习惯，即可通过手机、互联网或呼叫中心，随时随地进入“移动快线”，获得方便、实惠、有保障的消费资讯和服务。这种新型商务模式，让商家和消费者真正实现近距离互动。同时，纳入“移动快线”的商家信息和服务记录数据全部公开，行业主管部门可以进行实时监管，并据此建立诚信评价和认证体系。

“移动快线”的目标是推动形成全新的移动商业生态”，“移动快线”是一个统一“服务”平台，为商家更好地服务消费者提供了全新的、整合的服务方式，同时获得新的商业利益。这种服务方式将汇集新的商业资源，带来新的商业生态。这样的商业生态对于整个社会而言成本更低，因此将在未来占据显著优势。这对传统的“服务”内涵是一个很大的扩展和丰富，从而有了质的飞跃。

针对这种全新的移动电子商务模式，我们认为，“移动快线”用特别简洁的方式，解决了聚集商家和企业的难题，其将成为商家和企业进入移动电子商务最快捷、最廉价的平台，而且“移动快线”将线上和线下相结合，让移动电子商务落地。这是一种服务创新。

据悉，目前“移动快线”主要面对消费服务业，即吃、住、行、游、购、娱六大行业。截至2007年底，“移动快线”的iPOS终端已有2000多台部署到了杭州的餐饮、宾馆、酒店、购物、休闲、娱乐等商家，部分景区景点、机票销售点也有部署。

资料来源：http：//www.p5w.net/news/cjxw/200804/t1594421.htm，2008-04-09.

问题讨论：

结合案例和自身经验，谈谈移动商务在实际生活中的应用。

本章小结

本章介绍了B2C移动商务模式，B2C移动商务是指商家利用移动网络和移动终端对客户进行经营活动的一种商业模式，也就是通常所说的移动的商业零售，直接面向消费者销售产品和服务。这种形式的移动商务一般以网络零售业为主，主要借助于宽带电信网开展在线销售活动。

重点介绍了移动商务在购物、旅游、娱乐、餐饮、保险、证券、期货等行业中的应用，通过移动商务在各行业中的应用案例的分析，掌握B2C移动商务模式的分类、特点、交易模式、收益模式、运营模式及未来发展趋势。

本章复习题

1. B2C是英文Business to Customer（商家对客户）的缩写，而其中文简称为“商对客”。“商对客”是移动商务的一种模式，也就是通常说的商业零售，直接面向消费者销售产品和服务。这种形式的移动商务一般以下哪种业态为主？(　　)

A. 传统零售业　　B. 网络零售业

C. 团购　　D. 批发

2. 根据交易的客体分析，B2C移动商务交易模式分为无形商品和服务的移动商务模式以及有形商品和服务的电子商务模式。前者可以完整地通过网络进行，不包括以下哪种模式？(　　)

A. 网上订阅模式　　B. 广告支持模式

C. 网上赠与模式　　D. 在线销售模式

3. 以下企业类型不属于B2C移动商务企业类型的是（　　）。

A. 商品广告商　　B. 经营着离线商店的零售商

C. 没有离线商店的虚拟零售企业　　D. 网络交易服务提供商

4. 2006年，eBay易趣推出国内首个基于WAP技术的手机购物平台，并向其网站2000万名用户提供免费的交易信息短信服务；在这前后，阿里巴巴、腾讯、淘宝等电子商务网站以及新浪、搜狐等门户网站也都宣称已经或即将推出类似的移动电子商务服务，一时间，从电子商务网站到移动通信运营商，似乎一下子把目光投向手机购物这个并不算很新鲜但确实还很稚嫩的应用上。从支付方式和营销手段两个方面分析发现，中国的移动购物，正在从概念走向市场，从虚拟走向现实。以下哪项不能支持该理论？（　　）

A. 手机购物已突破小额支付瓶颈

B. 无线营销获手机搜索支持

C. 移动商城真正实现随身网购

D. 移动购物成本低廉

5. 以下哪项不是移动卖吧的购买渠道？（　　）

A. 网站　　B. 电视

C. 短信　　D. 电话

6. “移动商旅通平台”是基于终端信息化运用的商贸旅游行业综合信息服务平台，由浙江移动、浙江旅游局、杭州贸易局和杭州酷宝科技有限公司共同承担项目前期的研发与推广工作。以下哪项不是其产品或服务？（　　）

A. 酷宝　　B. iPOS

C. 移动商旅门户　　D. 手机报

7. 移动设备取代个人电脑成为用户的互联网入口，这只是时间问题。因此，迅速崛起的智能电话的使用将对旅游业产生最大的冲击。基于此，（　　）将是大势所趋。

A. 移动旅游搜索　　B. 移动商旅门户

C. 商旅无线门户　　D. 景区电子导游

8.（　　）是指根据手机客户的位置变动状态信息，利用移动通信网络及短信发布平台，在特定的时间为特定地点（如机场、车站、商场、酒店、旅游景点、会议地点等）的特定客户群（旅客、顾客、与会者等）提供特定的信息服务的新型短信增值业务。

A. 亿度移动搜索　　B. 商旅短信、彩信导报

C. 彩信报　　D. 商旅无线门户

9. 移动娱乐产业急需解决的问题不包括（　　）。

A. 业务网的融合　　B. 制度

C. 标准　　D. 终端

10. 移动游戏的业务特点不包括（　　）。

A. 便携性　　B. 永远在线

C. 成本低　　D. 可定位性

11. 运营商完全控制游戏内容的开发和营销推广，游戏内容被商品化，这

种移动游戏的运营模式属于（　　）。

A. 内容提供商中心型　　B. 运营商中心型

C. 收入共享型　　D. 在线销售型

12. 移动电视的运营模式不包括（　　）。

A. 移动运营商主导　　B. 广告商主导

C. 广电运营商主导　　D. 合作运营

13. 在餐饮行业中应用移动商务可以为客户提供增值服务，比如（　　）。

A. 无线点菜　　B. 节约成本

C. 传播饮食新概念　　D. 个性化服务

14. 移动商务应用与餐饮业，为其带来的好处不包括（　　）。

A. 丰富企业宣传渠道　　B. 降低餐饮企业成本

C. 引入新型营销理念　　D. 加强对客户的管理

15. 基于实际的销售数据和客户资料的经营分析，为客户提供进一步市场营销的数据支撑，做到有的放矢，给客户创造新价值，这是“移动餐饮管理”的（　　）亮点。

A. CRM 个性营销　　B. 智能收银结算

C. 无线点餐　　D. 自助经营分析

16. 保信通 MAS 是基于手机、无线 POS、STK、客户端等多种移动终端，通过移动代理服务器，支持短信、彩信、GPRS 等多种无线接入方式，满足保险行业最终客户获取实时信息、保险企业员工移动办公和生产控制等信息化需求的业务解决方案，其业务功能不包括（　　）。

A. 信息应用　　B. 营销应用

C. 承保应用　　D. 服务应用

17.（　　）是信息化软件开发商、运营商等厂商，根据保险行业的移动应用需求，专门推出的以手机、平板电脑等设备为移动终端，适用于无线网络下的一系列移动应用产品和解决方案。

A. 保险行业移动化　　B. 保险业务移动化

C. 保险移动信息化　　D. 保险应用移动化

18. 保险移动信息化方式能实现的功能不包括（　　）。

A. 无线服务　　B. 短信通知

C. 信息查询　　D. 信息采集

19.（　　）是基于移动通信网的数据传输功能来实现用手机进行信息查询和的新一代无线应用炒股系统，让一个普通手机成为综合性的处理终端。

A. 移动证券　　B. 移动金融

C. 移动股票　　　　　　　　D. 移动商务

20. 中国电信手机炒股栏目下有多款手机炒股软件，不包括（　　）。

A. “鑫财通”　　　　　　　　B. 券商交易

C. “同花顺”　　　　　　　　D. 钻石版

21. 移动期货是一种移动的、（　　）、个性化的、便捷实用的期货投资服务。

A. 安全的　　　　　　　　B. 专业的

C. 可靠的　　　　　　　　D. 收益最大化的

第五章 C2C 移动商务模式

学习目的

知识要求 通过本章的学习，掌握：

- C2C 移动商务模式的概念
- 拍卖平台运作模式
- 店铺平台运作模式
- 网上开店的经营策略
- C2C 移动商务模式的交易过程
- 网上开店的方式
- 网上开店的优势

技能要求 通过本章的学习，能够：

- 了解网上开店的条件
- 懂得网上开店的步骤
- 能够采用网店的利润杠杆
- 通晓网上开店进货的渠道
- 运用“1＋5”范式分析 C2C 移动商务模式

学习指导

1. 本章内容包括：C2C 移动商务模式概述、手机网上开店盈利模式、淘宝移动商务模式。

2. 学习方法：结合案例了解 C2C 移动商务模式概述、手机网上开店盈利模式、淘宝移动商务模式。

3. 建议学时：4 学时。

家政宝——开创家庭服务行业的 C2C 全新模式

提起家庭服务业，几乎全部社会认知都倾向于传统的中介信息服务与家庭服务经营者提供的营利性服务活动等，与电商根本绝缘，更谈不上什么模式。但伴随着电子商务的发展，传统服务业借助互联网信息技术优化升级后实现服务的电子化历程也在日新月异，技术进步推动了产业的升级改造，家庭服务业也兴建起电子商务平台，并且在电子商务运营领域不断创新与拓展，如保姆、月嫂、保洁、陪护、小时工、代驾等服务项目，在创新技术应用范畴内均具有广阔的发展前景。这不仅是服务业自身的延伸和深化，同时也是电子商务应用技术不断发展的成果。

2012 年的电子商务市场血战不断升级，行业盘整已经开始，资本市场的马太效应持续加剧，但实际上网购消费的需求却没有缩减，反而有进一步扩大的趋势。从 eBay 退出中国，到百度有啊转型，再形成淘宝天猫一家独大的格局，C2C 的纯平台的战争其实已经结束。但是在移动互联领域，移动终端客户汹涌的增长速度不仅不会使市场饱和，反而会将整体平台进一步撑大，消费者的深层次需求不断凸显，更呈现出个性化与细分化的态势。作为日常家居生活必不可少的家庭服务业务具有极强的可操作性，而其切入非常简单，有时只需创建或借用现用的信息平台资源库，外加一个移动终端应用软件即可。例如，由易盟集团研发推出的 95081 家政宝，就是一款基于 LBS 地理位置服务的手机客户端的应用软件，为客户提供小时工、钟点工、保姆、月嫂、育儿嫂、保洁、管道疏通等一站式家政服务。客户可以通过手机客户端寻找离他最近的适合的服务人员，并与服务人员或服务人员所在企业取得联系。此举不仅是家庭服务业内具有颠覆性的创新经营模式，同时也很可能引发一场服务业抢滩电子市场的乱战。

使个人与个人之间的电子商务务必要基于某种科学的“游戏规则”，在电脑终端上必须依赖于电子商务网站的良性运营，而在移动终端则完全依赖于应用开发者的睿智。95081 家政宝在安全、专业、高效、标准四个层面严防死守，大行其道应是指日可待。

资料来源：95081 家政宝 开创家庭服务行业的 C2C 全新模式［N］. 千龙网，2012-06-28.

➲ 问题：

1. C2C 有哪些模式？
2. 95081 家政宝销售的商品是什么？

第一节 C2C 移动商务模式概述

一、C2C 移动商务模式概念

（一）C2C 模式

C2C（Customer to Customer）模式，即消费者对消费者的网上"拍卖"模式，是将现实中的"跳蚤市场"移植到网上，建立了一个消费者之间交易的平台，让众多的消费者在完全自愿的基础上就转让商品进行"一对一"的交易，相互砍价，公开、公平、公正地进行竞价，众多消费者都可以参与这一交易活动。

（二）C2C 移动商务

M-C2C（M-Customer to Customer）模式，即移动商务，即消费者对消费者通过手机、PDA、掌上电脑等手持移动终端从事的商务活动。C2C 的网上交易平台模式不变，只是消费者在进行交易过程中增加了移动工具，从而使消费者能够在移动中进行 C2C 交易活动。

（三）C2C 移动商务模式

移动 C2C 商务模式，就是将淘宝、腾讯拍拍、易趣、百度的 C2C 平台与移动信息技术有机融合而构建的一种新型的 C2C 商务模式。它不仅具有像淘宝、腾讯、易趣、百度 C2C 平台的功能与特点，更重要的是新兴的无线通信技术使其具有了可移动的特性，可让购物者不受时间、地点、空间的限制，随心所欲地在广阔无边的互联网络中去淘得自己想要的"宝贝"，并能轻松、安全地实现付款、收货。同时，移动 C2C 商务模式中的"店家"们也同样地可以仅需一部移动的终端机便能轻松地完成开店、铺货、议价、发货、收款、管理库存等一系列的商务活动。

二、C2C 电子商务平台是 C2C 移动商务的基础

（一）C2C 电子商务平台模式

1. 拍卖平台运作模式

淘宝、腾讯、易趣、百度等为 C2C 网上交易提供平台，利用多媒体手段提供产品资讯，供买方参考和竞价，最后卖家再根据买家信誉和出价卖出货品。而网站本身并不参与买卖，免除烦琐的采购、销售和物流业务，只利用网络提供信息传递服务，并向卖方收取中介费用。

C2C 是传统个人对个对形式的网上交易。卖方可以借助网上拍卖平台运用多媒体技术来展示自己的商品，这样就可以免除传统拍卖中实物的移动；竞拍方也可以借助网络，足不出户进行网上竞拍。该方式的驱动者是传统的拍卖中间商和平台服务提供商。

2. 店铺平台运作模式

店铺平台运作模式是电子商务企业提供平台给企业或个人开店铺，以会员制的方式收费，也可通过广告或其他服务收取费用，这种平台也可称做网上商城。

入驻网上商城开设网上商店不仅依托网上商城的基本功能和服务，而且顾客主要也来自该商城的访问者，因此，平台的选择非常重要。不同网上商城的功能、服务、操作方式和管理水平相差较大，理想的网上商城应具有以下基本特征。

（1）良好的品牌形象、简单方便的申请手续、稳定的后台技术、快速周到的顾客服务、完善的支付体系、必要的配送服务以及售后服务保证等。

（2）有尽可能高的访问量，具备完善的网店维护和管理、订单管理等基本功能，并且可以提供一些高级服务，如对网店的推广、网店访问流量分析等。

（3）收费模式和费用水平也是重要的影响因素之一。

（二）移动商务应用系统结构

移动商务应用系统结构由内到外依次为核心层、协议层、支撑层和应用层。

（1）核心层：支持所有移动应用和业务的计算环境，包括有计算能力的网络设备资源、主机资源、终端处理能力资源等。

（2）协议层：支持移动业务，尤其是移动电子商务业务的协议、标准、规范以及协议规范的应用。以此来保证业务和技术的可行性、先进性和开放性，包括 SMS、WAP、MExE 等以及支持终端的 STK、SAT 等。

（3）支撑层：支撑层是移动电子商务应用的基础，为最终应用的实现提供通用的支撑平台，包括从无线数据网络到有线数据网络的连接设备 Ui（Wap 短

信网关等)，移动电子商务安全认证体系、支付体系以及移动电子商务与外部应用系统的接口——业务网关。

(4) 应用层：实现移动电子商务各个业务的应用系统组成，包括信息、交易、娱乐和应用四大类，若干子系统。

三、C2C 移动商务模式的交易过程

(1) 搜索。搜索时要注意明确搜索词、用好分类、妙用空格、精确搜索、不必担心大小写。

(2) 联系卖家。在看到感兴趣的商品时，先和卖家取得联系，多了解商品的细节，多沟通能增进对卖家的了解，避免很多误会。可以发站内信、给卖家留言或利用聊天工具。

(3) 当买家和卖家达成共识后，确定购买。

(4) 评价。当拿到商品后，可以对卖家作确认收货以及对卖家的服务做出评价。如果对商品很不满意，可以申请退货，或者是换货。

第二节　手机网上开店盈利模式

网上开店指经营者在互联网上注册一个虚拟的网上商店，将待售商品的信息发布到网页上，对商品感兴趣的浏览者通过网上或网下的支付方式向经营者付款，经营者通过邮寄等方式，将商品发送到购买者。

一、网上开店概述

1. 网上开店的方式

网上开店依照开店实体分，主要有三种方式：

(1) 在专业的大型网站上注册会员，开设个人的网店。像易趣、淘宝、易购、一拍等许多大型专业网站都向个人提供网上开店服务，只要支付少量的相应费用（网店租金、商品登录费、网上广告费、商品交易费等)，就可以拥有个人的网店，进行网上销售。这种方式的网上开店相当于网下去一些大的商场里租用一个店铺或柜台，借助大商场的影响与人气做生意，我们目前所看到的网上开店基本都是采用这种方式。

(2) 自立门户型的网上开店。经营者自己亲自动手或者委托他人进行网店的设计，网店的经营与大型的购物类网站没有关系，完全依靠经营者个人的宣

传吸引浏览者。自立门户型的网店的建设方式有两种：一是完全根据商品销售的需要进行个性化设计，需要进行注册域名、租用空间、网页设计、程序开发等一系列工作，个性化较好，费用较高；二是向一些网络公司购买自助式网站模块，操作简单，费用较低，但是缺乏个性化。

自立门户型的网店建设费用较高，同时还需要投入足够的时间与金钱进行网站宣传，优点是网店内容不需要像第一种类型那样受到固定格式的限制，也不必交纳诸如商品交易费之类的费用。这一类网店相当路边的小店，如何吸引浏览者进入自己的网店，完全依靠经营者自己的推广。

（3）前两种方式的结合，既在大型网站上开设网店，又有独立的商品销售网站。这种方式将前两者的优点集合，不足之处是投入会相对较高。许多网下的商店经营者认识到网络的作用，开始通过网上销售商品，而一些网上开店取得不错收益的经营者也会考虑在网下开一个实体店，两者相结合，销售效果相当不错。

网上开店的经营方式主要有以下三种：①网上开店与网下开店相结合的经营方式。此种网店因为有网下店铺的支持，在商品的价位、销售的技巧方面都更高一筹，也容易取得消费者的认可与信任。②全职经营网店。经营者将全部精力都投入到网站的经营上，将网上开店作为自己的全部工作，将网店的收入作为个人收入的主要来源。③兼职经营网店。经营者将经营网店作为自己的副业，比如现在许多在校学生利用课余时间经营网店，也有一些职场人员利用工作的便利开设网店，增加收入来源。

2. 网上开店的三个优势

（1）开店成本极低 。网上开店与网下开店相比综合成本较低：许多大型购物网站提供租金极低的网店，有的甚至免费提供，只是收取少量商品上架费与交易费；网店可以根据顾客的订单再去进货，不会因为积货占用大量资金；网店经营主要是通过网络进行，基本不需要水、电、管理费等方面的支出；网店不需要专人时时看守，节省了人力方面的投资。

（2）经营方式灵活。网店的经营是借助互联网进行经营，经营者可以全职经营，也可以兼职经营，网店不需要专人时时看守，营业时间也比较灵活，只要可以及时能给浏览者的咨询给予及时回复就可以不影响经营。网上开店不需要网下开店那样必须要经过严格的注册登记手续，网店在商品销售之前甚至可以不需要存货或者只需要少量存货，因此可以随时转换经营其他商品，可以进退自如，没有包袱。网上开店基本不受营业时间、营业地点、营业面积这些传统因素的限制。网上开店，只要服务器不出问题，可以一天 24 小时、一年 365 天不停地运作，无论刮风下雨，无论白天晚上，无须专人值班看店，都可照常营业，消费者可以在任何时间登录网站进行购物。网上开店基本不受经营地点的限制，网店的流量来自网上，即使网店的经营者在一个小胡同里也不会影响到网店的经营。网店的商品数量也不会像网下商店那样，生意大小常常被店面面积限制，只要经营者愿意，网店可以摆上成千上万种商品。

（3）网店的消费者范围极广泛。网店开在互联网上，只要是上网的人群都有可能成为商品的浏览者与购买者，这个范围可以是全国的网民，甚至全球的网民。只要网店的商品有特色，宣传得当、价格合理，经营得法，网店每天将会有不错的访问流量，大大增加销售机会，取得良好的销售收入。

二、网上开店的流程

1. 网上开店的条件

（1）网上开店的个人能力。并不是所有人都适合网上开店，要使网店业绩良好，需要经营者有良好的个人能力。①良好的市场判断能力。可以选择出适销对路的商品。②良好的价格分析能力。既要进到价格更低的商品，又要将商品标出一个适宜的出售价格。③良好的网络推广能力。可以通过各种方式让更多的浏览者进入自己的网店，而不坐等顾客上门。④敏锐的市场观察力。可以随时把握市场的变化，据此调整自己的经营商品与经营方式。⑤热情的服务意识。可以通过良好的售后服务建立起自己的忠实客户群体。

（2）适宜网上开店的人群。目前，在网上开店的人群主要分布在以下几个方面：①在校学生，主要是指大学生，因为学业压力较低，可以有时间进行商品的采购，进行网上的交易；②自由职业者，网上开店因为手续简单、投资较少、容易操作，成为许多自由职业者的选择；③网下开店经营者，许多有实体店面的经营者在网上也开店，将生意渠道扩展到网上，增加一个销售渠道；④收藏爱好者，收藏者的收藏品往往都是一些市场上不容易看到的，开一个网店进行销售，通常效果不错；⑤拥有特别进货渠道的经营者，一些有特别进货渠道的人在网上开店效果都不错，因为进货渠道特别，比如海关罚没品、国外带回来的商品，这些商品通常价格比较低，或者在国内不常见，可以取得不错的收入。

（3）网上开店的投入准备 。网上开店需要一定的投入准备，主要包括：①硬件。可以上网的电脑、扫描仪、数码相机、联系电话，不一定非要全部配置，但是尽量配齐，方便经营。②软件。安全稳定的电子邮箱、有效的网下通信地址，网上的即时通信工具（MSN、QQ 等）。

2. 网上开店的手续

网上开店根据不同的类型有不同的开店手续。在大型网站里开店与建设独立的网上商店的手续是不一样的。

（1）注册大型专业网站里的网上商店，就是按照相应规定在提供网上开店服务的大型专业网站里注册会员，获得网上商店的使用权与经营权，目前网上开店主要是采用这种方式（见表 5-1）。

表 5-1 提供网上开店服务的大型网站

专业的 C2C 拍卖类网站
可以注册个人卖家会员的综合型购物网站
可以注册个人卖家会员的单项购物网站

目前中国提供网上开店服务的大型购物网站有上百家，真正有一定影响力的则数量不多，在此介绍三个主要的相关网站（见表 5-2）。

表 5-2 中国提供网上开店服务的三个大型购物网站

易趣网	1999 年 8 月 18 日由邵亦波及谭海音创立于上海，全球最大的中文网上交易平台，提供 C2C（个人—个人）与 B2C（商家—个人）的网络平台的搭建与服务 2002 年 3 月，易趣获得美国最大的电子商务公司 eBay 的 3000 万美元的注资，并同其结成战略合作伙伴关系，2003 年 6 月，eBay 向易趣追加 1.5 亿美元的投资 易趣网迄今为止已经吸引了近 2.2 亿美元的境外投资，成为全国留学生创业企业吸引外资最多的企业。易趣网是中国最早提供网上开店服务的购物网站之一，注册网上商店免费，但是需要支付商品的底价设置费、物品登录费、交易服务费及广告增值服务费
淘宝网	国内领先的个人交易（C2C）网上平台，2003 年 5 月 10 日由全球最佳企业间（B2B）电子商务公司阿里巴巴公司投资 4.5 亿元创办，致力于成就全球最大的个人交易网站 淘宝网目前提供免费注册、免费认证、免费开店服务
一拍网	是继 2004 年初新浪和雅虎两大互联网品牌成立合资公司之后，北京新雅在线信息技术有限公司所建立的功能全面的全新优质网上买卖社区，为中国中小企业及个人用户提供顺畅的交易平台及多种交易模式 一拍网目前提供免费的网上开店服务

（2）网上开店步骤。会员型网上商店的开办目前在提供网上开店服务的大型网站上申请开店，主要需要以下六个基本步骤。

1）注册会员。进入注册界面，注册网站会员，目前注册会员基本是免费的，同时还注册支付宝会员。

2）获得卖家认证。注册会员之后，要想开始网上销售服务需要通过网站进行的卖家认证，目前主要通过身份证认证、手机认证、地址认证等方式。

3）淘宝网增加了开店考试环节，进入“我的淘宝”—“我是卖家”—“我要开店”。考试的主要内容：《淘宝规则》，考试分数需达到 60 分，其中的基础题部分必须达到 100%。考试通过后阅读诚信经营承诺书，并根据提示填写店铺名称、店铺类目和店铺介绍，勾选“同意商品发布规则”和“消保协议”。

4）发布 10 个以上宝贝，点击“我要卖”—“发布商品”，根据提示填写宝贝名称、宝贝描述、上传宝贝图片、交易信息（宝贝价格、所在地、运费、发票、保修等）和商品信息设置（有效期、开始时间、自动重发、橱窗推荐），正式开展网上销售。

5）安装阿里旺旺软件。阿里旺旺是淘宝网买家和卖家沟通的法宝，有很多卖家功能集合在其中，方便实用。此外，阿里旺旺的聊天记录是以后处理纠纷的重要依据。

6）促销手段。

打折促销：最常见，最普通的一种。

限期折：节假日/店铺周年纪念日。

名次折：达到某个要求的名额。前 10 名 8 折优惠，或第 100 位顾客 5 折优惠。

会员折：开发新顾客比维护老顾客难上加难，老顾客一定要守护住，会员优惠。

商品绑定：买 A 送 B；买 A，B 半价；

买 m 个，送 n 个；买 A，加 m 元送 B。

包运费：

满 m 件，包平邮/快递：三件包京津快递，四件包外省平邮。

满 m 元，包平邮/快递：购满 99 元包邮。

特价处理（亏本只为赚信誉而已）：

一元特价奉送，本钱特价奉送。

此外，当业务终了，还需要给交易对方一个信誉评级。上述这些与电子商务网上开店大体一样。

三、网上开店的盈利模式分析

盈利模式的核心是价值创造结构，它的基本构成要素包括：利润点、利润对象、利润源、利润杠杆和利润屏障。几乎所有的盈利模式都包含这些要素的不同形式的组合。

1. 利润对象

利润对象是指商户提供的商品或服务的购买者和使用者群体，他们是商户利润的唯一源泉。它解决的是向哪些用户提供价值的问题。网上开店的目标受众群是大学生和年轻上班族这样的人群。大学生和年轻上班族熟悉计算机和网络技术，从QQ、网上BBS、个人网站、网络游戏、MSN到现在的个人博客，他们始终站在互联网应用的最前沿。这部分人群时尚、触角敏锐、善于接受新事物、新的购物方式，是网购主流人群。

商户要经常对网上消费群体进行调查分析，包括年龄结构、知识层次、消费习惯等，掌握了主流网民的基本特征，就可以根据自己的实际情况来确定销售方案。

2. 利润点

利润点是指商户可以获取利润的产品或服务，好的利润点：一要针对明确客户的清晰的需求偏好；二要为构成利润源的客户创造价值；三要为商户创造价值。它解决的是向用户提供什么样的价值的问题。网店的利润点就是其所销售的商品，不是所有商品都适合个人在网上销售，在网上开店之前，应分析什么商品适宜通过网络销售。

（1）适合网上开店销售的商品一般具备下面的条件：①体积较小。主要是方便运输，降低运输的成本。②附加值较高。价值低过运费的单件商品不适合网上销售。③具备独特性或时尚性。独具特色或十分时尚的商品往往销售不错。④价格合理。如果网下可以用相同的价格购买，就不会有人在网上购买。⑤通过网站了解就可以激起浏览者的购买欲。如果这件商品必须要亲自见到才可以达到购买所需要的信任，那就不适合在网上开店销售。

根据以上的条件，目前适宜在网上开店销售的商品主要包括首饰、数码产品、计算机硬件、手机及配件、保健品、成人用品、服饰、化妆品、工艺品、体育与旅游用品等。网上开店要放弃一些不适合个人网上销售的商品，同时网上开店也要注意遵守国家法律法规，不要销售：①法律法规禁止或限制销售的商品，如武器弹药、管制刀具、文物、淫秽品、毒品；②假冒伪劣商品；③其他不适合网上销售的商品，如医疗器械、药品、股票、债券和抵押品、偷盗品、走私品或者以其他非法来源获得的商品；④用户不具有所有权或支配权的商品。

（2）网上开店的进货渠道。在确定了自己的经营商品范围之后，就要去寻找物美价廉的货源，网上开店因为手续简单，也可以随时根据自己发现的货源情况，确定自己的经营方向，网上开店，大致可以从以下几个渠道找到货源（见表5-3）。

表 5-3 网上开店的进货渠道

批发市场进货	最为常见的进货渠道，若小店是经营服装，可以去周围大型服装批发市场进货。在批发市场进货需要有强大的议价能力，力争将批发价压到最低，同时要与批发商建立好关系，在关于调换货的问题上要与批发商说清楚，以免日后起纠纷
厂家进货	直接从厂家进货，可以拿到更低的进货价，但是一次进货金额通常会要求比较高，增加经营风险
外贸产品或 OEM 产品	目前许多工厂在外贸订单之外的剩余产品或者为一些知名品牌的贴牌生产之外会有一些剩余产品处理，价格通常十分低廉，通常为正常价格的 2~4 折
库存积压或清仓处理产品	因为急于处理，这类商品的价格通常极低，如有足够的砍价能力，可以用极低的价格买下，转到网上销售，利用网上销售的优势，利用地域或时空差价获得足够的利润
特别的进货渠道	如在中国香港或国外有亲戚或朋友，可以经朋友帮助进到一些国内市场上看不到的商品，或者一些价格较低商品

3. 利润源

利润源指的是商户的收入来源，即从哪些渠道获取利润，解决的是收入来源有哪些问题。网店的利润源完全是销售商品的收入。为提高销售收入，给商品制定适当的网上售价是十分必要的。网上开店的商品定价可以遵循以下原则：

（1）销售价格要保证自己的基本利润点，不要轻易降价，也不要定价太高，定好的价格不要轻易去改。

（2）包括运费后的价格应该低于市面的价格。

（3）网下买不到的时尚类商品的价格可以适当高一些，低了反而影响顾客对商品的印象。

（4）店内经营的商品可以拉开档次，有高价位的，也有低价位的，有时为了促销需要甚至可以将一两款商品按成本价出售，主要是吸引眼球，增加人气。

（5）如果不确定某件商品的网上定价情况，可以利用比较购物网站，在上面输入自己要经营的商品名称，在查询结果中就可以知道同类商品在网上的报价，然后确定出自己的报价。

（6）如果自己愿意接受的价格远远低于市场售价，可以直接采用一口价；如果实在不确定市场定价或者想要吸引更多买家，可以采用竞价的方式。

（7）定价一定要清楚明白，定价是不是包括运费，一定要交代清楚，否则有可能引起麻烦，影响到自己的声誉，模糊的定价甚至会使有意向的客户放弃购买。

目前的网上开店主要有几种支付方式：网上支付、邮局汇款、银行汇款、货到付款，为了方便顾客付款，应该给出多种选择，不要只接受一种支付方式，这样很可能会因为顾客感觉不便而失去成交机会，一般情况下不要接受货到付款的方式，会增加经营风险。

4. 利润杠杆

利润杠杆是企业生产产品或服务以及吸引客户购买和使用企业产品或服务的一系列相关活动，必须与企业的价值结构相关，它回答了企业能够提供的关键活动有哪些的问题。

（1）搜索引擎优化。网店推广方法之搜索引擎优化—SEO 指遵循搜索引擎的搜索原理，对网站结构、网页文字语言和站点间互动外交略等进行合理规划部署，以改善网站在搜索引擎的搜索表现，进而增加客户发现并访问网站的可能性这样一个过程。搜索引擎优化也是一种科学的发展观和方法论，它随着搜索引擎的发展而发展，同时也促进了搜索引擎的发展。

搜索引擎优化适用于拥有独立域名和空间的网店，利用搜索引擎优化技术，能够让潜在客户利用搜索引擎迅速方便地找到网店，而不用花费任何费用。

（2）广告推广（适合在大型网站开设网店的商户）。

1）利用好网站内的收费推广。在易趣、淘宝等网站上开网店，网站本身提供了一些广告宣传方式，如粗体显示、图片橱窗、首页推荐位展示等，这些服务通常是收费的，但是可以为网店带来浏览量。

2）利用好网站内其他推广方式。如多参加网站内的公共活动，为网站做贡献，可以得到一些关照，网店自然也可以得到相应的推广。

3）利用留言簿或论坛宣传自己的网店。采用签名档，将网店地址与经营范围包括在签名档里，无形中会引起许多浏览者的注意。

4）如网店是需要支付交易费或登录费的，不妨设立一个不需要费用的网店，对于每一个成交的客户，介绍他们以后通过新的网店浏览并购买产品，降低商品的销售成本。

5）在各种提供搜索引擎注册服务的网站上登录网店的资料，争取获得更多的浏览者进入网店。

（3）其他推广。

1）论坛推广。在专业论坛推广自身网店，能够起到精确效果，并且在更广泛范围内宣传自身产品和品牌。

2）博客推广。利用博客建立产品及公司信息库，树立产品品牌。

3）邮件推广。利用电子邮件来推广产品，可以有效地发宣传邮件，是网店营销最常用的而且是最简单最多人使用的方法，经久不衰。

4）软文写作技巧。网店店主可以写软文，利用文章来宣传产品。

5. 利润屏障

利润屏障是指商户为防止竞争者掠夺本企业的利润而采取的防范措施，它与利润杠杆同样表现为商户投入，但利润杠杆是撬动“奶酪”为我所有，利润屏障是保护“奶酪”不为他人所动。它解决的是如何保持持久盈利的方法的问题。网店想要长期盈利，必须有自身的核心竞争力，研究一套他人不可模仿的经营策略。

网上开店的经营策略：

（1）网上出售商品，绝大部分买家是无法看到实物的，所以需要拍出清晰漂亮的商品照片，还要有详细的商品描述，这样才能对买家有更大的吸引力。

（2）网店商品种类尽可能齐全，更新迅速。把新货挂到明显位置，但是不要为了增加数量而不顾及质量，不要因为生意不好而放弃上货。

（3）售后服务周到。卖出商品后，要在第一时间和买家取得联系，发货后尽快给你的买家发一封发货通知信，最好能附上包裹单的照片，让买家能看清楚上面的字迹和具体编号等信息，让买家更放心。

（4）重视网店的“信用度”评价。商品网上成交时，提供平台的网站将按商品成交价的比例收取一定的交易服务费，达成交易后，买卖双方都有义务为对方做信用评价，高信用度对于网店的经营至关重要，所有买家都会以信用度来选择是否买你的商品。

（5）诚信第一。在网络上经营，最主要的就是诚信。在网上，每个卖家都有一个关于诚信的记录，买家都可以看到卖家以前的销售状况以及别的买家对卖家的评价。网上记录了任何一个卖家的诚信记录，不诚信的人很难在网络上经营下去，诚信卖家的商品价格高些都有人要。

（6）开店之初先要增加人气，可以考虑设定一元拍或低价出售的方式达成交易，只要有比较多的成交记录，有不错的好评，就会有更多的买家信任你的店，来你的网店买东西。一元起拍能在短时间内聚集人气。但是要做好这件东西一元卖出的准备。开展一元拍的同时，最好能配合做一些广告，让大家都知道你这里的“优惠”政策。一元拍的目的，是通过这件东西，吸引买家顺便看你的其他商品。

（7）采用有效促销策略，定期有折扣，或者赠送。给予回头客一定的折扣，或者是购物满多少元，可以有礼物赠送，可以有折扣，可以免邮费等。

（8）额外赠送小礼品。

（9）安心对待拍下不买的买家和差评。

（10）要看某种货物是否好卖，可以先在网站上搜索一下，卖同类商品的人有多少，包括卖相同的相类似的，销售情况如何，产品价格如何定位，店铺如何设计，产品如何介绍等。

（11）网上开店要循序渐进，一般开店的前 3 个月是适应网上开店和聚集人气的时候，这个时候要多学习好的卖家的经验，及时根据市场调整自己的经营，同时可以积累一些客户。

(12) 网上竞价比一口价更能吸引浏览者，但是竞价有时可能会出现被低价拍下的可能。

(13) 网上开店，准确掌握市场行情。

再介绍一下网上开店的送货方式选择，目前网上开店采用的送货方式主要有以下几种（见表 5-4）：

表 5-4　网上开店的送货方式

普通包裹	普通包裹用的是绿色邮单，寄达时间需 7~15 天
快递包裹	与普通包裹类似，只是寄达时间加快许多
EMS 快递	安全可靠，送货上门，寄达时间更快，只是费用较高
挂号信	适合比较轻巧的物品，20 克内，寄达 3~5 天
其他快递	前提是正规的快递公司，比较 EMS，可以节省 50%左右的费用
专人送货	若顾客就在本市，可以考虑送货上门，与它相结合可以采用货到付款方式

第三节　淘宝移动商务模式

一、淘宝移动商务模式

（一）“移动淘宝”用户终端注册

与淘宝网的用户机制相似，所有的“移动淘宝”用户首先需要进行注册，其注册流程一样，所不同的是使用的终端器是手机或者终端器。用户通过手机 WAP 方式或者通过 PC 登录“移动淘宝”的 WAP 页面或服务器页面，进行免费注册。注册分为三步：填写信息、激活账号、注册成功。为了防止恶意注册，设定校验码程序。激活程序可通过 E-mail 或手机短信（一个手机号只能激活一个用户账号）。

对于卖家则要求通过实名认证，再发布 10 件宝贝，[①] 才可以在“移动淘宝”上免费开店，“移动淘宝”为卖家免费提供电子店铺主页、橱窗位等供展示商品。用户还可参加“移动淘宝”组织的各类产品促销、广告活动。

① 宝贝是淘宝网的专业术语，即指“商品”。

（二）淘宝网移动商务模式的六个内容

（1）免费。

（2）资金安全保证：第三方信用担保“支付宝”。

（3）信用保证：信用评价、交易管理等。

（4）物流保证：我国民营物流业的发展。

（5）人性化的网购环境：淘宝旺旺、交易规范、退货制度、闲置交易、社区文化等。

（6）服务功能：功能不断完善，提供个性化服务，如与雅虎邮箱的合作。

二、移动商务“1 + 5”盈利模式分析

一个核心是指价值创造结构。淘宝的价值创造结构就是买卖双方的交易，一旦交易生成，淘宝就可利用支付宝获得利润。

五个基本点指的是五个基本构成要素，即利润点、利润对象、利润源、利润杠杆、利润屏障。

1. 利润对象——淘宝的移动商务客户

利润对象是指企业提供的产品或服务的购买者和使用者群体，他们是企业利润的唯一源泉，它解决的是向哪些用户提供价值。针对互联网贸易服务平台的特点，淘宝从另外一个角度来确认自己的目标客户，那就是要服务于3000万中小企业以及与之相关的市场需求。这一定位并不是一个脉络十分清楚的定位，但却很符合时代和市场的需要。一方面，中国有数量庞大的中小型企业在苦苦地寻求全国以至全球的市场机遇；另一方面，国内和国际上急速增长的需求也在积极地寻找合适的采购对象。

2. 利润点——支付宝

利润点是指企业可以获取利润的产品和服务，好的利润点：一是要针对目标客户的清晰的需求偏好；二是要为构成利润源的客户创造价值；三是在为企业创造价值。它解决的是向用户提供什么样的价值。淘宝的利润点就是在既能满足买房需求偏好又保证了买卖双方交易利益的前提下，利用支付宝的第三方服务获取利润。

3. 利润源——会员费、广告收入及银行利息

利润源是指企业的收入来源，即从哪些渠道获取利润，解决的是收入来源有哪些。首先，淘宝的主业务为其带来的收益主要来源于会员收费以及相关的企业站点和网站推广收益。另一个收入来源是网络广告，为商户做广告收入费用。其次，支付宝中的闲置和沉淀资金所产生的银行利息，这与淘宝的交易量和交易价格有直接联系。再次，淘宝的诚信通、贸易通等服务也能够为其带来

一定的收益，并随着淘宝的网络商务平台业务增长，呈现出相应的增长趋势。

4. 利润杠杆——商品种类多及优惠活动

利润杠杆是指企业生产产品和服务以及吸引客户购买和使用企业产品或服务的一系列活动，必须与企业的价值结构相关，它回答了企业能够提供的关键性活动有哪些。淘宝的商品种类多，竞价拍卖方式出售商品，一旦消费者的心理价格与商品价格相辅相成，交易便可完成。另外淘宝也设有折扣券，现金折抵券，积分兑换礼品，积分兑换现金购买商品等活动保证客源愿意购买商品。

5. 利润屏障——进入门槛低

利润屏障是指企业为防止竞争对手掠夺本企业的利润而采取的防范措施，它与利润杠杆同样表现为企业投入，但利润杠杆是撬动“奶酪”为我所有，利润屏障是保护“奶酪”不为他人所动。它解决了如何保持持久盈利的方法。在初期，淘宝的入门门槛非常低，以很低的费用或者免费的方式吸引了大量的会员。伴随着互联网的发展和企业网络商务需求的稳定成长，淘宝汇集的大量信息和会员，逐渐显示出价值。淘宝在这一阶段，推进和完善其主业务链，并提供一系列围绕主业务的相关增值服务，形成对固有会员的强大黏性和对潜在客户的强大吸引力。

三、在淘宝网上开店的步骤

1. 步骤1：注册

首先要在淘宝网上进行网站会员注册（见图5-1）。

淘宝网 Taobao.com
阿里巴巴旗下网站
帮助
注册步骤：1.填写信息 > 2.收电子邮件 > 3.注册成功
以下均为必填项 香港用户按此注册
会员名：
检查会员名是否可用
5-20个字符(包括小写字母、数字、下画线、中文)，一个汉字为两个字符，推荐使用中文会员名。一旦注册成功会员名不能修改。怎样输入会员名？
密码：
密码由6-16个字符组成，请使用英文字母加数字或符号的组合密码，不能单独使用英文字母、数字或符号作为您的密码。怎样设置安全性高的密码？
再输入一遍密码：
请再输入一遍您上面输入的密码。
请填写常用的电子邮件地址，淘宝需要您通过邮件完成注册。
电子邮件：
强烈建议您注册使用雅虎不限容量邮箱，与淘宝账户互联互通，“我的邮箱”更方便管理。
没有电子邮件？推荐使用 雅虎邮箱、网易邮箱。
再输入一遍电子邮件：
请再输入一遍上面输入的电子邮件地址。
校验码：
3HHD
请输入右侧字符，看不清楚？换个图片。怎样输入校验码？
自动创建支付宝账号
如果您已经有支付宝账号，请不要选择自动创建支付宝账号，当您注册完淘宝后，可以进入“我的淘宝”设置您的支付宝账号。
同意以下服务条款，提交注册信息
（买家购物无需认证！）

图5-1 在淘宝网平台上注册

2. 步骤 2：实名认证

(1) 需要地址认证、手机认证、身份证认证等卖家认证，即为进入“我的淘宝”，进行认证操作。

(2) 还要进行支付宝的认证，取得买卖的权力。打开淘宝网并登录，单击“我要卖”。

(3) 登录支付宝账户（账户类型为个人账户），在我的支付宝的首页中单击“申请认证”。

(4) 选择“支付宝卡通”和“其他方式认证”两个途径进行申请，例如“其他方式进行实名认证”（见图 5-2）。

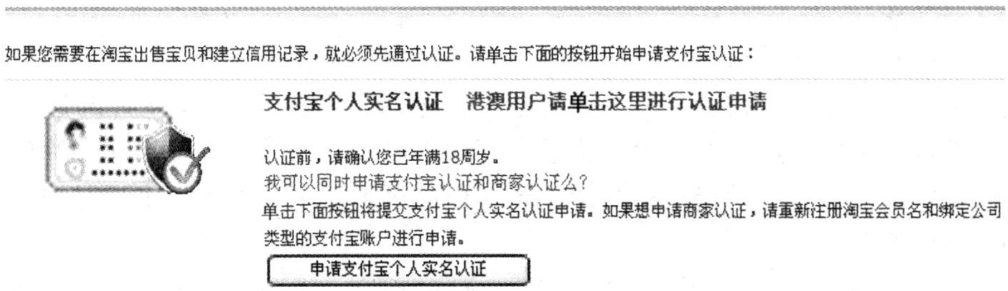

如果您需要在淘宝出售宝贝和建立信用记录，就必须先通过认证。请单击下面的按钮开始申请支付宝认证：

支付宝个人实名认证　港澳用户请单击这里进行认证申请

认证前，请确认您已年满18周岁。

我可以同时申请支付宝认证和商家认证么？

单击下面按钮将提交支付宝个人实名认证申请。如果想申请商家认证，请重新注册淘宝会员名和绑定公司类型的支付宝账户进行申请。

申请支付宝个人实名认证

图 5-2　淘宝网的支付宝个人实名认证

3. 步骤 3：规则测试

单击“我是卖家”后可在阅读淘宝网规则后进行测试，测试分数不能低于 60 分，这是一项新增加的步骤。

4. 步骤 4：开店

(1) 在打开淘宝网并登录，单击“我要卖”。

(2) 选择一种方式进行商品发布，例如“一口价发布”，或者“拍卖价”发布。

(3) 选择出售的宝贝的类目，类目需要与宝贝的属性类别等相对应，然后确认继续。

(4) 正确选择你发布的商品信息，以便买家尽快地找到宝贝。

(5) 当使用相同的方法发布 10 件不同的宝贝后，便可以开店了。

5. 步骤 5：提现

(1) 买家确认付款，交易成功以后可以看到“我的淘宝”等评价。

(2) 根据实际情况给你的买家一个真实的评价。

(3) 交易结束。

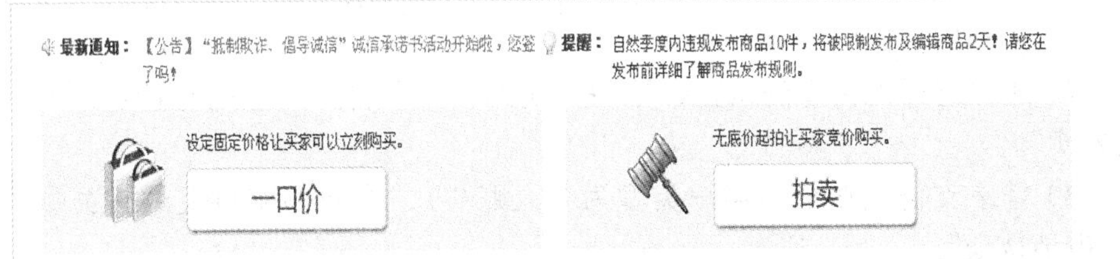

图 5-3 淘宝网 C2C 网店的两种价格

四、C2C 的 Zaarly 模式

1. C2C 的现实需求

工作狂 John 生活在纽约，每天被工作压得几乎喘不过气。7 月的这天清晨，像往常一样，John 拿着手机边看新闻边吃早餐。这时，一条演唱会的预告映入眼帘，这可是令他期待已久的一场演出，可今天工作太忙根本没时间排队购票该怎么办？

John 打开了他手机中的一款名叫 Zaarly 的程序，迅速输入了他的“悬赏任务”。Zaarly 是最近正风行美国的一款手机应用软件，只要输入地理位置、描述需求并附上愿意支付的价格，便会有在线用户乐意为发布任务者“短期打工”。

正在体育馆外排队购票的 Mary 是个音乐迷，几乎所有喜爱的演唱会她都会去现场看。无聊之余，她在 Twitter 上无意看到了一条求购演唱会门票的“任务”。她顺手接受了任务，并通过 Zaarly 与 John 进行了简单沟通，她发现 John 就住在她家楼下。这之后的故事顺其自然，不仅任务圆满完成，John 和 Mary 还成了好友。

John 与 Mary 是两个生活方式完全不同的人，在生活上本来很难产生交集，但 Zaarly 的出现，却让类似的事情一下子多了起来。今年 5 月才刚刚正式登录美国市场的 Zaarly，其个人服务中介理念迅速迎来了用户的追捧，仅仅一个月之内，用户在 Zaarly 上面就已发布了超过 100 万份委托任务。

2. Zaarly 模式

所谓 Zaarly 的模式，是指在人们的需求产生时，只需打开 Zaarly，输入任务并写下愿意支付的价格，与 Zaarly 后端相连接的 GPS 系统会自动为发布者定位，并由发布者设定“打工者”的所在范围。同时，发布者还可设定接受任务人的服务时限。发布人，在整个过程中被统一归为买方，卖方（也就是同意这些交易条件，并出售商品或服务的人）在看到任务发布后，会进行出价甚至展开竞价，买方则可以通过一系列权衡选择合适的价格与打工者。在人选确定后，通过 Twilio 驱动技术的 Zaarly，会以匿名的方式连接买方和卖方的手机，让双方约定见面进行交易。

Zaarly 的创始人菲什巴克说，“它是一个基于地理位置的、实时的、买方驱动的市场。”Zaarly 的任务传播迅速，极大原因也在于其能通过 Twitter 等平台发送广播。小到排队占坐，大到寻人求救，Zaarly 应有尽有。

如果说 Zaarly 只是一种通过无线网络或外部定位方式（如 GPS）获取移动终端用户的位置，为用户提供相应位置服务的 LBS 模式，这样未免小看了它的潜力。

回顾以往的 LBS 模式我们不难发现，此前出现的应用，主要是以 Foursquare 为代表的签到（Check-In）模式，用户利用签到（Check-In）的休闲娱乐模式记录自己所在的位置。通过积分、勋章以及领主等荣誉激励用户 Check-In，一般都会和商家合作，对获得的特定积分或勋章的用户提供优惠或折扣的奖励。尤其是在中国，很长一段时间大家认为 LBS 就是手机签到模式的简称。而如今，当用户对这种积分、勋章不感兴趣时，似乎整个 LBS 也进入了瓶颈期，厂商们似乎很难摆脱以签到为核心的娱乐模式。

继美国的 Zaarly 之后，欧洲又出现了 Roamler，这是另一种基于 LBS 的手机应用，帮助企业利用手机在世界范围内寻找合适的劳动力。在 Roamler 上，企业会在定位产品的位置的同时，上传包含产品品牌的照片，然后发布任务给网友，任务基本上都是关于销售活动的策划等。在逐一发送任务给“接活人”后，短时间内，企业便会收到来自全球各地通过手机传送回来的“业绩”。而企业也会视成果给予工作者相应程度的报酬。对于 Roamler 发展前景我们暂且不做评价，但从纯娱乐的无聊精神到实用价值的最大体现，这无疑是以 Zaarly 为代表的运营商，对 LBS 开辟了一个更新的思路。

3. 威客升级

其实类似 Zaarly 这样的悬赏任务制并不新鲜，与前几年流行过的“众包”(crowdsourcing)、威客等概念一脉相承。

威客是 The key of wisdom 的缩语，2005 年 7 月威客理论第一次被提出时，当时的威客模式创始人刘锋给威客给出了这样的定义：“指那些通过互联网把自己的智慧、知识、能力、经验转换成实际收益的人，他们在互联网上通过解决科学、技术、工作、生活、学习中的问题从而让知识、智慧、经验、技能体现经济价值。”

简单而言，就是人们进入网站通过浏览、搜索、任务分类等各种方式寻找感兴趣的任务，并根据雇主信用等级，确实是否参加悬赏任务，而在参与竞标并完成任务后便能得到相应的报酬。

Zaarly之所以被广泛看好，其中一个很重要的原因就是这种模式嫁接在了以手机为代表的移动互联网平台上。

在中国已经有很多专业的威客人，他们不用朝九晚五的上班，只是在家搜索任务。这些任务多半是公司企业还有个人等发布的一些悬赏业务，多为平面设计、创意起名、网络营销等技术型任务。也就是说，其实在很多年前的中国，就有这么一批人像Mary一样通过网上完成任务赚钱。

威客与Zaarly相比，任务明显专业许多，接受者能否竞标成功要经过至少数小时的辛勤劳动后才能知道。而对于发布者来说，一个任务的提出需要几天才有人看到，再还得经过长达数天的竞标方能结束。少则几天，多则数月的竞标让一些能力较差，心理素质低的竞标者在半路就会选择放弃。

而Zaarly上的任务明显比威客广泛得多，也简单得多，这样就有更加广阔的受众群体，并几乎不设门槛。从送外卖到创意设计应有尽有，像Mary这样没有专业技能的人也可以竞标。同时Zaarly基于地理位置还能借助Twitter上的广播平台发布信息，这使得接受者更加及时有效的接受来自身边人的任务。就像John经常发布的消息仅仅是送外卖、买门票这样的琐事，最多不过半小时一笔交易已经完成。

如果说威客是个发布兼职任务的广播栏，那Zaarly就像是一台许愿机，当你拿着手机出门旅游时它是你的向导；当你被大雨困在路上时它就是一把雨伞，一辆计程车；当你窝在家里做宅男宅女时，它就是你的保姆或者送外卖的店员。

4. 搭车移动互联网

不过，目前威客模式经过多年努力依旧没有孵化成型，即使业内最成功的任务中国、猪八戒这样的领跑者，对于大多数网民还是很陌生。几年前经过电视广播的宣传，威客确实火了一把，但随后很多商家埋怨竞标者不够专业，反馈信息过慢等原因被投标者抛弃。对竞标者而言任务过于烦琐，竞标对手过多，即便花尽心思能竞标成功的也寥寥无几。最终也只能在拥有超强专业技能的威客达人圈子里转来转去，因投标者越来越少，圈子也越缩越小。渐渐威客在中国越来越小众，最终令大多威客人埋怨利用威客找兼职还不如出门打工来的轻松。

而Zaarly之所以被广泛看好，最重要的就是这种模式嫁接在了以手机为代表的移动互联网平台，虽然赶集网上也有类似的任务求助，并且也推出了手机客户端，但因为只提供了信息发布平台，缺少支付平台，这一点其实尤为重要，是推动利益链条得以正向循环的关键要素。因为一切任务从开始到付费都可以用Zaarly完成，所以用户并不用担心受骗或质量过差等原因，从而更增加了可信度和用户黏度。

另外，国内的手机客户端目前还缺少像Twitter这样拥有如此高普及性的信息发布和分享平台，虽然近些年各种手机客户端层出不穷，但大家都各自为战。而强行复制或直接引入，不过是让类似威客的SNS网站多了个手机客户端而已，很难做到即时性。由此看来，即使中国眼下也出现类似Zaarly的手机应用软件，要像欧美地区一样受到广大用户的支持，还有一段很长的路去走。但不论如何，Zaarly的出现，至少为业界证明：一个更具实际应用价值的LBS时代的确还没有来，而不是已经过去了。①

五、C2C的Taap.it移动商务模式

Taap.it移动商务模式，所谓Taap.it移动商务模式是指的轻量级移动C2C交易模式，在应用不到2个月，该模式的交易额已经达到240万美元。

Taap.it允许你几乎实时地销售各种东西，无论其是旧自行车，还是前女友的宠物兔等。而且上架销售的方式也非常简单：注册账户，给要出售的物品拍照，输入简单的描述和标价然后上传。这时应用这一模式还会自动为你上传的物品生成一个地理标签，以方便其他用户搜索。此外，该模式应用还允许你引入社会化的元素将你要出售的物品广播的Twitter和Facebook平台上去以获得更多的潜在顾客。另外想要通过该模式购买物品的用户只需要登录就能查看到附近列出的一些商品信息也可以进行搜索。一切就绪后，交易在线下进行。

这款应用最大的特点就在于它的轻便和实时。人们免去了一个非常烦琐的注册和开店过程，线上只发现物品，其他一切则转入线下。

六、C2C淘宝移动模式：把商场装进衣兜

从2010年9月10日，手机淘宝网在全国100所高校推出了“手机上淘宝”活动。比亚迪汽车、联想笔记本电脑、联想乐Phone手机将以七天为周期轮番上阵，并在每天的13点准时以1元价格开始秒杀。只需开通无线淘宝、支付宝账号，并往无线支付宝里充值1元，再以手机登录淘宝网的学生频道，即可准备购买。当心仪的商品图标变为“立即购买”时，选择购买并完成付款，最先付款完成者为获得成功，淘宝网的工作人员会根据结果向成功者发放奖品。

当然，手机淘宝为人们带来的兴奋不会仅持续20天。在“一元秒杀”的背后是一个淘宝构筑的超级市场，目前手机淘宝网上的在线物品已超过两亿件。另

① 手机应用Zaarly：LBS上的威客游戏［J］. IT经理世界，2011-07-15.

据了解，现在手机版淘宝不仅支持传统的Web浏览，并且还针对当今最为流行的智能手机系统开发了专门客户端，它与淘宝网两亿产品库对接，拥有商品搜索、浏览、买、收藏、旺旺在线沟通等功能，保证用户的体验与PC端毫无差异。

与传统的网上淘宝相比，手机淘宝网客户端最大的卖点在于它能够帮助用户抓住每一次秒杀和特价促销的机会。无论是在乘坐公交车上班的路上，还是在饭店等待用餐的间歇，用户只要拿出手机就可以选择自己喜欢的商品。用手机淘宝网购物，相当于直接将商场装进了衣兜，只需动动拇指，心仪的商品就会送到你面前。

据国家工信部数据，2010年底，3G用户将达到6000万，到2012年中国移动商务市场交易规模将达到108亿元，手机版淘宝网日访问量已经超过3000万，日交易笔数超过10万，用户除了通过手机在淘宝上选择数以亿计的商品之外，还可以使用手机淘宝网的话费充值、购彩、缴纳水电费等便民业务。[①]

七、基于地理位置的C2C移动商务平台

（1）云计算地理信息平台的开放，给北京豪腾嘉科软件有限公司提供了一个全新的理念去维护其地理信息，其他用户可以通过提示功能指出地理信息平台上的错误信息，以达到数据的一定准确性，同时大大降低维护数据的费用，已经有机会通过云计算平台倒入更多的可发展用户，以最快的速度达到公司的用户基础要求。

（2）社交关系分析算法，为用户创造更多的社交机会，增加用户在软件上的黏性，给用户体会一个陌生人交友的机会。社交市场竞争公司基本情况，短期发行预测及营销安排。

核心项目围绕手机LBS游戏领域，预计推出第一款天元游戏时间在2011年2月。并推出以下营销安排。

2011年3月，进行大学校园推广，推出trial版本，进行测试，预计测试人数推广至5000人。

2011年4月，进行网络推广，主要推广方向为全国各大论坛，预计推广人数达到20000人。

2011年4月，推出正式版本下载提供在各大APP store，自动更新所有trail版本。

2011年5月，争取网上道具商店开始盈利。活跃消费用户达到2500人以上。

---

① 洪晓旭. B2C：手机支付快捷购物 C2C：把商场装进衣兜［N］. 经济日报，2010-10-14.

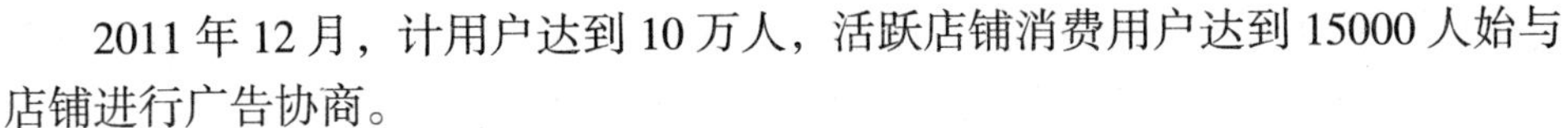

2011年12月，计用户达到10万人，活跃店铺消费用户达到15000人始与店铺进行广告协商。

2012年维持用户在200000以上，2010年底达到50万注册用户，活跃消费人数达到75000，维持新的游戏黏性。

2013年用户数量达到100万以上，推出游戏的盈利模式。

2014年用户在400万以上，提供C2C商务平台。

2015年用户推广至1000万，融资上市产品服务移动互联网基于地理位置的C2C电子商务平台是全球一款与现实地理位置建筑物相结合的3D渲染应用电子商务平台，覆盖范围广，现实的商业街购物街，住宅小区都会在游戏中以3D虚拟形象出现。用户在体验到前所未有的新奇玩法的同时增强与陌生人交友的成功率。

游戏的趣味性体现在每个操作环节，对用户体验的设计更提升了用户对游戏的忠诚度。通过游戏的超强黏性，与商家共同对用户的信息进行深层挖掘，创建全新的广告推广平台，以至于最终建立C2C的电子商务平台。

八、C2C移动商务模式的发展趋势

（一）C2C海外代购模式仍为市场补缺模式

例如：TOM易趣推出的海外代购模式仍为市场补缺模式，难以通过此模式在短时间内改变市场竞争格局，但是不失为一种差异化的竞争手段。目前来看，网民海外的需求仍较小，而且主要集中在某些类型的产品上，尤其是化妆品；另外，该模式对于消费者也有相当风险，尤其是在商家信用、产品质量、投诉退货等环节。而对于“海外代购人”和代购网站来说，可能也不得不面对涉嫌逃税的法律风险。如果涉及的产品没有卫生许可证，一旦所购的产品遇到涉及商品卫生安全的问题，代购者要承担的压力和风险就会比较大。

（二）纯粹C2C移动商务网站发展增长趋缓，C2C和B2C模式渐融合

C2C平台存在较多仿冒和非正规渠道商品，目前的监管困境将随着我国相关法律法规的逐步完善和知识产权保护体系的建立而逐步解决，必然导致纯粹C2C平台增速放缓，此外C2C逐步融合B2C，C2C运营商开始纷纷向B2C等其他模式寻求发展的可能和空间，模式融合不仅能实现互补，而且能为C2C提供新的盈利模式。

（三）寡头博弈，C2C平台玩家有限，进入门槛高，市场格局稳定

现阶段C2C平台的免费策略需要大量的资金投入来维持，市场的进入者除了有大量的资金外还需要有超强的人气和技术实力，目前来看只有百度有此能

力。C2C平台的参与者有限，彼此之间会相互影响，一举一动都需要考虑全面。百度的加入在短期内不会引起市场竞争格局的剧变，各平台皆在苦练内功，在谨慎中求发展。而阿里巴巴则需在环境中慢慢壮大自己的C2C的力量。但是并不能在短期之内，取代重量级成为C2C平台的大户。

（四）充分利用自身资源，开展差异化竞争

C2C平台间的竞争是人气、信息流、物流、资金流的竞争，如何结合既有自身资源是C2C平台取得领先优势的关键。易趣被TOM收购后可以考虑利用增值业务、国外代购等服务来提高吸引力，拍拍则可以发挥腾讯即时通信等整体平台优势，百度最强大的当然是搜索能力、广告竞价系统和人气。而阿里巴巴则可以发挥其兼具多项性能的优势，和淘宝作为其黄金招牌的有利条件，在差异中找到自己的移动商务发展的路子。同时可以通过雅虎扩大其阿里巴巴和阿里软件的知名度，从而充分扩大自己的有利资源。

（五）C2C平台盈利模式逐步清晰，网络营销相关盈利模式探索初步获得成功

C2C平台的盈利问题一直摆在参与者面前，我国C2C网站目前仍没有在发展和盈利中找到好的平衡方式，而随着C2C移动商务交易规模和用户规模的扩大，C2C购物网站除了承载交易功能外，还直面消费终端，掌握海量用户购买路径和习惯数据，加上覆盖群体广泛等特征，其蕴涵的巨大媒体价值被逐步释放和认可，网络营销等相关盈利模式探索也初步获得成功。

（六）C2C移动商务平台趋向于为用户提供更加完整的解决方案

从平台自身来看，C2C平台将为用户提供更加完整的购物解决方案。目的是最大限度地降低交易成本，包括降低弥补有限理性的成本和避免机会主义得逞的成本。即时通信、社区资源、搜索以及物流等都是降低交易成本的关键环节，以上诸多领域会逐步融入。

本章案例

北京工商大学贸易经济2009级学生李婧小组实验报告

【三年级二班】实验报告

目录页

四、技术路线
五、业务流程
六、1+5 盈利模式分析
七、开店心得

前　言

飞机飞过天空，拉出的线一会儿就消失了。

沙滩上的脚印，涨潮落潮以后就不见了。

石头跌入湖泊形成涟漪，水位就上涨了一点儿。

风吹过湿地，草和树木就默默拔节。

如果，只是我呢？

如果，只是味道、眼神、拥抱、泪水、笑容、你做的吃的、在一起的时间、走过的旅程、住过的城市、消磨的时光……

那些陪我一起傻过的人，你们在我身上留下了什么？

我要不要死心塌地地找回你？还是微笑后坚定地转身，从此变得聪明？

之前那个我和现在的我之间的距离，被许多细小琐碎的事填充。

这些都是你给我的爱吧?! ……

一、小组分工

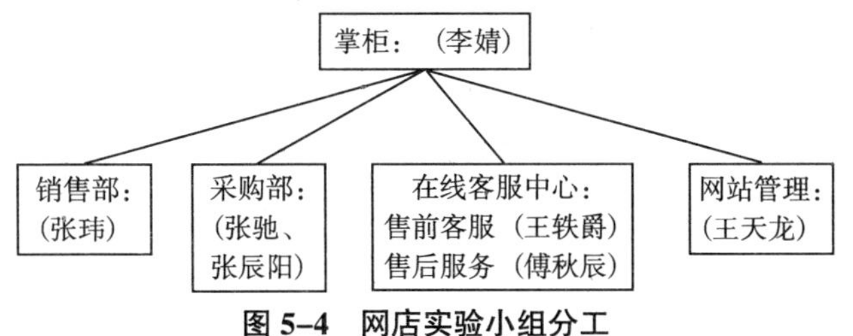

图 5-4　网店实验小组分工

二、店铺介绍

【三年级二班】网站创立于 2012 年 3 月 5 日，本店主要经营商品以文具类为主，包括本子、笔、笔袋、明信片、家居收纳、手制相册影集、贴纸、小杂物等。此外还为顾客提供赠送生日礼物、情人节礼物的创意点子服务。本店的经营原则是诚信经营、品质保障、时尚选择、快乐购物。

三、网店特色

（1）产品特色：拥有别人所有没有的好宝贝，这是我们的梦想。本店推出各种韩国可爱系文具，追求时尚个性化。

(2) 服务特色：特别有专栏服务，为男性顾客搭配赠送女友的生日礼物、情人节礼物套装，还提供各种创意点子。

(3) 天天服务：周一至周五，各种秒杀、促销活动，天天优惠，每周推出新品。作为学生的我们，收入几乎为零，小店物美价廉，优惠活动多多，不多花一分钱，让您挑花眼。

(4) 快速发货：保证当天发货，周六日无休假日。

四、技术路线

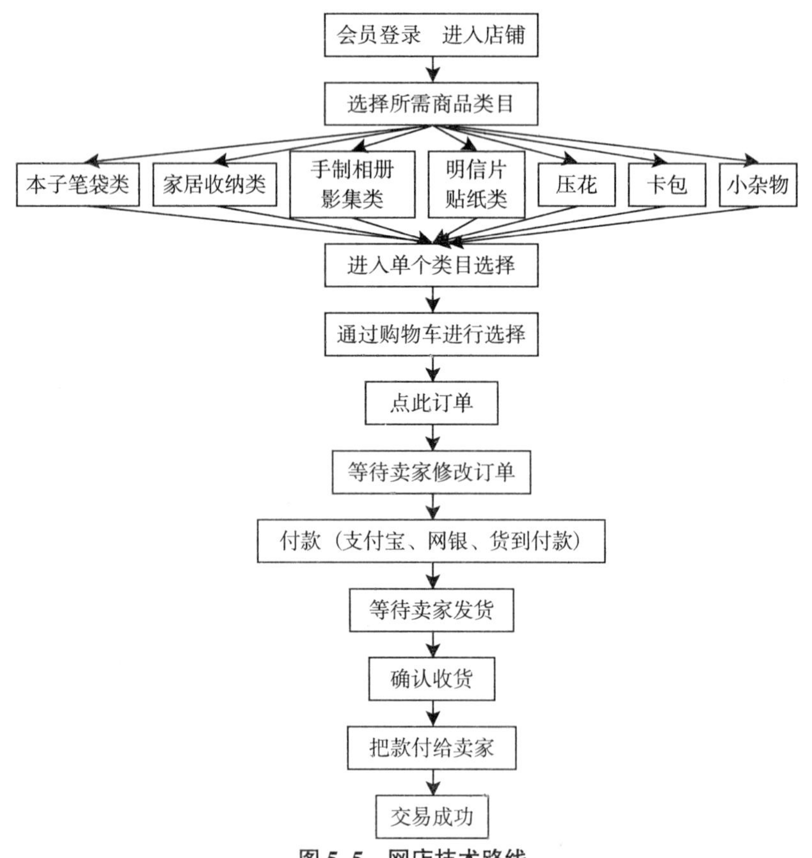

图 5-5　网店技术路线

五、业务流程

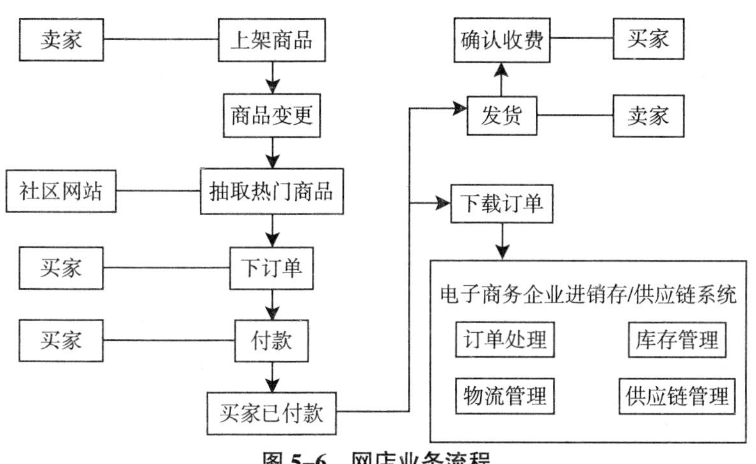

图 5-6 网店业务流程

六、"1+5"盈利模式分析（一个核心：需求价值创造结构体系）

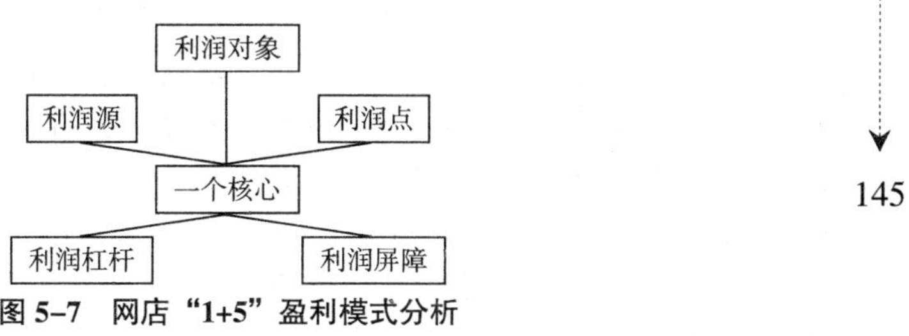

图 5-7 网店"1+5"盈利模式分析

（1）利润对象：目标客户以15~22岁学生为主，包括初中生、高中生、大学生这三个阶段，由于销售物品类型属韩国可爱系，对象又以女生为主。

（2）利润点：①通过出售文具类商品，如笔、铅笔盒、橡皮、本子、册子、个性贴纸、明信片等学习用品来获取的利润。②通过提供帮助男生给女朋友准备生日、情人节礼物套装的服务来获取利润。

（3）利润源：交易产品收入，交易服务收入。

（4）利润杠杆：各种打折、促销"秒杀"。

每周一所有笔类打95折

每周二满150元包邮

每周三推出1款商品的秒杀活动

每周四买就送小礼物一件

每周五所有小杂货半价

(5) 利润屏障：天天促销活动，提供创意点子服务。

七、开店心得

(1) 思考和确定你要卖什么？

(2) 确定卖什么以后，接下来货源就是个最大的问题了。先到市场上去调查，留意一下现在流行的主题和价格。也可以到阿里巴巴上去找找厂商，或者批发商。当然价格要靠自己的头脑和嘴皮了。这条进货之路也是需要时间去熟悉的。不急于下手，要多看多问多比较。找到好的就确定长期合作关系拿到低价格的宝贝。

(3) 创业激情有了，货源有了，思路清晰了就可以开始了。要做实物拍摄，虽然图片比不上人家的精美，但是当顾客每次收到货后就是惊喜，因为他们觉得实物比图片好看多了，这也是反一招吧？人家图片制作得太精美了也就是希望越大失望越大，何况设备也是高资本投入啊，而且自拍的图给我感觉很真实，就如同那个店主的人很真诚一般，让我感觉心里踏实亲近，没有被欺骗的感觉。

(4) 就是精细的细节问题了。这里包括很多，如宝贝编号，旺旺自动回复，在线时间，店铺连接，店铺公告，活动促销，利用好橱窗推荐位，宝贝上架时间，多参加淘宝的活动等，那么还有就是人文方面的，我想公告没有几个人会去看完，别家店铺的连接也很少有人点进去的。在线时间即便有卖家进了店铺但是没有被抓牢也白搭。所以必须学会“说话”，就是“会聊”，抓住顾客的心理。

(5) 所有买家买了店里面的东西用笔记本记下，地址、电话、姓名什么时间买了什么，还有透露的关键信息（比如买宝贝是给朋友当生日礼物的，那么当他朋友生日那天给他发个祝福短信，这是最能温暖他心的）等。如果过了很长时间买家突然来问有关问题，就可以查询到资料及时回答出来。

(6) 售后服务是重中之重。买家买走了宝贝后，仔细检查，如遇到宝贝的小问题又没有现货换的时候，就要在发货前给买家说清楚也可以小礼物作为补偿加上字条说明，相信诚恳的态度定能获得顾客的理解。虽然是小问题但是收货前说的跟收货后说的效果就不一样了。此外，包装也非常重要。

(7) 随包装袋放入店铺的名片和售后服务卡。这点应该是有效果的。服务卡上写几句贴心的话。顾客收货后如果满意，麻烦给好评，如有不满请联系，这样就能更好地为顾客服务。

(8) 店铺的承诺一定要兑现，比如对自己店铺的宝贝质量有信心，可以答应买家只要不满意 7 天内都可以拿来退换，运费 AA，就算真的买家退了，亏了一份运费，但是得到了诚信，说不定买家会介绍更多的顾客呢！

（9）多参加一些论坛里的活动，多关注新闻。可以把新发现的好东西介绍给买家，不一定群发消息都是让顾客关注自己的宝贝，可以发好消息和新闻。

资料来源：洪涛教授指导的学生的实习报告集。

问题讨论：

1. 移动商务开店有哪些步骤？
2. 对移动商务开店“1 + 5”进行分析。

本章小结

M-C2C（M-Consumer to Consumer）移动商务模式，即消费者对消费者通过手机、PDA、掌上电脑等手持移动终端从事的商务活动，C2C 移动商务的基础是 C2C 电子商务平台，C2C 移动商务模式的开店、交易过程与 C2C 电子商务模式交易过程一样，只不过是采用的工具更加灵活方便，C2C 移动商务“1+5”盈利模式的利润对象主要是移动工具持有人，对其正确地分析，能够准确地探索其规律性。这里笔者列举了 Zaarly 模式、Taap.it 模式、淘宝网模式等，对 C2C 移动商务模式运用进行了探索与分析。

本章复习题

1. 简述 M-C2C（M-Consumer to Consumer）移动商务模式。
2. 为什么说 M-C2C 移动商务的基础是 C2C 电子商务平台？
3. 简述 C2C 移动商务模式的开店、交易过程与 C2C 电子商务模式的异同。
4. 简述 C2C 移动商务“1+5”盈利模式。
5. 对 C2C 淘宝网模式、Zaarly 模式等进行分析。

第六章 移动商务支付模式

学习目的

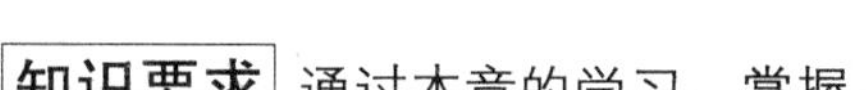

知识要求 通过本章的学习，掌握：

- 移动支付的基本概念
- 移动支付的分类与发展
- 第三方移动支付
- 移动虚拟货币
- 网上银行移动支付

技能要求 通过本章的学习，能够：

- 了解移动支付的基本概念
- 了解移动支付的分类与发展
- 了解第三方移动支付
- 熟悉移动虚拟货币
- 理解网上银行移动支付

学习指导

1. 本章内容包括：移动支付的基本概念，移动支付的分类与发展，第三方移动支付，移动虚拟货币，网上银行移动支付。

2. 学习方法：结合案例了解移动支付的基本概念、分类与发展，移动虚拟货币、网上银行的移动支付。

3. 建议学时：6 学时。

引导案例

咖啡馆

佐藤（Ray Sato）在 1997 年创办了 Balconi 咖啡公司，西洛杉矶的人们第一次品尝到了虹吸式酿造咖啡的味道。咖啡厅里的每一杯咖啡都由日本虹吸管酿造，这种酿造方式的原理是利用两个玻璃容器内的蒸汽与真空气压进行酿造。

Balconi 咖啡厅只接收现金，生意还不错，但是在 2008 年 Balconi 的房租到期时，佐藤决定对业务进行升级。他将咖啡厅搬到了一个更加繁华的街角，房屋的面积也比先前更大，并且重新对店内布局进行了设计。

2011 年 1 月，Balconi 重新营业的时候，人们发现了不同之处：先前的收款机不见了，取而代之的是一台安装了 Square 读卡器的 iPad。有了这台 iPad，佐藤可以接收顾客的信用卡，从而更容易销售研磨机以及其他高价货品。他表示："我起初并没想到人们会在小额付款时也用信用卡消费，但是我现在一半左右的销售都是通过信用卡完成的。"

佐藤本想购买一套传统的刷卡系统，但是 3000~4000 美元的价格让他望而却步。当他看到另外一家咖啡厅在使用 Square 公司的产品的时候，他就打定了主意要使用它了。"这是一套让人惊讶不已的系统，唯一的成本就是购买一台 iPad。与 4000 美元相比，500 美元的成本更合理。"Sato 开玩笑说，这套系统对他唯一的挑战就是要学习如何使用 iPad。要使用 Square，他每笔刷卡要支付交易额的 2.75%，当需要手动输入信用卡信息的时候，他需要支付每笔 15 美分外加这笔消费 3.5%的费用。

近些天来，Balconi 的营业收入又提高了，佐藤表示 Square 为他提供了新的机会，他表示："如果我进军餐饮业，我就可以利用 Square 在现有的收款区外进行收款了，我很高兴能得知这个可能性。"

资料来源：Jennifer Wang.移动支付应用的三个案例［N］. http：//magazine.cyzone.cn/articles/201204/2476.html.

问题：

1. 移动支付的收款分类有哪些？
2. iPad 支付具有哪些优惠？

第一节 移动支付概述

一、移动支付的概念及其发展

（一）移动支付

移动支付是指交易双方为了某种货物或业务实现，通过移动设备，采用无线方式所进行的银行转账、缴费和购物等商业交易活动。通常移动支付所使用的移动终端是手机、PDA、移动PC等。

移动支付是移动电子商务活动的基础，是未来电子商务的一种重要支付手段。移动支付的本质是信息流到资金流之间的转换过程，在此过程中，消费者、移动运营商、银行、商家、认证机构等多个角色之间会发生关系，形成一个新的价值链，但是每一个角色在这个价值链中所关心的重点又有所不同。消费者最关心的是安全性、使用便利性，以及隐私权是否能得到保护等问题；移动运营商关心的主要是系统的标准和交互功能，移动支付是移动运营商重要的增值业务，是移动网络经营者下一阶段重要的利润增长点；金融机构希望支付系统是完整的，并且减少欺诈风险；而商人或内容提供者则希望支付过程对用户而言是透明的，因为这会鼓励更多的使用，另外，他们也希望支付系统能快速和便利地完成支付程序以便及时获得支付。

移动支付业务的出现、新的价值链的形成为消费者和商人带来了巨大的利益，但同时，它也对支付业务提供者施加了巨大的压力，要求这些机构提供强有力的安全保证，并且要求系统具有交互式职能。作为货币电子化和移动通信相结合的产物，移动支付具有方便易行、兼容性好、支付成本低等优点，这就决定了其必然具有广阔的发展前景。

（二）移动支付的发展

从网民支付人数的变化可以将移动支付分为三个阶段：

（1）起步期。国内移动支付市场于2001年开始起步，发展初期由于消费者安全理念、消费习惯还没有转换，用户增长缓慢，在整个移动用户群中所占比例可忽略不计。

（2）启动期。从2004年下半年开始，移动支付进入快速扩张的阶段。支付平台安全性的进一步完善以及支持移动支付业务的大量出现，促使具有移动支付要求的潜在用户纷纷转换为实际用户。2004年，全国移动支付用户数达到

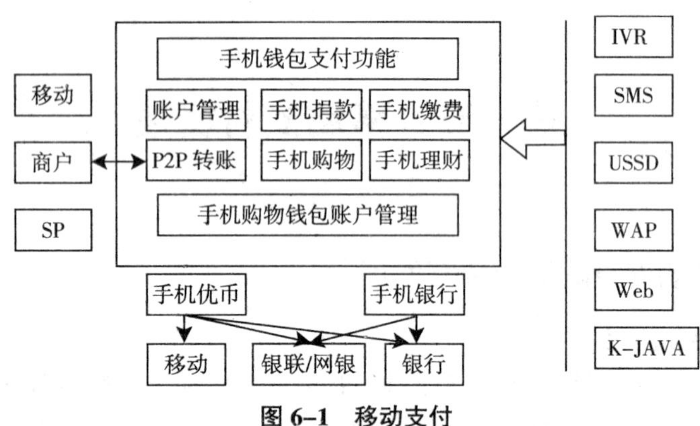

图 6-1 移动支付

666 万人，较 2003 年增长 190%，2005 年，使用移动支付的用户以 134%的增长率进一步增长，达到 1560 万人，占移动通信总用户数的 4%。

（3）发展期。进入 2006 年，移动支付用户数依旧保持了增长的势头，但在经历了 2004 年和 2005 年的爆发式增长后，现在用户数已经处于一个稳定发展期，随着用户基数的不断扩大，增长速度在一个时期内逐渐放缓。但从整个行业的准备情况看，整个用户群体仍然表现出急速扩大的趋势，国内移动支付用户数处于第一次大发展的前夕。2011 年底，我国手机网民数量已经达到 3.56 亿人。

从移动业务的发展过程来看，可以分为五个阶段：

第一阶段：移动增值服务购买阶段。

移动支付业务发展的最初期，各地均有一定程度的发展。包括手机铃音、音乐、游戏等增值业务购买下载。通常由通信月账单统一支付。后来逐步发展到利用网上购物平台购物，输入手机号，费用从手机话费扣除。

第二阶段：短信支付阶段。

短信支付方式在亚洲国家见长，最近几年在美国也有相应的发展。通常利用短消息上下行方式办理移动支付业务，是扩展的短信服务业务。利用短信提供移动支付相关业务客户进入门槛低，相对比较容易。

但是对于复杂业务短信输入不便，客户与银行的交互性较差，尤其是短信的安全性较低，短信内容为明码传输，要出现客户密码等要素信息，如果用户的手机被盗，第三个人会接触到原用户的支付信息，因为这些短信已经存储在用户被盗的手机中。此外短信具有不可靠的特性，用户可能接收不到支付后发来的重要信息，两个扣费方对此短信的路径无法追踪，因此业务的种类和范围受到限制。

第三阶段：WAP等无线互联网支付阶段。

此种方式在欧美发展成熟。无线互联网实现移动支付业务的发展，解决了短信输入的繁杂和短信的信息安全问题，支付完成时间也大大缩短，使得WAP上网移动支付业务在一定时期内取得了快速发展。但是，受限于手机屏幕狭小和网络链接速度，以及数据传输速度等因素限制，人们又开始寻找新的移动支付实现方式。

第四阶段：手机软件支付。

此种支付方式在欧洲发展较好。通过从JAVA/BREW技术平台下载支付软件到手机终端，实现移动支付及其银行账户管理功能。此阶段作为过渡阶段，发展初见端倪就被下一阶段的智能卡支付所替代。

第五阶段：手机智能卡支付阶段。

此种支付方式也是现在日韩盛行的手机智能卡移动支付服务。或者通过插另外加智能芯片，或者将智能芯片与SIM卡融为一体为移动用户带来简单方便的现场移动支付的实现。

二、移动支付的分类

1. 根据支付金额的大小划分

（1）微支付：支付金额低于两欧元（大约相当于20元人民币）的情况下，一般划归为微支付类型。

（2）小额支付：支付金额介于两欧元至25欧元（大约相当于240元人民币）之间，称为小额支付。

（3）大额支付：支付金额在25欧元以上，则为大额支付。

二者的区别，例如，对于宏支付方式来说，通过可靠的金融机构进行交易鉴权是非常必要的；而对于微支付方式来说，使用移动网络本身的SIM卡鉴权机制就足够了。

2. 按地理位置划分

远程支付：远程支付可以不受地理位置的约束，独立或依托于网上购物、电话购物、银行业务等环境，以银行账户、手机话费或虚拟预存储账户作为支付账户，以短信、语音、WAP、USSD等方式提起业务请求，一般用以购买数字产品、订购天气预报、订购外汇牌价等银行服务、代缴水电费、为购买的现实商品付款等。

非接触式移动支付：利用红外线、蓝牙、射频技术，使得手机和自动售货机、POS终端、汽车停放收费表等终端设备之间的本地化通信成为可能，真正用手机完成面对面的（face to face）的交易。

3. 根据购买服务或商品类型的不同，即获得商品的渠道不同划分

（1）移动服务支付：用户购买的是基于手机的内容或应用（如手机铃声、手机游戏等），应用服务的平台，支付费用的平台相同，即皆为手机，以小额支付为主。

（2）移动远程支付：远程支付有两种方式，一是支付渠道与购物渠道分开的方式，如通过有线上网购买商品或服务，而通过手机来支付费用；二是支付渠道与购物渠道相同，都通过手机，如通过手机来远程购买彩票等。

（3）移动现场支付：是指在购物现场选购商品或服务，而通过手机或移动POS机等支付的方式。如在自动售货机处购买饮料、在报摊上买杂志，付停车费、加油费、过路费等。现场支付分为两种：一种是利用移动终端，通过移动通信网络与银行以及商家进行通信完成交易；另一种是只将手机作为IC卡的承载平台以及与POS机的通信工具来完成交易。

4. 根据无线传输方式的不同划分

（1）空中交易是指支付需要通过移动终端，基于GSM/GPRS/CDMAIX等移动通信运营商网络系统。

（2）WAN交易则主要是指移动终端在近距离内交换信息，而不通过移动通信运营商网络，例如，使用手机上的红外线装置在自动贩售机上购买可乐。

5. 按照移动支付账号设立的不同划分

（1）移动运营商代收费：移动运营商为用户提供信用，费用通过手机账户支付。

（2）银行卡绑定收费：银行卡绑定收费指银行为用户提供信用，将用户的银行卡账户或信用卡账户与其手机号绑定，费用从用户的银行账户或信用卡账户中扣除。

三、移动支付的特点

与传统支付方式相比，移动支付不仅仅可以给用户带来新鲜的感受，而且有五个比较突出的特点。

1. 移动性

移动支付凭借移动通信的高度移动性和服务实现的随身性，使用户从长途奔波到指定地点办理业务的束缚中解脱出来。支付及相关的金融业务服务，在用户掏出手机不经意间即可实现；有些国家发展程度较好的，已经实现在外地甚至国外管理账户、商品信息查找并实现支付功能，已经完全摆脱支付实现的营业厅特定地域限制。

2. 实时性

移动支付的移动性衍生了移动支付的实时性。手机终端和网络平台的交互替代了人工操作，这使得移动支付不再受限于相关金融机构、商业的营业时间限制。任何时候的系统持续运行，使得移动支付 24 小时随心享用，而且不必到营业厅、商家的路程耗时和毫无价值的排队等候。

3. 快捷性

移动支付具有计时收费准确、不用找零钱、快捷、多功能、24 小时服务、服务点不用人职守等方便快捷性。随着移动支付业务的发展，其支付实现的越来越快捷。日韩的现场支付的实现快捷毋庸置疑，即便在欧洲，像 Orange 推出的移动支付过程的完整实现时间也不会超过 10s。

4. 低成本

可以减少往返银行的交通时间和支付处理时间。这一点对于现代都市人群具有很强的吸引力。随着生活和工作节奏的加快，时间的价值也越来越高，省时间就意味着效率和收益的提高。

5. 有利于调整价值链

有利于调整价值链，优化产业资源布局。移动支付不仅可以为移动运营商带来增值收益，也可以为银行和金融系统带来中间业务收入。此外，如果收入结算简便可靠，商家也可以降低交易成本，甚至减少人员和运营场地的投入，将资源更多地用于价值的再创造。

四、移动支付业务的技术实现

1. 基于短消息的实现方式

短消息服务（SMS）是一种在移动网络上传送简短消息的无线应用，是信息在移动网络上储存和转寄的过程。基于短消息方式的支付技术是基于手机短消息提供服务的一种新的手机银行模式，客户和银行通过手机交互信息。手机银行的交易信息通过短消息传输，短消息通过无线控制信道进行传输，经短消息业务中心完成存储和前转功能，每个短消息的信息量限制为 140 个八位组。由于短消息在 GSM 网络中是经控制信道进行传送，这种控制信道的传输速率为 600b/s，所以传输的速度很慢。从发送方发送出来的信息（纯文本）被储存在短消息中心（SMS），然后再转发到目的用户终端。这就意味着即使接收方终端由于关机或其他原因而不能即时接收信息的时候，系统仍然可以保存信息并在稍后适当的时候重新发送。但是这种方式很难做到实时性，因此我们常常遭遇发送一条短消息后，对方几个小时甚至一天后才收到消息的尴尬。而利用手机开展的金融业务一般要求通信的实时性比较强，而手机短信在遇到特殊情况时是储存并等条件具备后才转发的，具有一定的延时性。因此，一些业务品种无法利用短消息来实现，例如，购物等。但是，如果采取语音方式，又会产生通话费用，增加交易成本。目前，虽然有利用语音回拨的方式实现购物等支付的方法，但需要通信运营商做出一定让步才行。

2. 基于 STK 的实现方式

该模式是使用银行提供的 STK（SIM ToolKit，用户识别应用开发工具）卡替换客户的 SIM 卡，事先在 STK 卡中存储银行的应用前端程序和客户基本信息，客户使用该卡完成银行业务。STK 包含一组用于手机与 SIM 卡交互的指令，通过运行卡内的小应用程序，可以实现增值服务的目的。之所以称为小应用程序，是因为受 SIM 卡空间的限制，STK 卡中的应用程序都不大，而且功能简单易用。目前市场提供的主流 STK 卡主要有 16K、32K 和 64K 卡。在卡中可设计功能丰富、操作简便的菜单，使得用户可以用可视化、交互式的手段进行数据输入和操作菜单，避免输入过多的命令。STK 卡与普通 SIM 卡的区别在于 STK 卡中固化了应用程序，提供给用户一个文字菜单界面。这个文字菜单界面允许用户通过简单的按键操作就可实现信息检索和交易。STK 卡可以有选择性地和 PKI（公开密钥基础设施）结合使用，通过在卡内实现的 RSA 算法对支付的敏感信息进行加密运算，从而保证交易的安全，使得利用手机从事移动商务活动不再是纸上谈兵。STK 卡的安全性已经得到了中国银行、招商银行、工商银行等各大银行的认可。

3. 基于 GSM/USSD 的实现方式

USSD 即非结构化补充数据业务，是一种基于 GSM 网络的实时互动的新型移动增值业务平台，它是在 GSM 的短消息技术基础上推出的新业务。USSD 为最终用户提供交互式对话菜单服务，为银行和用户之间的交易提供通道。USSD 主要包括补充业务（如呼叫禁止、呼叫转移）。和非结构补充业务（如证券交易、信息查询、移动银行业务）两类。USSD 是面向连接的，提供透明的交互式会话，容易实现银行为不同客户定制的交互流程。USSD 属于电路承载型的业务，通话状态下，USSD 使用 SDCCH 信令信道，数据传输速率大约为 600b/s；而非通话状态时，USSD 使用 FACCH 信令信道，数据传输速率大约为 1kb/s，比 SMS 传输速率高。USSD 在会话过程中一直保持无线连接，提供透明管道，不进行存储转发。USSD 每次消息发送不需要重新建立信道，就响应时间而言，USSD 比短消息的响应速度快。USSD 在服务器端不仅可以对服务内容进行相应的调整，还可以方便地修改菜单，使运营商可以迅速针对市场需求变化做出适时反应。

4. 基于WAP的实现方式

WAP（无线应用协议）是无线 Internet 的标准，由多家大厂商合作开发，它定义了一个分层的、可扩展的体系结构，为无线 Internet 提供了全面的解决方案。WAP 是面向连接的浏览器方式，可实现交互性较强的业务，可实现网上银行的全部功能。这种方式应用在手机上要使用特定的终端设备。WAP 协议开发的原则之一是要独立于空中接口。所谓独立于空中接口，是指 WAP 应用能够运行于各种无线承载网络。

5. 基于NFC技术的实现方式

NFC（Near Field Communication，即近距离通信技术）是由飞利浦公司发起，由诺基亚、索尼等著名厂商联合主推的一项无线技术。NFC 由非接触式射频识别（RFID）及互联互通技术整合演变而来，在单一芯片上结合感应式读卡器、感应式卡片和点对点的功能，能在短距离内与兼容设备进行识别和数据交换。这项技术最初只是 RFID 技术和网络技术的简单合并，现在已经演变成一种短距离无线通信技术，发展相当迅速。

与 RFID 不同的是，NFC 具有双向连接和识别的特点，工作于 13.56MHz 频率范围，作用距离 10cm 左右。NFC 技术在 ISO 18092、ECMA 340 和 ETSI TS 102190 框架下推动标准化，同时也兼容应用广泛的 ISO 14443Type-A、B 以及 Felica 标准非接触式智能卡的基础架构。NFC 芯片装在手机上，手机就可以实现小额电子支付和读取其他 NFC 设备或标签的信息。NFC 的短距离交互大大简化整个认证识别过程，使电子设备间互相访问更直接、更安全和更清楚。通过 NFC，电脑、数码相机、手机、PDA 等多个设备之间可以方便快捷地进行无线连接，进而实现数据交换和服务。

与 RFID 一样，NFC 信息也是通过频谱中无线频率部分的电磁感应耦合方式传递，但两者之间还是存在很大的区别。首先，NFC 是一种提供轻松、安全、迅速通信的无线连接技术，相对于 RFID 来说，NFC 具有距离近、带宽高、能耗低等特点。其次，NFC 与现有非接触智能卡技术兼容，目前已经成为越来越多主要厂商支持的正式标准。最后，NFC 还是一种近距离连接协议，提供各种设备间自动的通信。同时，NFC 还优于红外和蓝牙传输方式。作为一种面向消费者的交易机制，NFC 比红外更快、更可靠而且简单得多。与蓝牙相比，NFC 面向近距离交易，适用于交换财务信息或敏感的个人信息等重要数据。

NFC 具有成本低廉、方便易用和更富直观性等特点，这让它在某些领域特别是移动支付领域显得更具潜力。研究机构 Strategy Analytics 预测，至 2011 年末，全球基于移动电话的非接触式支付额将超过 360 亿美元。如果 NFC

技术能得到普及，它将在很大程度上加速智能手机代替信用卡或者借记卡的进程。目前，我国相关部门、企业正在加速研究利用 NFC 技术实现手机支付，帮助中国手机用户实现手机支付的梦想。中国通信标准化协会基于 13.56MHz 的 NFC 技术接口和协议已经草拟完成，正在报批过程中。而工信部与中国人民银行也将成立联合工作组，尽快统一标准，确定最终采用何种移动支付方式。

6. 基于 FeliCa 技术的实现方式

FeliCa 是由索尼公司开发出的一种非接触智能卡技术，由英文单词"Felicity"和"Card"组合而成，意为"灵活的卡片"。由于采用了"非接触式技术"，FeliCa 产品无须通过终端读写槽便可实现数据的快捷传输，并因此确保了用户个人资料很难被复制或窃取。FeliCa 技术已经被嵌入手机芯片，人们在购物时只需将手机贴近结算终端，就可在 0.1s 内完成以前漫长的刷卡或现金交付手续。和传统的银行卡相比，FeliCa 技术更为安全。在不久的将来，FeliCa 将成为手机的基本配置。FeliCa 最早应用在交通系统，乘客可在特殊的阅读器前晃动 FeliCa IC 卡购买车票。将 FeliCa IC 芯片移入手机是 NTT DoCoMo 的一大创举。移入 FeliCa IC 芯片的手机通过在特殊的阅读器前晃动手机，就可将支付数据、票据或者用户的身份认证信息通过无线电波传输到移动运营商或者银行等金融机构。不像短信、WAP 等方式，用户不必输入烦琐的文字信息或者浏览机寻找相应消息，一来方便了用户，二来节省了时间，另外，在手机处于关机状态下依然能够完成支付。这样不仅扩展了 FeliCa IC 卡的应用范围，还有效解决了移动支付手机操作的不便利性。

7. 基于 Java 技术的实现方式

无线 Java 业务是一种新的移动数据业务的增值服务，开辟了移动互联网新的应用环境，能更好地为用户提供全新图形化、动态化的移动增值服务。用户使用支持 Java 功能的手机终端，通过 GPRS 方式接入中国移动无线 Java 服务平台，能方便地享受类似于互联网上的各种服务，如下载各种游戏、动漫、小小说等，也可进行各种在线应用，如联网游戏、收发邮件、证券炒股、信息查询等。无线 Java 业务使得手机终端的功能类似于可移动上网的个人电脑，可以充分利用用户的固定互联网使用习惯，以及固定互联网应用资源，为用户提供高性能、多方位的移动互联网使用体验。

五、移动支付存在问题

1. 安全性问题

用户挥之不去的安全疑虑难以消除，不仅仅是密码控制，除了移动通信环节引入的安全问题之外，整个支付流程的各个环节都需要可靠、安全的技术保障。按照中国移动手机钱包的一般业务流程，用户需向商家提供手机号及个人账户密码，移动公司会发送短消息进行确认，经确认无误后，购物款项便从个人小额账户中扣除。由于账户密码的确认信息是通过无线传输的，人们普遍都会有不同程度的安全担忧。Forrester Research 调查公司做过一份调查显示，超过一半的消费者认为信用卡安全是最大的问题。

此外，用户心理上的安全忧虑问题。Forrester Research 在调查中就发现只有低于 15%的人完全信任移动支付，而 65%的用户拒绝通过移动网络发送自己的支付卡资料。可见移动支付要想取得成功，除了解决实际的安全问题，还需要克服用户的心理安全问题。另外，目前手机盗抢情况严重，一旦丢失手机，与手机号码绑定的银行账户如何才能得到有效保护。虽然运营商一再表示，万一用户丢了手机可以立刻通知银行取消此项业务，捡到手机的人也会因为不知道密码而无法消费，但是用户的担心依然难以解除。更何况由于用户信息是通过无线传输方式，其加密手段相对简单，一旦被破解，用户的损失将很难挽回。

2. 产业链相关环节的合作仍然薄弱

移动支付的各个合作方之间在利益分配、权利和责任、费用结算等方面还存在一定的分歧，这在一定程度上影响了移动支付的推广。而且，加盟的商家和用户过少，尚未形成完整的产业链条，在移动支付业务的推广过程中，搭建平台的运营商和银行都出于各自利益的考虑，表现出足够的热情，但平台的使用者——商家和用户，却大多处于观望态度。再加之百姓对已经开展的移动支付业务仍然知之甚少，在自己身边就存在便利的服务却意识不到，因此，移动运营商和相关的产业环节亟须通过各种方式将移动支付的优势和特点向目标用户群体持续宣传，争取尽量多的用户使用；通过提供优惠政策和合理的收入分配方式，争取尽量多的商户的加盟。

3. 技术平台需要成熟、完善和标准化

接触式、非接触式智能卡技术的发展为移动信用体系的建立提供了技术的支撑，能够接受通信指令的自动售货系统也已经初步投入使用。所有这些技术的更新、应用和推广都需要移动运营商与设备厂商、金融机构建立统一的标准。只有实现了标准化，并扩大了市场规模，真正易用、安全、廉价、标准化的移动支付技术产品才会日益丰富、逐渐渗透到百姓工作生活的方方面面。

4. 用户适应电子货币习惯还需要长期培养

中国人根深蒂固的消费习惯难以改变。从技术而言，国内的移动支付手段完全与发达国家同步，但在实际的应用环境上存在较大的差距，国人对现金交易的依赖是推广移动支付业务的较大障碍。在美国使用电子货币交易已占到整个消费市场的30%，韩国这个数字是25%左右，日本是10%。而中国仅有5%的消费通过电子货币方式完成。人们对消费方式的固有认识和习惯一开始就给移动支付带来了一种天然局限性。在国内，大部分的交易依然是现金，银行卡虽然推广了十几年，但依然只在少数地方才能使用。各大银行发行的超过20多亿张银行卡中有一半以上属于长期不用的“休眠卡”，还有很多银行卡用户认为银行卡的功能只是到ATM机上提现，持卡消费额占社会消费零售总额比例偏低，在这种社会环境下，发展移动支付业务确实难上加难。当然，这与远远落后的刷卡消费环境有很大的关系，然而，观念的转变更加重要，需要政府的鼓励与支持。

5. 信用体系还不是很健全完善

这就有为恶意透支等欺诈行为留下了潜在的危机，坏账和欺诈的风险使得移动运营商和银行对此有所顾忌，影响其对移动支付业务推广的积极性。总体来看，上述几个方面的问题解决的越多，用户告别现金支付，使用移动支付的可能性才会越大。根据国外的移动支付实践和国内移动消费的需求，我们有理由相信移动支付将很快改变这种“叫好不叫座”的尴尬局面，成为人们日常生活的主流支付手段之一。对此，移动支付有可能超越银行卡支付，成为仅次于现金支付的主要方式。

第二节 移动虚拟货币

一、移动虚拟货币的简介

1. 移动虚拟货币的定义

网络虚拟货币是指一种用人民币购买的、用于支付网上虚拟商品的支付工具。移动虚拟货币是通过移动设备在移动虚拟货币平台上完成存储支付的虚拟货币。

2. 虚拟货币与传统货币的差异

虚拟货币是在计算机、网络条件下的用以进行支付的手段，但是虚拟货币不具有传统货币的特征，即不具有法定货币的功能，具体表现为以下几个方面的特性。

（1）价值形成机制不同。一般货币与虚拟货币的价值基础不同，前者代表效用，后者代表价值虚拟货币，从这个意义上说，不是一般等价物，而是价值相对性的表现形式，或说表现符号；也可以说，虚拟货币，是个性化货币。在另一种说法中，也可称为信息货币。它们的共性在于，都是对不确定性价值、相对价值进行表示的符号。这样说的时候，货币的传统含义，已经被突破了。

（2）货币决定机制不同。一般货币由央行决定，虚拟货币由个人决定。一般货币的主权在共和体中心虚拟货币的主权在分布式的个体节点。

（3）价值交换机制不同。一般货币的价值转换，在货币市场内完成；而虚拟货币的价值转换，在虚拟货币市场内完成。一般货币与虚拟货币的价值交换，通过两个市场的总体交换完成，在特殊条件下存在不成熟的个别市场交换关系。因此可以说，一般货币与虚拟货币，处于不同的市场。

二、移动虚拟货币的产生原因

1. 支付体系的需求

在互联网和电子商务日益发展的今天，电子支付越来越为人们所需求和依赖，并影响和改变着人们的消费习惯和生活方式，然而随着消费者日益多元化的需求，我国的电子支付系统逐渐呈现出一定的缺陷，在广大消费者额度小频次高的网络社会体验需求的便捷性和支付安全性考虑方面满足不了用户的需求。

目前，我国的大额电子支付系统基本上已能够满足大众的需求，为各企业间的资金流转提供了比较好的平台，然而个人小额电子支付却一直未能得到足够的重视，而这却正是当前消费习惯和生活方式不断演变过程中一个迅速发展起来的个性化需求，当前人们的生活节奏不断加快，有一定的经济基础来满足其追求更高层次的精神需求，但相对的时间匮乏和互联网的不断发展，使得一些人将娱乐寓于网络世界中，通过较少的时间来在网络世界中体验在现实中需要更多的时间来体验的生活与娱乐，而相应的电子支付系统的非同步滞后性的发展在一定程度上束缚了人们的个性化需求得以满足。

2. 用户体验需求

（1）体验经济。由于互联网服务往往具有额度小、发生频发等特点，互联网企业都在寻找一种能够使用户“一次支付，多次使用”的渠道。而腾讯的这种模式正是在此需求下催生出来的，随后，更多的网游运营商和门户网站竞相效仿，各自推出不同的虚拟货币，为用户提供一个消费自己所提供的商品或服务的一种便利的支付渠道。

（2）互联网游戏体验。游戏产业的发展，直接带动了网络游戏中虚拟财产交易的不断壮大，在著名的游戏门户网站 17173.com 的一项调查显示，22.64%的用户曾使用现实货币购买过网络游戏中的 ID 或虚拟物品。据估计，中国目前的网络游戏地下交易市场价值已经高达 10 亿元，仅重庆市每年通过网吧进行交易流通的游戏虚拟装备价值就高达上千万元人民币；除了在游戏中叫卖外，国内也出现了超过千家的虚拟物品网站。这种交易的繁荣直接促进了网络虚拟货币的发展。现在凡是有名气的游戏网站，都发展了自己的虚拟货币体系。

3. 交易成本的驱动

网络虚拟货币的出现也与降低交易成本有关。早期的网络虚拟货币在使用上的明显特征就是交易支付的数额非常小，用户之所以选择此方式多是处于方便及安全的考量。

4. 电子商务的驱动

网络虚拟货币网络支付发展过程中顺应于用户小额支付需求而生的电子货币的一种新的形式，尽管其发行及应用不同于一般的电子货币，但仍具有一般电子货币的电子商务特征，从而也推动了其进一步的发展和应用。

三、移动虚拟货币

伴随着支付方式、电子商务的移动化发展趋势，移动虚拟货币也随之产生，2011 年 3 月 18 日，国内领先的移动营销服务商万普世纪（WAPS）正式发布国内首个移动虚拟货币交易平台，并将其整合后的新平台正式命名为“万普平台”，全面进军智能移动应用营销市场。移动虚拟货币兼有移动性和虚拟货币两者的优点，在实时性、降级交易成本等方面相对于单纯的虚拟货币都有着明显的优势，是移动电子商务支付体系中一种重要的支付手段。现阶段中国的移动虚拟货币还大多是有移动运营商开发推出的，如手机钱包、城市一卡通等应用。

四、移动虚拟货币带来的风险

1. 虚拟货币给金融市场带来的风险

如果虚拟货币的使用形成了统一市场，各种虚拟货币之间可以互通互兑，那么从某种意义上来说虚拟货币就是通货了，很有可能会对传统金融体系或经济运行造成威胁性冲击，那样就相当于在已有的法定货币和支付手段之外，又形成了另外一种货币和支付手段。各互联网公司必须清楚的是其提供的只能是商品，并且这种商品只能在自己系统范围内进行消费，一旦互联网公司把虚拟货币的发行当做一种新的融资工具，那必将造成金融系统的混乱。

2. 虚拟货币给发行人带来的风险

虚拟货币的发行和金属货币储值没有任何关系；发行公司的发币行为也不受任何部门的监管，因而虚拟货币的发行量根本无法统计。如果发行公司提供的商品和服务价值低于虚拟货币的发行量时，即公司未来提供的商品服务无法满足目前用户需求时，就会在其系统内部产生“通货膨胀”。不过，这种“通货膨胀”不会对现实金融系统产生冲击，而只会对互联网公司本身产生冲击。如果良好的行业信用没有形成，其对行业的打击将是毁灭性的。

3. 虚拟货币为网络犯罪提供了便利

目前，网上虚拟货币的私下交易已经在一定程度上实现了虚拟货币与人民币之间的双向流通。这些交易者的活动表现为低价收购各种虚拟货币，然后以高价卖出，依靠这种价格差赚取利润。这样不仅使虚拟货币本身的价格产生泡沫、给发行公司的正常销售造成困扰，而且也为各种网络犯罪提供了销赃和洗钱的平台，从而引发其他一些不良行为。由于互联网公司对于虚拟货币账户的管理没有金融机构的身份审查那么严格，因此就给网络犯罪提供了可乘之机。

第三节　第三方移动支付

一、第三方支付模式

1. 第三方支付简介

所谓的“第三方支付平台”，就是指非银行的第三方机构经营的支付平台，即第三方独立机构和国内外各大银行签约，并具备一定实力和信誉保障的交易支持平台。第三方支付通过其支付平台在消费者，商家和银行之间建立连接，起到信用担保和技术保障的作用。第三方支付平台的典型交易流程如下：买方选购商品后，使用在第三方支付平台上的账户进行货款支付，由第三方支付平台通知卖家货款到达、进行发货；买方收到物品并检验后，就可以通知付款给卖家，第三方支付平台再将款项转至卖家账户。采用第三方支付，既可以约束买卖双方的交易行为，保证交易过程中资金流和物流的正常双向流动，增加了交易的可信度，同时还可以为开展 B2B（Business To Business，商户对商户）、

B2C（Business To Customer，商户对个人）、C2C（Customer To Customer，个人对个人）交易等提供技术支持和其他增值服务。

我国的第三方支付服务从2003年开始起步，到2006年，第三方支付发展走过了第一个阶段。在这一阶段，用户逐渐开始熟悉和习惯网上支付这种形式。而从2006年到2008年，第三方支付得到了巨大的发展，交易额呈现井喷式增长，这其中具有代表性的第三方支付平台有支付宝、贝宝、财付通等，仅支付宝在2007年初的用户就达到4800万人，可以说这种支付方式已经得到用户的完全认可。同时，随着移动支付的发展，越来越多的用户选择将手机与银行卡进行绑定这种形式来进行移动支付。通过将手机与银行卡进行绑定，用户可以直接从银行账户中支付，更加方便快捷。

截止到2012年6月29日，央行网站先公告了四批经三方支付牌照，共有197家，包括预付卡发行与受理、银行卡收单、数字电视支付、互联网支付等。

近几年来我国第三方支付发展较快，2011年我国第三方支付达到1.78万亿元，2012年将增长51%，达到2.7万亿元的规模，2013年增速放缓至35%，达到3.6万亿元的规模。

2. 第三方支付模式分类

（1）独立第三方支付概念。独立第三方支付模式没有自己的电子商务交易网站。该模式是指第三方支付运营商独立于电子支付产业链上的其他部分，由第三方支付运营商为签约用户提供以订单支付为目的的增值服务运营平台。该类运营商仅提供支付产品和支付系统解决方案的运营平台，其前端为网上商户和消费者提供多种支付方法，并相应的在后端联系着与各种支付方法相对应的银行的电子接口。第三方支付运营商就负责与各银行之间账务的清算，并为签约用户提供订单管理和账户查询等增值服务。

（2）非独立第三方支付。非独立的第三方支付模式，也称为信用中介型模式。该种运营模式，基本是由大型的电子交易平台独立开发或与其他投资人共同开发的，凭借运营商的实力和信誉与各大银行合作，同时能够为买卖双方提供中间担保的第三方支付运营模式。这种模式的运营商主要是借助电子交易平台和中间担保支付平台与用户开展业务，在交易过程中采用充当信用中介的模式，保证交易的正常进行。

二、第三方移动支付

第三方移动支付正是在这样的移动支付快速发展的大背景下提出来的。通过将目前网上流行的第三方支付与移动支付相结合，第三方移动支付继承了第三方支付和移动支付的优点。第三方移动支付平台不但具有一般第三方支付平台的功能，而且重点强调用户的移动支付能力，即第三方移动支付平台的使用者直接利用手机随时随地来完成支付业务。第三方移动支付平台将第三方支付的思想运用到移动支付中，优化了原有的支付流程，在整个支付过程中扮演了信用中介的角色，能起到监管的作用，方便了商户的使用，将会吸引目前互联网上个人商户加入到移动支付业务中，有利于移动支付中的 C2C 业务发展，有利于丰富商品种类和服务，对目前移动支付中常采用的 B2C 模式将会是有益的补充。同时，在这个流程中，用户参与到支付的整个过程。在收到货物后，才通知第三方移动支付平台将货款发给卖家，增加了用户的参与度、满意度和消费安全感，提高了用户体验，实践证明这也符合我国消费者的消费习惯。

第四节　网上银行移动支付

一、移动银行及其应用

1. 移动银行概述

移动银行是通过移动设备，为客户提供不限定场所的金融服务，是利用移动终端办理银行有关业务的业务形式，是移动运营商与银行合作的一种跨行业的服务。作为一种结合了货币电子化与移动通信的崭新业务，不仅丰富了银行服务内涵，使人们可以随时随地处理各种金融理财业务，同时保障了用户处理业务过程的安全性。作为电子银行业务的一个重要组成部分，移动银行独特的虚拟性和广域性可在很大程度上替代传统网点银行，在更大范围的时间和空间上为银行用户提供服务。移动银行是银行金融服务和无线通信服务相结合的金融创新和制度创新，是新经济模式下金融服务的又一次革命，它正在逐步改变人们的消费观念和日常生活，具有广泛和深远的社会意义。

2. 移动银行服务

移动银行提供的服务包括以下三类：

（1）移动账户。移动账户是指通过移动通信设备为特定账户提供的非信息性银行服务，包括汇款、查询和卡类管理。

（2）移动经纪。移动经纪是以交易为基础的，根据一个证券账号进行的非信息性移动金融服务，包括买入卖出股票、债券或者其他金融衍生品。

（3）移动金融信息服务。移动金融信息服务是非交易、纯信息性的金融服务。信息可以和个人银行账户有关，也可以与市场发展有关。银行可以将移动金融信息服务设为一个独立的单元，服务范围包括余额查询、账单提供、发布交易限额、股票价格、确认更新的市场发展信息等。

二、移动银行的应用

1. 移动银行的实现方式

移动银行的实现方式主要有两种，GSM 短信方式和 WAP 方式。

（1）GSM 短信方式。GSM 短信方式利用移动通信公司的 GSM 短信息服务结合 SIM 卡技术，在移动通信运营商端建立短信网关，通过专线与银行连接，移动运营商提供无线接入平台，交易流程为：银行前置实现接收短信网关转发的相关信息，提交银行后台主机完成相关查询和交易业务处理，然后将处理结果加密后转发至短信网关，通过短信中心发送到用户手机，手机解密后显示中文信息。GSM 短信方式要求用户手机使用具有 STK 功能的 SIM 卡，通过操作 SIM 卡中的手机菜单，输入有关交易信息。STK 可以理解为用于开发增值业务的小型编程语言，它为 SIM 卡的增值业务提供了可开发的环境，即一个简单、易操作的开发平台。

（2）WAP 方式。WAP（Wireless Application Protocl），即无线应用协议，是指通过手机等移动通信终端显示互联网的语言文字和相关信息的通信协议。WAP 方式的移动银行是利用目前 GSM 语音通道接入移动通信运营商端的 RAS 服务器，通过 WAP 网关接入银行前置。这种方式可以通过 WAP 手机配备的微型浏览器，实现手机上网。

2. 移动银行的功能

（1）金融理财。

1）查询功能：包括账户余额查询，最近账户明细账查询，证券保证金查询，外汇牌价查询，股票行情查询，黄金价格查询，国债行情查询，存款利率查询，银行最新金融产品查询等。

2）提醒功能：包括定期存款到期通知，贷款到期通知，汇款到账通知，挂失到期通知，信用卡到期通知，信用卡透支通知，电费、电话费、手机费缴费通知等。

3）外汇买卖功能：将移动银行与个人外汇实盘买卖业务结合起来，客户可以通过发送手机信息进行外汇的买入与卖出。除此之外，还包括有黄金买卖功能及国债买卖功能等。

（2）电子钱包。

1）转账支付功能：包括银证转账，账户与账户之间转账等。账户与账户之间的转账分两种方式：一种是主动方式，由付款人发起，需事先通过移动银行建立对应关系；另一种是被动方式，由收款人发起，付款人确认，不需要事先建立对应关系。

2）缴费功能：包括神州行（或金卡神州行）用户手机充值、全球通用户手机话费、电视收视费、电费、水费、煤气费、固定电话费、人寿保险费等。

（3）无线 POS。用手机代替 POS，实现银行卡的购物消费功能。用户到已与银行签订手机钱包支付协议的特约商户，可实现手机消费支付。也就是上述的被动转账方式，即由收款人发起，付款人确认，不需事先建立对应关系。一个无线 POS 账户可对应若干台手机。

（4）GPRS 全球定位系统。通过 GPRS 全球定位系统，用户向银行发送短信，经移动平台测定方位，银行向用户返还附近网点、ATM 位置，使客户可以就近到银行网点办理业务，或到 ATM 机取款。

（5）系统设置。包括为客户提供密码的重置；客户增加或删除使用手机银行缴费的项目；借记卡、信用卡等丢失或被盗后，进行紧急挂失。

本章案例

麦德龙未来商店

麦德龙未来商店自 2003 年 4 月在德国开业以来，引起了世界的关注。其连锁超市在德国就有 500 家。新超市引进了许多先进技术，力求成为麦德龙集团在未来零售业进行拓展创新的核心力量，其中 RFID（射频识别）、现代物流及商品流通过程等先进技术应用于供应链，掀起了实现商业流程高效运转的热潮，形成了一个相关产业都参与其中的凝聚力。在欧洲，Extra 未来商店是最为引人注目的项目。

未来商店的基本部件包括 RFID 设备、个人消费助理、未来消费卡、电子广告显示屏、信息终端、电子货架标签、智能称重仪、自助结算机、个人数字助理、无线局域网、智能货架和商店管理者工作台等。

在麦德龙的“未来商店”里，顾客可以真正享受梦幻般的购物体验。3700 多平方米门店的每个角落，都在无线局域网的覆盖之下。贴有 RFID 标签的商品和各种移动通信设施无论放置在哪里，系统都可很清晰地掌控。顾客走进店门，通过推车上的购物助理，可以非常容易地找到他们需要的商品；顾客从货架上拿下某件商品，装有 RFID 识读器的“智能货架”就自动记录架上存货的情况系统；如果选择了水果或者蔬菜，只需把它们往 IBM 提供的“智能果蔬秤”上一放，就可以迅速确定价格：要购买 CD 碟片等类似产品，只需要将它们往“货亭系统”上一扫描，就可以预览碟片内容的片段。更有趣的是，顾客不需要“付款”。如果看到有人没有付款就推着车出了店门，千万不要以为那是“小偷”——在走出店门之前，识读器已经记录下购买的商品，并从顾客的结算卡上自动扣除了相应的金额。而在后台，货物离开配货中心时，通道口的识读器在读取标签上的信息后，将其传送到处理系统并自动生成发货清单；送货汽车开抵门店后，由接货口的识读器对车上的货物直接扫描，即可迅速完成验收与核对；进店后，货物可以直接排上货架，由货架上的识读器即时将货物信息传送到处理系统，以更新和监控货架上的存货数据。而这一切，都得益于RFID标签的穿针引线，从而真正实现了从仓库到最终顾客的物流管理高度自动化。

资料来源：洪涛. 高级电子商务教程（第二版）[M]. 北京：经济管理出版社，2011.

问题讨论：

1. 未来商店是如何结算的？
2. 未来商店主要采用哪些关键技术？

本章小结

本章第一节介绍了移动支付的基本概念、分类、技术实现方式、产业的发展过程和发展过程中存在的问题。第二节介绍了虚拟货币的定义、产生原因、移动虚拟货币的定义及其带来的金融风险。第三节介绍了第三方移动支付的模式和基本分类。第四节介绍了移动银行的概念和移动银行的实现方式和应用，最后本章引用了麦德龙未来商店的案例来说明移动支付的实现过程和商业模式。

本章复习题

一、选择题

1. 2001 年国内的移动支付市场处于（　　）。

A. 发展期　　B. 成熟期

C. 起步期　　D. 启动期

2.按照支付金额的大小，大额支付的是指（　　）欧元以上。

A. 2　　B. 10

C. 20　　D. 25

3.手机终端和网络平台的交互替代了人工操作。这使得移动支付不再受限于相关金融机构、商业的营业时间限制，体现了移动支付的（　　）。

A.实时性　　B. 移动性

C. 快捷性　　D. 低成本

4. 以下（　　）项不是虚拟货币。

A. Q 币　　B. 游戏币

C. 电子购物券　　D. 纸质购物券

5. 第三方支付平台是指相对于电信运营商和（　　）独立而言。

A. 电子商务网站　　B. 银行

C. 实体商铺　　D. 消费者

6. 手机炒股属于移动银行的（　　）服务。

A. 移动账户　　B. 移动经纪

C. 移动金融信息服务　　D. 移动办公

7. 通过手机完成银行汇款属于（　　）服务。

A. 移动账户　　B. 移动经纪

C. 移动金融信息服务　　D. 移动办公

8. 通过手机查询银行账户余额属于（　　）服务。

A. 移动账户　　B. 移动经纪

C. 移动金融信息服务　　D. 移动办公

二 简答题

1. 简要回答现阶段移动支付存在的问题。

2. 简述移动虚拟货币的产生原因。

3. 简述移动银行的功能。

4. 简述移动银行提供的服务。

5. 简要回答虚拟货币与传统货币的差异。

第七章 "四网合一"与移动商务模式

学习目的

知识要求 通过本章的学习，掌握：

- "四网合一"的概念
- "四网合一"的特点
- "四网合一"的运营模式
- "四网合一"对移动商务的意义
- "四网合一"的优势
- "四网合一"存在的问题
- "四网合一"的发展趋势

技能要求 通过本章的学习，能够：

- 了解"四网合一"对移动商务产生的影响
- 了解移动商务对"四网合一"产生的影响
- 能掌握移动商务在"四网合一"领域的应用
- 能对"四网合一"与移动商务案例盈利模式分析

学习指导

1. 本章内容包括："四网合一"趋势，"四网并行"与移动商务模式。

2. 学习方法：结合案例了解"四网合一"趋势，"四网并行"与移动商务模式。

3. 建议学时：4 学时。

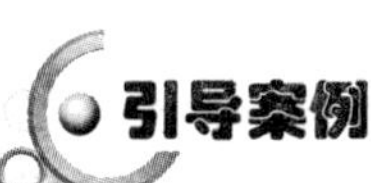

京东商城奢侈品销售冲刺 15 亿元

2012 年 3 月 31 日，京东商城高调宣布，2011 年奢侈品销售额超过 5 亿元，预计 2012 年将突破 15 亿元。这一消息使得奢侈品品牌商与线上渠道商瓜分市场蛋糕的竞争进一步升级。

京东方面表示，商城销售的奢侈品相较于传统店面销售的产品价格便宜了近 30%，省去了代购以及海外淘货的路费，消费者以 7 折的价格就能买到正牌奢侈品。

其实，网购平台凭借价格优势已抢夺了传统渠道奢侈品的不少用户，因为低价更适应了中国奢侈品消费群体年轻化的特点。

事实上，网上渠道在奢侈品销售方面的攻城略地已让传统渠道感到威胁，品牌商出于利益目的，对网上渠道不得不频频施压，使得网上奢侈品的货源疑点重重。

京东相关负责人强调，京东采取向境外品牌商以及品牌代理商提前订货和自采等方式，保证货源的丰富性和规范性；省去了传统奢侈品销售商在百货商场销售的店面摊销费用、人力和装修成本，大大压低了奢侈品价格。

截至 2011 年底，中国奢侈品消费总额已达 126 亿美元，占据全球份额的 28%，预计 2012 年将达到 146 亿美元。由于关税、增值税、消费税、卖场扣点等因素影响，真正在中国境内销售的奢侈品仅是消费总额的 1/3。中国目前奢侈品网购只占到总额的 3%左右，发展空间巨大。

正因为如此，品牌商开始打压低价销售其正品的电商企业，京东商城、当当网、亚马逊中国以及销售奢侈品的垂直网站均受到不同程度的“排挤”。面对两者之间的矛盾，评论人士指出，奢侈品品牌商要学会正视电商模式，结合网上商城的特点改变奢侈品的经营路线，开展多重销售渠道，才能吸引更多的消费者。

资料来源：吴文治，曾晓玲. 京东商城奢侈品销售冲刺 15 亿元［N］. 北京商报，2012-04-01.

问题：

奢侈品是否可以采取网上销售、网下体验式的方式（O2O 模式）？

第一节 “四网合一”趋势

一、“四网合一”概念

“四网合一”是指“三网融合+物联网”。三网融合+物联网发展是一个发展趋势，使信息科技与经济、社会的现代化联系得更紧密，发展得更快。

二、三网融合趋势

三网融合中的“三网”指的是宽带电信网、下一代互联网和数字电视网。实际上它们代表了信息产业中三个不同行业，即电信业、计算机业和有线电视业的基础设施。

三网融合从概念上可以从多种不同的角度和层面去观察和分析，涉及技术融合、业务融合、市场融合、行业融合、终端融合乃至行业管制和政策方面的融合等。三网融合实际是一种广义的、社会化的说法，在现阶段并不意味着三大网络的物理合一，而是指高层业务应用的融合。表现为技术上趋向一致，网络层上可以实现互联互通，业务层上互相渗透和交叉，应用层上趋向使用统一的IP协议，行业管制和政策方面也逐渐趋向统一。

三、物联网趋势

物联网（Internet of Things）指的是将无处不在（Ubiquitous）的末端设备（Devices）和设施（Facilities），包括具备“内在智能”的传感器、移动终端、工业系统、楼控系统、家庭智能设施、视频监控系统等和“外在智能”（Enabled）的，如贴上RFID的各种资产（Assets）、携带无线终端的个人与车辆等“智能化物件或动物”或“智能尘埃”（Mote），通过各种无线和/或有线的长距离和/或短距离通信网络实现互联互通（M2M）、应用大集成（Grand Integration）以及基于云计算的SaaS营运等模式，在内网（Intranet）、专网（Extranet）和/或互联网（Internet）环境下，采用适当的信息安全保障机制，提供安全可控乃至个性化的实时在线监测、定位追溯、报警联动、调度指挥、预案管理、远程控制、安全防范、远程维保、在线升级、统计报表、决策支持、领导桌面（集中展示的Cockpit Dashboard）等管理和服务功能，实现对“万物”的“高效、节能、安全、环保”的“管、控、营”一体化。

1999 年我国就开始了物联网研究，与发达国家同步，随着经济、社会、科技的发展，我国物联网技术将引领全球物联网发展，2010 年我国物联网市场规模接近 2000 亿元，预计到 2015 年我国物联网市场规模将超过 5000 亿元，呈现良好的发展势头。

第二节 “四网并行”与移动商务模式

河北国大 36524 便利店四网并行①

（一）36524 的“翅膀”与“轮子”

36524 的“四网并行”形象地说，信息网给实体店“插上翅膀”，实体店为网上购物“安上轮子”。国大连锁公司的 36524 电子商务网，实现了消费者零距离购物和服务，带来了石家庄零售业革命。

1997 年 6 月 1 日，河北国大集团的 36524 便利店第一家店开业，至今已经 15 年，现有 300 家便利店，从 2000 年开始搭建电子商务平台，逐步建立了“实体店网、电话服务网（含移动电话）、互联网网上购物中心、人力资源配送网”四网合一电子商务模式，至今每个便利店每天销售一万元。

（二）36524 曲折的背景

36524 便利店的前身安宾便利店，是以酒店为主的国有商业企业——石家庄国大集团与台湾一家公司合作的产物，成立于 1996 年底，1997 年 6 月开了第一家店，聘请我国台湾的商业专家出任第一任总经理，引进国际连锁的先进管理模式与管理技术。

1998 年 3 月，石家庄糖酒公司并入国大，2000 年 7 月，原糖酒公司旗下的红星超市有限责任公司和安宾超商有限责任公司合并组建成立国有独资有限责任公司——国大连锁公司。就在这一年，他们放弃了安宾的标识，开始采用 36524 作为其主打业态便利店的标识。

经过几年的发展，36524 便利店遍布石家庄。1999 年河北国大连锁公司被确定为河北省连锁示范单位，2000 年、2001 年连续两年跻身全国连锁 100 强企业之列。然而，这个如今令国大人自豪的便利店品牌，却是国大人在一场输得有些冤枉的官司后的被迫选择。

---

① 洪涛. 高级电子商务教程（第二版）[M]. 北京：经济管理出版社，2011.

在国大集团与曾是美国 AMPM 代理商的一家公司合作之初，它们在石家庄所经营的便利店叫安宾便利店，取“安心购物，宾至如归”之意，实际上是英文 AM、PM（上午、下午）的音译转化而来，美国 AMPM 在我国台湾便叫做“安宾”。需要说明的是，国大集团率先在中国大陆注册了“安宾”中文商标，并通过审批。而随着大陆的开放，美国 AMPM 进入广州，发现在中国大陆已有人注册了“安宾”中文商标，于是，一场商标官司平地起风波。最终，国大公司被要求撤销所注册商标。

国大人是富有灵感的，当他们被迫放弃一个“洋泾浜”味道的品牌时，却独创出了从时间上概括便利店特点的商业品牌——36524。并很快在石家庄家喻户晓，成为石家庄市街头一道亮丽的风景线。

（三）四网并行的特色

2000 年下半年，国大集团向国家工商总局商标局提出注册申请，并于 2001 年底获得审批。目前，36524 在石家庄已成为具有打电话、上网、购物等各种附加功能的知名品牌。36524——365 天 24 小时服务，已深入人心，在当地消费者中具有一定的信誉度和美誉度。

“四网并行”是 36524 的一大特色。现在的 36524 不单单是便利店的概念，是一个由店铺网、互联网、电话网、人力配送网等四网并行的混合体。36524 不仅仅是国家级注册的商标品牌，而且是可以为无数消费者提供小到油盐酱醋，大到租车，囊括六大类 30 多种服务的家庭生活的好帮手。

2000 年 5 月，国大集团建成河北省第一家电子商务公司——国大 36524 生活服务网络公司，是河北省第一家用于零售经营和服务的电子商务，目前已建立了 50 家中心网站和 200 多个基础网站。公司借助 36524 网络服务功能，与遍布全市的超市、便利店相配套，形成了店铺网、互联网、电话网、人力配送网等四网并行的电子商务，建起了可覆盖市区 44.6 万户居民、100 万名消费者的销售网络。

电话 36524 既简单又便于记忆，5 个简单的号码，为顾客提供了不同需求的服务。www.cn36524.com 一个不但能让顾客详知商品介绍、服务细节，还可以直接在网上预定顾客所需，并可以通过网上结算使用信用卡完成消费的购物网站。人力营销网将顾客预定的商品送货上门。

在石家庄国大生活服务网络有限公司，36524 热线电话的接线员紧张忙碌着，而 36524 网站的年轻人正维护着网站的运行，准备随时接受网络订单。四网并行后，36524 与三鹿集团、中国电信、中国联通等单位和协作厂商合作开发了送奶、送水、家政服务等多项服务业务，受到广大消费者的欢迎。

在国大 36524“四网并行”的架构中，店铺网是基石，电话网是纽带，互联网是窗口，人力配送网是营销的延伸。四网并行，缩短了传统店铺到消费者之间的“最后一里地”，消费者足不出户，只要拨打36524电话或上网，就可以实现购买和服务的要求。

（四）联合重组寻求发展与扩张之路

国大公司从2008年起开始着手改制，目前企业改制方案的制订已接近尾声，2009年底完成企业改制。改制完成后，代表国有股的国大集团占40%，其他60%中，经营者占30%，职工持股占30%。2009年36524在刚刚通过论证的石家庄建设华北重要商埠总体规划框架下，在集中力量搞配送中心建设的基础上，通过重点发展特许加盟，加速收编当地夫妻店，迅速扩大企业规模，为改善社区生活服务。36524不仅开到了河北省委大院，而且已经签约陆军学院，并将陆续开进更多的大专院校。

在努力发展企业自身的同时，国大连锁商业公司将积极寻求走与优秀连锁企业的联合、兼并、重组之路。

便利店有深入社区的优势，但在现阶段也有其劣势，那就是消费者对其服务附加值的认识还有待于随着社会经济的发展而提高。

一些国内有相当实力的连锁企业看好36524，并向其伸出了橄榄枝。如北京一家以收购改造国有商业企业闻名的民营股份制连锁企业就有意与36524合作，并表示可以继续沿用36524便利店的品牌。而36524早已同北京首联集团组成企业之一的小白羊超市进行合作，引进其采购配送体系中的北京特色商品，进入36524的销售体系。

本章案例

物联网养鸡：一边逛街一边照看养鸡场

作为新一轮经济和科技发展的战略制高点之一，物联网在第二、第三产业大显身手已不新鲜。将物联网与第一产业结合又会带来怎样的惊喜？以下是互联网+物联网+移动商务的案例。

44岁的温志开笑呵呵地告诉记者：“我养鸡已经20多年，没有自动化的时候，只能养5000只鸡，还是夫妻两人一起养。现在可以养1.5万只鸡，我老婆一个人在手机上按按键就搞定了，我自己可以解放出来去垦山，搞搞林业种种树，又是一项收入。”有车有房的温志开指着他那辆车，觉得比城里人生活更幸福。

这是广东省云浮市新兴县竹镇石头冲村一个普通农户的真实生活。

一、用手机"养"鸡 智能化踏进传统地盘

"现在用物联网管理鸡舍，我把手机带在身边，没时间回来时，用手机就能了解鸡舍情况，下雨了，一按键就可以把防雨窗帘降下来，用物联网技术还可以自动投料、调节风扇降温、晚上开灯……"温志开得意地介绍。

帮助温志开实现养鸡现代化管理的是广东温氏食品集团有限公司。在这家公司数据信息中心的 LED 屏上，各家合作农户鸡舍的实景图、数据变化的柱形图、在养户的资料全都清晰地显示出来。

"养猪养鸡也需要物联网，"广东温氏食品集团有限公司董事长温鹏程指着屏幕告诉《中国经济周刊》，"像温志开这一户，我们不仅能够看到鸡舍最近 1 小时、最近 12 个小时的温度变化情况，还可以知道这个农户'倍增计划'的收益情况，用了半年，这一户的经营利润就实现了从 4 万元到 7 万元的增长。"

在温氏信息中心 LED 大屏幕上看到，一头耳标为 B–054 的猪，它的性别、体重、吃的饲料、每小时进食多少都有明确的显示。这项技术也能很好地掌握猪生长的一些常数，发现有异常就可以及时进行处理。

在欧美等发达国家，互联网和物联网已经成为现代食品工业的重要组成部分，大量猪肉、牛肉、鸡肉等禽畜产品已经实现了生产的全程监控并实现全球贸易和送达。

温氏集团一位负责人告诉记者："我国水稻、玉米等种植普遍推广使用了机械化，但鸡猪养殖业自动化进展偏慢，许多地方的养殖管理仍停留在传统的人工劳作阶段，劳动效率低，劳动强度大，养殖效益也难以提高，与新形势下规模化、集约化的要求不相适应。"

早在 1991 年，温氏集团开始着手企业信息化建设，最初与华南农业大学合作开发局域网范围内的专业户管理等业务系统，2005 年开始实施集中式信息系统即 EAS 系统，同时，建立了能够实时反馈整个集团宏观运营状况的决策支持数据平台。

通过 EAS 系统能实时处理采购、饲料管理、销售、人员管理、财务管理等业务，确保每个管理环节的标准化与规范性，同时也较好地实现了生产经营数据的实时性。

"我们目前已经建立了鸡舍温湿度监控、奶牛发情监控等应用系统，并且实现了无线传感网与 EAS 系统的数据连接，明显提高了系统对生产过程的实时监控能力，"温鹏程告诉《中国经济周刊》，"只要农户愿意，并且能达到每批 1.5 万只鸡的数量，温氏集团就给他提供设备。"

温氏集团专门成立了研究院研发禽畜养殖业的物联网系统，并拿出 2000 万元作为物联网专项资金，补贴给农户进行自动化建设，将使新增示范户的比

例由当前的3%提高到10%。

二、“倍增计划”有魅力 或将吸引“农二代”回归

竹镇石头冲村的农户祝丽芳与温氏集团通过“公司+农户”的合作方式已经建设了两个养鸡场户头。记者在温氏数据信息中心看到，祝丽芳一个户头2010年利润是4.8万元，“倍增计划”后，2011年她的利润就增长到9.8万元。另一户头于2011年6月开户，系统显示这半年时间已盈利6.5万元。

2010年10月，温氏集团出台了“养殖户效率和效益倍增计划”，计划经过五年时间，将温氏养殖户的效率和效益提升一倍，即由当时的户均每批饲养7500只鸡提升到1.5万只，户均年饲养效益由当时的4万元提升到8万元。

“只有通过物联网这种技术形式才能使农户的产能、效益翻倍。这种形式也实现了农业的转型升级，从依赖劳动强度转为依赖机械化、智能化来操作，”温鹏程告诉《中国经济周刊》，“对于合作养殖户而言，物联网能提高养殖户的养殖规模，这种从传统到自动化到智能化的过程使得农户在人力不变的情况下扩大了生产规模，效益和收益都提高了一倍甚至更多。”

越来越多的农户看到了温氏集团“倍增计划”的效益，温志开是最先一批尝到甜头的合作农户之一。他的物联网鸡舍是在去年4月开始建的，总面积1800平方米的鸡舍温志开拿出20万元资金，温氏集团补贴20万元。

“以前养鸡，每只赚2~2.5元，现在能赚3.5~5元。在使用物联网技术后，每个农民一年收入最少在15万~20万元，温氏养鸡的路是走对了。”温志开算了这么一笔账。

目前，从事传统农产品生产的主力军是40岁以上的农民，30岁以下的青年一代农民绝大多数选择进城和外出务工。在温氏集团分布于全国20多个省（市、区）的5.1万合作农户当中，40岁以上的农户所占比例达到72.4%（其中45岁以上占47.9%）。

“我们不仅要促进温氏模式的转型升级，还要增强农业的吸引力，让新一代农民乐于将现代农业作为其职业选择。”温鹏程告诉记者，新生代农民不愿意选择农业作为其职业选择，让他感到担忧。

三、农场主的幸福畅想：一边逛街一边照看养鸡场

在欧洲和美国，农业和禽畜业并不是低收入产业，除大量政府补贴外，现代化、集约化的生产方式，也使农民能获得和城市居民不相上下的收入，很多美国现代家庭农场已经达到甚至超过中产阶层的收入。

作为全球前五、中国规模最大养鸡、养猪企业的温氏集团在2011年上市肉鸡7.7亿只、出栏生猪663万头，实现销售收入310亿元，目前已带动5.1万户合作养殖户发展鸡猪养殖，2011年合作养殖户户均收入达到6.32万元，

同比增长39.8%。

"我们计划到2015年实现上市肉鸡14亿只、出栏生猪1500万头以上，带动合作养殖农户10万户以上，实现销售收入500亿元，"温鹏程告诉记者，"这样的产销规模一定会涌现出一大批现代家庭农场主。"

从2012年开始，温氏集团准备打造500户现代农场示范户，带动其他合作农户参与升级，用大概10年时间完成全面升级。按照初步构想，一个现代家庭农场是以鸡猪养殖为主业、以其他种养为辅业的综合型农业基地，其中饲养肉鸡规模年出栏15万只或以上，家庭农场的综合效益达到20万元/年或以上的水平，生产管理使用机械自动化设备。

可以想象，在不到五年时间内，我国可能实现"要让中国农民成长为现代家庭农场主，可以一边开小车出外访亲探友、逛商场，一边通过物联网对饲养现场实现远程控制"。这是未来中国式家庭农场的图景。

资料来源：邹锡兰，米丽娟. 当养鸡户遇上物联网［J］. 中国经济周刊，2012（13）.

问题讨论：

1. 手机能养鸡，还能干什么？试举例说明。
2. 这个农户的现代化经营带给你什么启示？

本章小结

本章的"四网合一"是指"三网融合+物联网"。三网融合+物联网发展是一个发展趋势，使信息科技与经济、社会的现代化联系得更紧密，发展得更快。

三网融合中的"三网"指的是宽带电信网、下一代互联网和数字电视网。实际上它们代表了信息产业中三个不同行业，即电信业、计算机业和有线电视业的基础设施。

物联网（Internet of Things）指的是将无处不在（Ubiquitous）的末端设备（Devices）和设施（Facilities），包括具备"内在智能"的传感器、移动终端、工业系统、楼控系统、家庭智能设施、视频监控系统等和"外在智能"（Enabled）的，如贴上RFID的各种资产（Assets）、携带无线终端的个人与车辆等"智能化物件或动物"或"智能尘埃"（Mote），通过各种无线和/或有线的长距离和/或短距离通信网络实现互联互通（M2M）、应用大集成（Grand Integration）以及基于云计算的SaaS营运等模式，在内网（Intranet）、专网（Extranet）和/或互联网（Internet）环境下，采用适当的信息安全保障机制，提供安全可控乃至个性化的实时在线监测、定位追溯、报警联动、调度指挥、预案管理、远程控制、安全防范、远程维保、在线升级、统计报表、决策支持、领导桌面（集中展示的 Cockpit Dashboard）等管理和服务功能，实现对“万物”的“高效、节能、安全、环保”的“管、控、营”一体化。

在本章列举了“四网合一”与移动商务模式的案例，这是指的河北国大集团的 36524 便利店“四网并行”的模式，这个模式告诉我们：应联系实际随需应变，探索符合各地实际的商业模式，起到事半功倍的效果，把先进的科技与实际结合起来变成经济和社会效益。

本章后，笔者还搜集了案例，是把互联网、物联网、电信网相结合，体验未来鸡场、未来猪场的现代化。

本章复习题

一、名词解释

物联网　三网融合

二、选择题

1.“四网合一”是指（　　）+（　　）。三网融合+物联网发展是一个发展趋势，使信息科技与经济、社会的现代化联系得更紧密，发展得更快。

A.“三网”融合　　B. 物联网

C. 流通网络　　D. 物流物络

2.准确地讲三网融合是指（　　）、（　　）、（　　）三网融合。

A. 宽带电信网　　B. 下一代互联网

C. 数字电视网　　D. 物联网

三、简答题

1. 简述河北国大 36524 便利店“四网并行”，具有哪些可资借鉴的经验。

2. 试分析《物联网养鸡：一边逛街一边照看养鸡场》案例，谈移动商务的发展。

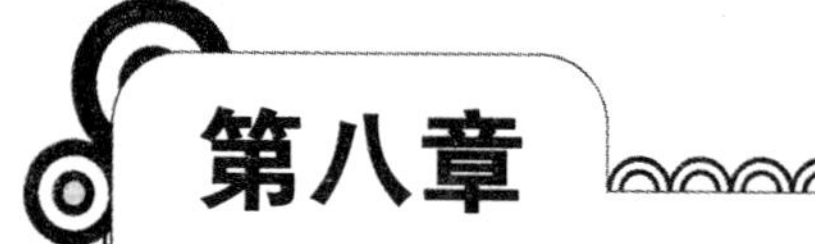

第八章 移动商务物流与供应链模式

学习目的

知识要求 通过本章的学习，掌握：

- 移动商务物流的定义
- 第三方物流的定义
- 移动商务供应链模式的定义
- 移动商务供应链模式的设计原则

技能要求 通过本章的学习，能够：

- 了解移动商务物流与供应链模式的基本概念
- 了解移动商务物流与供应链模式的基本类型
- 了解移动商务物流模式技术的基本内容
- 了解移动商务下的第三方物流模式的概念和类型
- 熟悉移动商务供应链模式的具体过程和设计策略

学习指导

1. 本章内容包括：移动商务模式与物流，移动商务物流模式，移动商务物流技术模式，移动商务第三方物流模式，移动商务供应链模式。

2. 学习方法：结合案例了解移动商务与物流的相互影响，移动商务物流模式的优势，移动商务下第三方物流模式的优势，移动商务供应链模式的优势。

3. 建议学时：4 学时。

引导案例

宝洁借移动商务上演“生死时速”

在宝洁面前纷纷倒下的中国日化产品生产商们不知道，除了一整套工业流程和品牌经理制度等商业运作的“硬功夫”之外，宝洁早在三四年前还在研究一种“软功夫”，通过应用移动商务将销售数据采集时间从两周缩短到 1 天。而这 1 天如果应用在需要一对一营销或季节性较强的产品领域里，将在供应链方面抛下竞争对手遥遥领先，成为挤垮对手的“生死时速”。

2003 年 5 月 16 日，宝洁中国公司向记者证实，继 5 年前宝洁引入 PDA 移动设备、率先在中国“摸着石头”探索移动商务之后，它又在全国三个有代表性的城市测试移动商务的新型产品——“短信宝”，并且一旦机会成熟，很快就会在全国铺开。货车+PDA：移动攻伐二级市场在中国，宝洁绝对算得上是“移动商务”的首批吃螃蟹者之一。5 月 16 日，宝洁前客户生意发展部系统经理、目前专事移动商务系统建设与营销咨询的广州优识资讯系统公司合伙人穆兆曦先生告诉记者，早在 1998 年，在中国尚未有“移动商务”这个概念之时，宝洁就率先试水。据说当时与宝洁首批实验移动商务的还有可口可乐等少数跨国外资巨头。

众所周知，宝洁公司在北京、上海等大城市的一级市场，已建立了强大的销售网络，而中小城镇及农村等二级市场，则一直是宝洁的软肋。为了攻克向来被国内众多日用消费品牌所把持的二级市场，宝洁当时启动了它的货车销售(Van-saling) 模式。当时负责参与设计和实施此项目的穆兆曦说，当时宝洁通过在二级城市与一些特别大的经销商合作，购买一些依维柯、昌河等货车，销售人员开着货车大街小巷地穿行在宝洁没有固定覆盖网络的二级城市和乡村，配备了 PDA（掌上电脑）的销售人员坐在载满宝洁产品的汽车上，每到一家店，就与店主谈，当时就地送货。他说，为了考核销售人员的供货能力和业绩，宝洁就要求销售人员把 PDA 派上用场，把去了哪个城市、哪个商店的具体路线记录下来，把进到每间商店的具体时间、与哪个店主达成了哪些交易、具体是哪些品种、哪些规格，全部记录在 PDA 中，每天传回宝洁总部的中央处理器。这样，宝洁就把销售信息与网络，通过 PDA 延伸到了一些更加偏远的二级城市和农村地区。“这种货车销售，与您在大街小巷里看到的贴着特别醒目的可口可乐红色标志的那种可乐公司的销售模式，是一样的。”他说。玉兰油与 SKⅡ的电子柜台在借移动商务掘金二级市场的同时，宝洁也没有放弃它在一级城市市场推广的可能性，只是应用的方式略有不同罢了。5 月 16 日，当时参与设计玉兰油电子柜台项目的穆兆曦告诉记者，1998年前后，宝洁推出玉兰油，想实行专柜销售模式，玉兰油及相关产品，都有专属宝洁的柜台，专柜销售人员由宝洁公司招聘、培训、考核和工资发放，并给柜台配备PDA。

据为宝洁玉兰油电子柜台项目提供咨询服务的一位人士透露，当时宝洁在天津、广州、深圳三个城市100家左右的玉兰油专柜测试使用PDA。他说，虽然宝洁当时的销售数据采集时间是2周左右，而它的竞争对手是3~4周，但宝洁一直想把时间缩短一些，并能细化到客户管理这一层次。由于专柜面积小，不可能使用PC、POS机这样成本高达1万~1.5万元的终端设备，加上在商场一般不愿为柜台拉专门的电源线、电话线等，所以选中了成本只有三四千元的、无须专门电源电话线的PDA。穆兆曦也告诉记者，当时宝洁希望在专柜人员为消费者服务过程中，通过PDA把客户的详细资料记录下来，看看这种模式的投入、产出怎样，效益怎样，因为宝洁当时非常想知道消费者对产品的真实反应，把固定消费者相关数据，如会员的资料记录下来，并把会员购买过哪些产品，还有哪些购买潜力，以及专柜每天销售具体规格、品种销售业绩的体现，统统记录在案。通过远端PDA完成这些数据的远端采集后，销售人员每天传送到宝洁总部的中央处理系统，对这些数据进行统计和分析。一个曾参与设计该项目的咨询公司人士说，这种数据对于分析哪个年龄层喜欢购买什么产品、客户喜欢选用哪种促销品等内容非常有用。

此外，宝洁公司日前证实，除了玉兰油外，宝洁还在中国内地及中国香港SKⅡ高档化妆品柜台上使用了PDA。移动商务的“陷阱”使宝洁在二级市场的货车销售（Van-saling）模式计划虽好，但很快遇到了新的问题。一位了解宝洁移动商务情况的人士说，通过1998年上半年的试点，货车销售效果很不错，比如，在有些地方农村销售额一下子提高了80%，因此，到1998年底和1999年，宝洁就把该模式在全国全面铺开。但是，1999年下半年宝洁公司在全球实施的“2005计划”，很快就打乱了其在农村的移动商务战略。“‘2005计划’触动了全球各个国家和地区的销售方式、方法和计划，把中国很多正在做的计划打乱了，客户网络、销售区域都作了调整。”这位人士说。实际上，虽然后来部分宝洁中国的分销商还在用PDA，但作为整体规划，宝洁中国的移动商务计划也因此半途而废。

华北某宝洁的大型分销商说“PDA的事情说起来比较复杂”，东北的某大型分销商到目前为止，PDA移动商务计划一直就没推广到他的分销领域。除因“2005计划”打乱部署之外，宝洁移动商务计划淡出，显然还有更深层次的原因，这位人士进一步说，用PDA本来是想获得真实的销售信息，但“上有政策，下有对策”，在具体执行中却做得走样，出现了虚报数字的现象。“因为报了销售数字就有好处，销售人员多报就拿更高工资奖金，经销商多报是为了多拿返利返点。”他说：“其次，仅有先进的工具，没有相应的监督监管机制，依然是做不到位的。就如给每个人配备了最好的武器，但他不想去打仗，那再先进的武器也没有用。”“短信宝”取代电子柜台？玉兰油电子专柜碰到的，则是推广 PDA 成本过高的问题。一位当年为电子柜台提供咨询服务的咨询公司人士说，宝洁在全国有几千家甚至近万家玉兰油电子专柜，如果当时每个专柜都配备价格三四千元的 PDA 的话，总成本可能就达三四千万元，并且后期还有繁重的系统维护重负，高昂的成本使宝洁不得不停步观望。他进一步说，加上后来宝洁把玉兰油价格下调到几十元的水平，把玉兰油看做大众的化妆品，放弃 CRM 管理模式，玉兰油像牙膏一样卖，这使其利用 PDA 全面搜集客户资料已无太大必要，因此，玉兰油电子专柜后来始终停留在测试时的 100 家左右，并没有进行第二波的推广。至于 SKⅡ，由于其作为价格在 300~500 元的高档化妆品，掌握这些高端客户资料有较大价值，加上其销售专柜非常少，所以 PDA 在该产品专柜中使用相对广泛些，但即使如此，在内地与香港加起来也就 50 家左右。对于成本偏高问题，宝洁公司在接受记者采访时也承认这确实是一大难题。宝洁在没有大规模推广以 PDA 为主要应用的移动商务中，并不等于它放弃探索适合于自己的移动商务方案。

日前，宝洁公司正在广州、武汉、中山等三个城市的 30 多家玉兰油专柜中测试由高维信诚公司提供的“短信宝”移动商务解决方案。据方案提供商高维信诚公司介绍，“短信宝”主要是库存、销售数据采集系统。宝洁公司只需花 4~5 万元购买一套这个软件，花一两万元购买一台服务器，然后把软件装上。这样，玉兰油专柜的销售终端人员每天通过手机短信形式，把库存、销售数据按规定的标准格式发送到高维公司与移动运营商合作建设的系统平台，信息数据就会自动分发到宝洁的中央服务器里。据介绍，玉兰油专柜可以在每天下午 5 点钟生意最不好的空隙时间，在一个小时内，全国上万家销售终端的销售和库存数据就可以发送到宝洁总部的中央处理系统，这样，就可以把销售数据的搜集工作，从原来靠手工记账方式和层层传递时期的一周至二周，缩短到一天时间完成。高维信诚公司认为这种采集库存、销售数据的方法，“对整个供应链来说，有一个革命性的改观”，但该公司同时也承认，普通手机数据处理容量毕竟有限，如果想具体管理到某种业务、做详细的会员管理，那还是得靠上成本比较高的 PDA 系统或其他把手机功能与 PDA 功能结合起来的产品，因为“短信宝”难以实现相对复杂的商务管理。

资料来源：周建华. 两周聚合一天：宝洁借移动商务上演“生死时速”[N]. 21 世纪经济报道，2003-05-23.

问题：

1. 移动商务对企业供应链管理有何意义？
2. 移动商务在物流领域应用中存在哪些问题？

第一节 移动商务模式与物流

一、物流的基本概念和分类

1. 物流的概念

物流是指为了满足客户的需求，以最低的成本，通过运输、保管、配送等方式，实现原材料、半成品、成品或相关信息进行由商品的产地到商品的消费地的计划、实施和管理的全过程。物流随商品生产的出现而出现，随商品生产的发展而发展，是一种古老的传统的经济活动。

2. 物流的内涵

（1）物流是物品物质实体的流动。

（2）物流是物品从供应地向接收地的实体流动，即它是一种满足社会需求的活动，是一种经济活动。

（3）物流包括运输、搬运、贮存、保管、包装、装卸、流通加工和物流信息处理等基本功能活动。

（4）物流包括空间位置的移动、时间位置的移动以及形状性质的变动，因而通过物流活动，可以创造物品的空间效用、时间效用和形质效用。

3. 物流的分类

由于物流对象不同，物流目的不同，物流范围、范畴不同，形成了不同类型的物流。

（1）宏观物流。宏观物流是指社会再生产总体的物流活动，从社会再生产总体角度认识和研究的物流活动。宏观物流还可以从空间范畴来理解，在很大空间范畴的物流活动，往往带有宏观性，在很小空间范畴的物流活动则往往带有微观性。宏观物流研究的主要特点是综观性和全局性。宏观物流的主要研究内容是，物流总体构成，物流与社会之关系在社会中的地位，物流与经济发展的关系，社会物流系统和国际物流系统的建立和运作等。

（2）微观物流。消费者、生产者企业所从事的实际的、具体的物流活动属于微观物流。在整个物流活动之中的一个局部、一个环节的具体物流活动也属于微观物流。在一个小地域空间发生的具体的物流活动也属于微观物流。

（3）社会物流。社会物流指超越一家一户的以一个社会为范畴面向社会为目的的物流。

（4）企业物流。从企业角度上研究与之有关的物流活动，是具体的、微观的物流活动的典型领域。

（5）国际物流。国际物流是现代物流系统发展很快、规模很大的一个物流领域，国际物流是伴随和支撑国际间经济交往、贸易活动和其他国际交流所发生的物流活动。

（6）区域物流。相对于国际物流而言，一个国家范围内的物流，一个城市的物流，一个经济区域的物流都处于同一法律、规章、制度之下，都受相同文化及社会因素影响，都处于基本相同的科技水平和装备水平之中。

（7）一般物流。一般物流是指物流活动的共同点和一般性，物流活动的一个重要特点是涉及全社会、各企业，因此，物流系统的建立、物流活动的开展必须有普遍的适用性。

（8）特殊物流。专门范围、专门领域、特殊行业，在遵循一般物流规律的基础上，带有特殊制约因素、特殊应用领域、特殊管理方式、特殊劳动对象、特殊机械装备特点的物流，皆属于特殊物流范围。

4. 物流的基本职能

物流的基本职能是指物流活动应该具有的基本能力以及通过对物流活动最佳的有效组合，形成物流的总体功能，以达到物流的最终经济目的。具体包括：

（1）包装。

（2）装卸搬运。

（3）运输。

（4）存储保管。

（5）流通加工。

（6）配送。

（7）废旧物的回收与处理。

（8）情报信息。

所谓物流的基本职能，就是指物流活动特有的、区别于其他经济活动的职责和功能。物流基本职能的内容是进行商品实体定向运动。这是物流的共性。不管是哪一种社会形态，只要有商品交换存在，商流和物流就必然会发生。当然，这里说的商品交换，是广义的商品交换。即包括商业系统的商品流通，也包括物资系统的商品流通，还包括不同经济成分经营主体在市场上所进行的商品流通。物流在不同的社会形态条件下，还表现出不同的特性。就物流本身而言，既受生产力状况的制约，又受生产关系、社会制度性质的制约。在资本主义社会，物流活动的目的，从根本上说是从属于资本家阶级谋取最大限度利润这一目标的；物流的发展受生产社会化与生产资料私人占有性这一矛盾的制约，呈现出明显的紊乱性和不合理性。但又应看到，在资本主义经济发展进程中，物流发展具有先导性、超前性、科学性的一面。从 16 世纪开始，各资本主义国家都普遍重视交通运输业发展，铁路、轮船、公路、航空等商品运输发展较快。第二次世界大战后，各国政府注意加强对经济活动的宏观干预，使物流的现代化、专业化、社会化水平不断提高。物流管理方面也有许多先进经验值得我国借鉴。

二、物流的产生与发展

人类最早采取“以物易物”的交换方式，当时没有资金流，商品所有权的转换是紧紧地伴随着物流的转换而发生的。随着货币的产生，人类的交易链上出现了第一层中介——货币，人们开始用钱来买东西，不过这时是“一手交钱，一手交货”，商品所有权的转换仍然是紧随物流的（只不过是以货币为中介），这个阶段由于生产力的发展和社会分工的出现，信息流开始表现出来，并开始发挥作用。再后来，随着社会分工的日益细化和商业信用的发展，专门为货币作中介服务的第二层中介出现了。它们是一些专门的机构，如银行，它们所从事的是货币中介服务和货币买卖，由于有了它们，物流和资金流开始分离，产生了多种交易方式：交易前的预先付款，交易中的托收、支票、汇票，交易后的付款如分期付款、延期付款。这就意味着商品所有权的转换和物流的转换脱离开来，在这种情况下，信息流的作用就凸显出来了。因为这种分离带来了一个风险问题，要规避这种风险就得依靠尽可能多的信息，比如对方商品质量信息、价格信息、支付能力、支付信誉等。总体来说，在这一阶段，商流与资金流分离，信息流的作用日益重要起来。

随着网络技术和电子技术的发展，电子中介作为一种工具被引入了生产、交换和消费中，人类进入了电子商务时代。在这个时代，人们做贸易的顺序并没有改变，还是要有交易前、交易中、交易后几个阶段，但进行交流和联系的工具变了，如从以前的纸面单证变为现在的电子单证。这个阶段的一个重要特点就是信息流发生了变化（电子化），更多地表现为票据资料的流动。此时的信息流处于一个极为重要的地位，它贯穿于商品交易过程的始终，在一个更高的位置对商品流通的整个过程进行控制，记录整个商务活动的流程，是分析物流、导向资金流、进行经营决策的重要依据。在电子商务时代，由于电子工具和网络通信技术的应用，使交易各方的时空距离几乎为零，有力地促进了信息流、商流、资金流、物流这“四流”的有机结合。对于某些可以通过网络传输的商品和服务，甚至可以做到“四流”的同步处理，例如通过上网浏览、查询、挑选、单击，用户可以完成对某一电子软件的整个购物过程。

三、移动商务模式概念

移动商务模式是移动商务项目运行的秩序，是指移动商务项目所提供的产品、服务、信息流、收入来源以及各利益主体在移动商务项目运作过程中的关系和作用的组织方式与体系结构。它具体体现了移动商务项目现在如何获利以及在未来长时间内的计划。移动商务模式主要包括以下内涵：

（1）战略目标。企业的这种战略目标本质上表现为企业的客户价值，即企业必须不断地向客户提供对他们有价值的、竞争者又不能提供的产品或服务，才能保持竞争优势。

（2）目标客户。公司的目标客户是指在市场的某一领域或地理区域内，公司决定向哪一范围提供产品或服务，以及提供多少这种产品或服务。

（3）收入和利润来源。在移动商务市场中，因为互联网的一些特性，使公司利用互联网从事移动商务的收入和利润的来源变得更加复杂。从向客户提供的产品或服务中获取利润非常重要的一个环节是对所提供的产品或服务正确地定价。

（4）价值链。为了向客户提供产品和服务的价值，公司必须进行一些能够提供支持这些价值的活动，这些活动往往具有一定的关联性，一般被称做价值链。在移动商务的环境下，公司活动的价值链结构发生了革命性的变化。

（5）核心能力。核心能力是相对稀缺的资源和有特色的服务能力，它能够创造长期的竞争优势。移动商务具有快速的实现周期，对信息和联盟也具有很强的依赖性，而且要坚持不懈地改革商务活动的方式，因此，它需要有一种能综合考虑以上所有因素的分析工具，将公司的技术平台和业务能力进行集成。

四、物流对移动商务模式的影响

（1）物流是移动商务的重要组成部分。很多人将物流看做移动商务之外的活动，实际上移动商务包括网上交易活动、网上支付活动以及与之相适应的物流配送活动、退换货活动、废旧商品的逆向物流等活动。

（2）物流是移动商务概念模型的基本要素。除个别的移动商务服务通过网上能够直接获取到，大多数商品都需要通过物流配送活动才能够最终完成其空间的转移过程，没有物流是不可能有完整的移动商务的。

（3）物流是实现移动商务的保证。物流是网上交易完成后必备的商品空间转移过程，它保证电子商务商品价值的实现、使用价值的转移。

五、移动商务模式对物流活动的影响

（1）移动商务改变人们传统的物流观念。
（2）移动商务改变物流的运作方式。
（3）移动商务改变物流企业的经营形态。
（4）移动商务促进物流基础设施的改善和物流技术与管理水平的提高。
（5）移动商务对物流人才提出了更高的要求。

第二节　移动商务物流模式

一、移动商务物流的概念

移动商务物流是指在实现移动商务特定过程的时间和空间范围内，由所需位移的商品、包装设备、装卸搬运机械、运输工具、仓储设施、人员和通信设施等若干相互制约的动态要素所构成的具有特定功能的一整套的移动电子物流解决方案。

二、移动商务物流模式

移动商务物流模式主要指以市场为导向、以满足顾客要求为宗旨、获取系统总效益最优化的适应现代社会经济发展的模式。

（一）自营物流

企业自身经营物流，称为自营物流。企业自营物流模式意味着移动商务企业自行组建物流配送系统，经营管理企业的整个物流运作过程。在这种方式下，企业也会向仓储企业购买仓储服务，向运输企业购买运输服务，但是这些服务都只限于一次或一系列分散的物流功能，而且是临时性的纯市场交易的服务，物流公司并不按照企业独特的业务流程提供独特的服务，即物流服务与企业价值链松散的联系。如果企业有很高的顾客服务需求标准，物流成本占总成本的比重较大，而企业自身的物流管理能力较强时，企业一般不应采用外购物流，而应采用自营方式。

由于我国物流公司大多是由传统的储运公司转变而来的，还不能满足移动

商务的物流需求，因此，很多企业借助于它们开展移动商务的经验也开展物流业务，即移动商务企业自身经营物流。选用自营物流，可以使企业对物流环节有较强的控制能力，易于与其他环节密切配合，全力专门地服务于本企业的运营管理，使企业的供应链更好地保持协调、简洁与稳定。此外，自营物流能够保证供货的准确和及时，保证顾客服务的质量，维护了企业和顾客间的长期关系。

但自营物流所需的投入非常大，建成后对规模的要求很高，大规模才能降低成本，否则将会长期处于不盈利的境地。而且投资成本较大、时间较长，对于企业柔性有不利影响。另外，自建庞大的物流体系，需要占用大量的流动资金。更重要的是，自营物流需要较强的物流管理能力，建成之后需要工作人员具有专业化的物流管理能力。

（二）物流联盟

物流联盟是制造业、销售企业、物流企业基于正式的相互协议而建立的一种物流合作关系，参加联盟的企业汇集、交换或统一物流资源以谋取共同利益；同时，合作企业仍保持各自的独立性。物流联盟为了达到比单独从事物流活动取得更好的效果，在企业间形成了相互信任、共担风险、共享收益的物流伙伴关系。企业间不完全采取导致自身利益最大化的行为，也不完全采取导致共同利益最大化的行为，只是在物流方面通过契约形成优势互补、要素双向或多向流动的中间组织。联盟是动态的，只要合同结束，双方又变成追求自身利益最大化的单独个体。

选择物流联盟伙伴时，要注意物流服务提供商的种类及其经营策略。一般可以根据物流企业服务的范围大小和物流功能的整合程度这两个标准，确定物流企业的类型。物流服务的范围主要是指业务服务区域的广度、运送方式的多样性、保管和流通加工等附加服务的广度。物流功能的整合程度是指企业自身所拥有的提供物流服务所必要的物流功能的多少，必要的物流功能是指包括基本的运输功能在内的经营管理、集配、配送、流通加工、信息、企划、战术、战略等各种功能。一般来说，组成物流联盟的企业之间具有很强的依赖性，物流联盟的各个组成企业明确自身在整个物流联盟中的优势及担当的角色，内部的对抗和冲突减少，分工明晰，使供应商把注意力集中在提供客户指定的服务上，最终提高了企业的竞争能力和竞争效率，满足企业跨地区、全方位物流服务的要求。

（三）第三方物流

第三方物流（Third- Party Logistics，简称 3PL 或 TPL）是指独立于供需之外的专业化物流公司，长期以合同或契约的形式承接供应链上相邻组织委托的部分或全部物流功能，因地制宜地为特定企业提供个性化的全方位物流解决方案，实现特定企业的产品或劳务快捷地向市场移动，在信息共享的基础上，实现优势互补，从而降低物流成本，提高经济效益。它是由相对“第一方”供方和“第二方”需方而言的第三方专业企业来承担企业物流活动的一种物流形态。第三方物流公司通过与第一方或第二方的合作来提供其专业化的物流服务，它不拥有商品，不参与商品买卖，而是为顾客提供以合同约束、以结盟为基础的、系列化、个性化、信息化的物流代理服务。服务内容包括设计物流系统、EDI 能力、报表管理、货物集运、选择承运人、货代人、海关代理、信息管理、仓储、咨询、运费支付和谈判等。第三方物流企业一般都是具有一定规模的物流设施设备（库房、站台、车辆等）及专业经验、技能的批发、储运或其他物流业务经营企业。第三方物流是物流专业化的重要形式，它的发展程序体现了一个国家物流产业发展的整体水平。第三方物流是一个新兴的领域，企业采用第三方物流模式对于提高企业经营效率具有重要作用。首先，企业将自己的非核心业务外包给从事该业务的专业公司去做；其次，第三方物流企业作为专门从事物流工作的企业，有丰富的专门从事物流运作的专家，有利于确保企业的专业化生产，降低费用，提高企业的物流水平。

目前，第三方物流的发展十分迅速，有几方面是值得我们关注的：第一，物流业务的范围不断扩大。商业机构和各大公司面对日趋激烈的竞争，不得不将主要精力放在核心业务，将运输、仓储等相关业务环节交由更专业的物流企业进行操作，以求节约和高效；另外，物流企业为提高服务质量，也在不断拓宽业务范围，提供配套服务。第二，很多成功的物流企业根据第一方、第二方的谈判条款，分析比较自理的操作成本和代理费用，灵活运用自理和代理两种方式，提供客户定制的物流服务。第三，物流产业的发展潜力巨大，具有广阔的发展前景。

（四）第四方物流

第四方物流主要是指由咨询公司提供的物流咨询服务，但咨询公司并不等于第四方物流公司。第四方物流公司应物流公司的要求为其提供物流系统的分析和诊断，或提供物流系统优化和设计方案等。所以第四方物流公司以其知识、智力、信息和经验为资本，为物流客户提供一整套的物流系统咨询服务。它从事物流咨询服务就必须具备良好的物流行业背景和相关经验，但并不需要从事具体的物流活动，更不用建设物流基础设施，只是对于整个供应链提供整合方案。第四方物流的关键在于为顾客提供最佳的增值服务，即迅速、高效、低成本和个性化服务等。

第四方物流有众多的优势。

（1）它对整个供应链及物流系统进行整合规划。第三方物流的优势在于运输、贮存、包装、装卸、配送、流通加工等实际的物流业务操作能力，在综合技能、集成技术、战略规划、区域及全球拓展能力等方面存在明显的局限性，特别是缺乏对整个供应链及物流系统进行整合规划的能力。而第四方物流的核心竞争力就在于对整个供应链及物流系统进行整合规划的能力，也是降低客户企业物流成本的根本所在。

（2）它具有对供应链服务商进行资源整合的优势。第四方物流作为有领导力量的物流服务提供商，可以通过其影响整个供应链的能力，整合最优秀的第三方物流服务商、管理咨询服务商、信息技术服务商和电子商务服务商等，为客户企业提供个性化、多样化的供应链解决方案，为其创造超额价值。

（3）它具有信息及服务网络优势。第四方物流公司的运作主要依靠信息与网络，其强大的信息技术支持能力和广泛的服务网络覆盖支持能力是客户企业开拓国内外市场、降低物流成本所极为看重的，也是取得客户的信赖、获得大额长期订单的优势所在。

（4）具有人才优势。第四方物流公司拥有大量高素质国际化的物流和供应链管理专业人才和团队，可以为客户企业提供全面的、卓越的供应链管理与运作能力，提供个性化、多样化的供应链解决方案，在解决物流实际业务的同时实施与公司战略相适应的物流发展战略。发展第四方物流可以减少物流资本投入、降低资金占用。通过第四方物流，企业可以大大减少在物流设施（如仓库、配送中心、车队、物流服务网点等）方面的资本投入，降低资金占用，提高资金周转速度，减少投资风险。降低库存管理及仓储成本。第四方物流公司通过其卓越的供应链管理和运作能力可以实现供应链“零库存”的目标，为供应链上的所有企业降低仓储成本。同时，第四方物流大大提高了客户企业的库存管理水平，从而降低库存管理成本。发展第四方物流还可以改善物流服务质量，提升企业形象。

（五）物流一体化

物流一体化是指以物流系统为核心，由生产企业、物流企业、销售企业直至消费者的供应链整体化和系统化。它是在第三方物流的基础上发展起来的新的物流模式。20 世纪 90 年代，西方发达国家如美、法、德等国提出物流一体化现代理论，并应用和指导其物流发展，取得了明显效果。在这种模式下物流企业通过与生产企业建立广泛的代理或买断关系，使产品在有效的供应链内迅速移动，使参与各方的企业都能获益，使整个社会获得明显的经济效益。这种模式还表现为用户之间的广泛交流供应信息，从而起到调剂余缺、合理利用、共享资源的作用。

在移动商务条件下，这是一种比较完整意义上的物流配送模式，它是物流业发展的高级和成熟的阶段。物流一体化的发展可进一步分为三个层次：物流自身一体化、微观物流一体化和宏观物流一体化。物流自身一体化是指物流系统的观念逐渐确立，运输、仓储和其他物流要素趋向完备，子系统协调运作，系统化发展。微观物流一体化是指市场主体企业将物流提高到企业战略的地位，并且出现了以物流战略作为纽带的企业联盟。宏观物流一体化是指物流业发展到这样的水平：物流业占到国家国民总产值的一定比例，处于社会经济生活的主导地位，它使跨国公司从内部职能专业化和国际分工程度的提高中获得规模经济效益。物流一体化是物流产业化的发展形式，它必须以第三方物流充分发育和完善为基础。物流一体化的实质是一个物流管理的问题，即专业化物流管理人员和技术人员，充分利用专业化物流设备、设施，发挥专业化物流运作的管理经验，以求取得整体最优的效果。同时，物流一体化的趋势为第三方物流的发展提供了良好的发展环境和巨大的市场需求。

三、移动商务物流模式运作流程

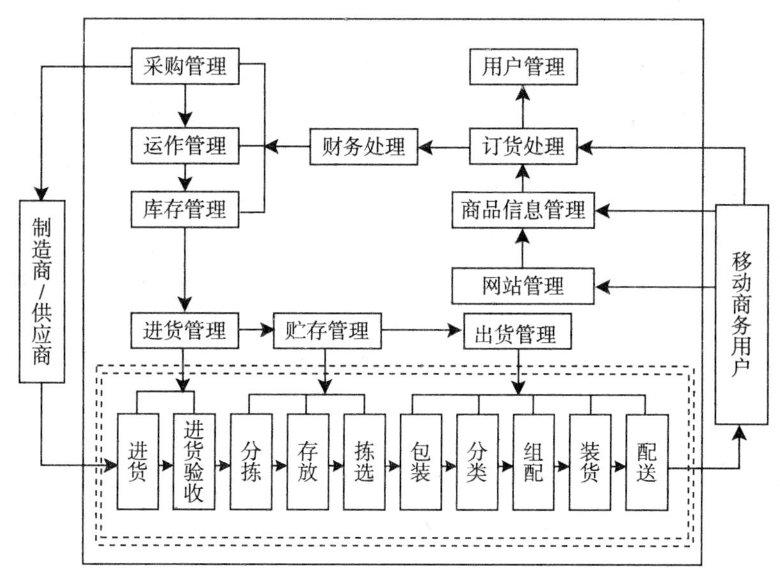

图 8-1 移动商务物流模式运作流程

四、移动商务物流优势

1. 能够实现货物的高效配送

在传统的物流配送企业内，为了实现对众多客户大量资源的合理配送，需要大面积的仓库来用于存货，并且由于空间的限制，存货的数量和种类受到了很大的限制。而在移动商务模式中，配送体系的信息化集成可以使虚拟化企业将散置在各地分属不同所有者的仓库通过网络系统连接起来，使之成为“集成仓库”，在统一调配和协调管理之下，服务半径和货物集散空间都放大了。在这种情况下，货物配置的速度、规模和效率都大大提高，使得货物的高效配送得以实现。

2. 能够实现配送的适时控制

传统的物流配送过程是由多个业务流程组成的，各个业务流程之间依靠人来衔接和协调，这就难免受到人为因素的影响，问题的发现和故障的处理都会存在时滞现象。而移动物流模式借助于移动网络系统可以实现配送过程的适时监控和适时决策，配送信息的处理、货物流转的状态、问题环节的查找、指令下达的速度都是传统的物流配送无法比拟的，配送系统的自动化处理、配送过程的动态化控制、指令的瞬间到达都使得配送的适时控制得以实现。

3. 物流配送过程得到了简化

传统物流配送的整个环节由于涉及主体的众多及关系处理的人工化，所以极为烦琐。而在移动商务物流配送模式下，物流配送中心可以使这些过程借助网络实现简单化和智能化。比如，计算机系统管理可以使整个物流配送管理过程变得简单和易于操作；网络平台上的营业推广可以使用户购物和交易过程变得效率更高、费用更低；物流信息的易得性和有效传播使得用户找寻和决策的速度加快、过程简化。很多过去需要较多人工处理、耗费较多时间的活动都因为网络系统的智能化而得以简化，这种简化使得物流配送工作的效率大大提高。

五、移动商务物流模式的发展趋势

移动商务物流模式将呈现以下特点：

（一）信息化

移动商务条件下，物流信息化是移动商务的必然要求。物流信息化表现为物流信息的商品化、物流信息收集的数据库化和代码化、物流信息处理的电子化和计算机化、物流信息传递的标准化和实时化、物流信息存储的数字化等。信息化是一切的基础，没有物流的信息化，任何先进的技术设备都不可能应用于物流领域，信息技术及计算机技术在物流中的应用将会彻底改变世界物流的面貌。

（二）系统化

物流模式过去一般强调产品出厂后的包装、运输、装卸、仓储，而在移动商务条件下要使物流系统化并付诸实施，使物流向两头延伸并注入了新的内涵：使社会物流与企业物流有机结合地在一起，从采购物流开始，经过生产物流，再进入销售物流，经过包装、运输、仓储、装卸、加工配送到达消费者手中；移动商务物流包含产品从原材料供应到产品送达消费者手中的整个物理交付的流通全过程。即通过统筹协调、合理规划，控制整个商品的流动，以达到利益最大成本最小，同时满足用户需求不断变化的客观要求。

（三）多功能化

在移动商务条件下，物流发展进入集约化阶段，一体化的物流配送中心就不仅单单是提供仓储和运输服务，还必须开展包括配货、配送以及各种提高附加值的流通加工服务在内的物流项目。此外，还可以按客户的需要提供其他服务。以上几种模式都强调了物流除仓储运输外的一切与供应链有关的服务，尽可能地形成多功能的物流服务模式。

（四）强调各方的合作

移动商务物流模式强调价值链上各企业的通力合作，如物流联盟就是为了达到比单独从事物流活动取得更好的效果，在企业间形成的相互信任、共担风险、共享收益的物流伙伴关系。第三方物流、第四方物流和物流一体化更是需要各个企业之间的合作，设计出最合理的供应链模式。

第三节　移动商务物流技术模式

一、条码技术模式

1. 条码的概念与种类

条码是由一组按一定编码规则排列的条、符号，用以表示一定的字符、数字及符号组成的信息。条码系统是由条码符号设计、制作及扫描阅读组成的自动识别系统。

条码的种类有 EAN、UPC（超市）、Code39 码（管理）、ITF25 码（物流管理）、Codebar 码（医疗、图书）等。

2. 条码技术的优点

(1) 输入速度快。

(2) 可靠性高。

(3) 采集信息量大。

(4) 灵活实用。

另外，条码标签易于制作，对设备和材料没有特殊要求，识别设备操作容易，不需要特殊培训，且设备也相对便宜。

3. 条形码在物流配送中心的应用

其包括：订货；收货；入库；理货；在库管理；配货；补货。

二、GIS 技术模式

1. GIS 的概念

地理信息系统（Geographic Information System，GIS）是一种基于计算机的工具，它可以对在地球上存在的东西和发生的事件进行成图和分析。通俗地讲，它是整个地球或部分区域的资源、环境在计算机中的缩影。

2. 使用 GIS 系统的环境要求

(1) 硬件。GIS 软件可以在很多类型的硬件上运行。从中央计算机服务器到桌面计算机，从单机到网络环境。

(2) 软件。输入和处理地理信息的工具，数据库管理系统（DBMS），支持地理查询、分析和视觉化的工具，容易使用这些工具的图形化界面（GUI）。

(3) 数据。地理数据和相关表格数据可以自己采集或者从商业数据提供者处购买。

3. GIS 系统的应用过程

(1) 数据输入。

(2) 数据处理。

(3) 存储和管理。

(4) 查询和分析。

4. 基于 GIS 的物流配送系统

(1) 需求分析。

(2) 系统总体结构。

(3) 系统模型设计。

(4) 系统功能实现。

车辆和货物追踪；提供运输路线规划和导航；信息查询；模拟与决策。

三、全球定位系统技术模式

长期以来，全球定位系统主要由美国、俄罗斯、欧盟所垄断并支配，美国的 GPS、俄罗斯的格洛纳斯、欧洲的伽利略系统一起来推动全球卫星导航系统的兼容共用。2003 年以来，我国具有自主知识产权的北斗卫星导航试验系统正式提供服务，在交通运输、海洋渔业、水文监测、气象测报、救灾减灾等领域得到广泛应用。

1. GPS 的概念

GPS（全球定位系统）是英文 Navigation Satellite Timing and Ranging/Global Positioning System 的字头缩写词 Navistar/GPS 的简称。它的含义是利用导航卫星进行测时和测距，以构成全球定位系统。它是由美国国防部开发的一套基于卫星的无线导航系统，能连续 24 小时全天候地提供高精度的三维定位信息。

2. GPS 的构成

（1）太空部分。

（2）控制部分。

（3）用户部分。

3. GPS 在运输行业中的应用

GPS 信息接收终端应用：车辆分布；历史轨迹；当前位置；连续监控等。

4. GPS 在物流中的三方应用

（1）车辆使用方。将自己的车辆信息指定开放给合作客户，让客户自己能实时查看车与货的信息。

（2）运输公司。通过互联网实现对车辆的动态监控式管理和货物的及时合理配载，以便加强对车辆的管理，减少资源浪费，减少费用开销。

（3）接货方。只需要通过发货方所提供的相关资料的权限，就可以在互联网实时查看到货物信息，掌握货物在途的情况和大概的运输时间，以此来提前安排货物的接收、停放以及销售等环节，使货物的销售链可提前完成。

5. 我国北斗卫星系统

我国北斗卫星导航系统按照“三步走”的发展战略稳步推进。第一步，2000 年建成了北斗卫星导航试验系统，使中国成为世界上第三个拥有自主卫星导航系统的国家；第二步，建设北斗卫星导航系统，2012 年左右形成覆盖亚太大部分地区的服务能力；第三步，2020 年左右，北斗卫星导航系统形成全球覆盖能力。

据了解，提供试运行服务时，国内相关的企业已经开始着手从事北斗应用终端的研发以及北斗和 GPS 兼容终端的研发，也就意味着使用 GPS 终端的用户可以单独使用北斗，也可以使用北斗和 GPS 兼容使用的终端。

至 2012 年 4 月，我国已经成功发射第 13 颗北斗卫星，按照北斗系统组网发射计划，2012 年还要发射 3 颗组网卫星，10 月份把“三步走”的第二步全部建成。北斗卫星的运行服务，一是为了尽早地满足我们国家和周边地区对卫星导航的需求，二是及早地推动北斗的应用。

未来，北斗系统将包括 5 颗静止轨道卫星和 30 颗非静止轨道卫星。与 31 颗卫星的美国 GPS 系统、24 颗卫星的俄罗斯 GLONASS 计划比，规模更庞大。北斗卫星导航系统结网完成后，北斗系统用户定位，电文通信和位置报告只需要几秒钟，而 GPS 首次定位一般需要 1~3 分钟。

第四节　移动商务第三方物流模式

一、第三方物流的概念

第三方物流是指生产经营企业为集中精力搞好主业，把原来属于自己处理的物流活动，以合同方式委托专业物流企业，同时通过信息系统与物流服务企业保持密切联系，以达到对物流全程的管理和控制的一种物流运作与管理方式。

二、第三方物流模式

（一）传统外包型物流运作模式

传统外包型物流运作模式是第三方物流企业独立承包一家或多家生产商或经销商的部分或全部物流业务。

企业外包物流业务，降低了库存，甚至达到“零库存”，节约物流成本，同时可精简部门，集中资金、设备于核心业务，提高企业竞争力。第三方物流企业各自以契约形式与客户形成长期合作关系，保证了自己稳定的业务量，避免了设备闲置。这种模式以生产商或经销商为中心，第三方物流企业几乎不需专门添置设备和业务训练，管理过程简单。订单由产销双方完成，第三方物流只完成承包服务，不介入企业的生产和销售计划。

（二）战略联盟型物流运作模式

战略联盟型物流运作模式是第三方物流包括运输、仓储、信息经营者等以契约形式结成战略联盟，内部信息共享和信息交流，相互间协作，形成第三方物流网络系统，联盟可包括多家同地和异地的各类运输企业、场站、仓储经营者，理论上联盟规模越大，可获得的总体效益越大。信息处理这一块，可以共同租用某信息经营商的信息平台，由信息经营商负责收集处理信息，也可连接联盟内部各成员的共享数据库（技术上已可实现）实现信息共享和信息沟通。目前我国的一些电子商务网站普遍采用这种模式。

这种模式比起第一种模式有两方面改善：

（1）系统中加入了信息平台，实现了信息共享和信息交流，各单项实体以信息为指导制订运营计划，在联盟内部优化资源。同时信息平台可作为交易系统，完成产销双方的订单和对第三方物流服务的预订购买。

（2）联盟内部各实体实行协作，某些票据联盟内部通用，可减少中间手续，提高效率，使得供应链衔接更顺畅。

（三）综合物流运作模式

综合物流运作模式是组建综合物流公司或集团。综合物流公司集成物流的多种功能——仓储、运输、配送、信息处理和其他一些物流的辅助功能，例如包装、装卸、流通加工等，组建完成各相应功能的部门，综合第三方物流大大扩展了物流服务范围，对上家生产商可提供产品代理、管理服务和原材料供应，对下家经销商可全权代理为其配货送货业务，可同时完成商流、信息流、资金流、物流的传递。

综合物流项目必须进行整体网络设计，即确定每以一种设施的数量、地理位置、各自承担的工作。其中信息中心的系统设计和功能设计以及配送中心的选址流程设计都是非常重要的问题。物流信息系统基本功能应包括信息采集、信息处理、调控和管理，物流系统的信息交换目前主要利用 EDI、无线电和互联网，互联网因为其成本较低（相对于 EDI 技术）信息量大，已成为物流信息平台发展趋势。配送中心是综合物流的体现，地位非常重要，它衔接物流运输、仓储等各环节，综合物流是第三方物流发展的趋势，组建方式有多种渠道，目前我国正处在探索阶段，但一定要注意避免重复建设、资源浪费问题。

物流活动是一个社会化的活动，涉及行业面广，涉及地域范围更广，所以它必须形成一个网络才可能更好地发挥其效用。综合物流公司或集团必须根据自己的实际情况选择网络组织结构。现在主要有两种网络结构：一种是大物流中心加小配送网点的模式，另一种是连锁经营的模式。前者适合商家、用户比较集中的小地域，选取一个合适地点建立综合物流中心，在各用户集中区建立若干小配送点或营业部，采取统一集货，逐层配送的方式。后者是在业务涉及的主要城市建立连锁公司，负责对该城市和周围地区的物流业务，地区间各连锁店实行协作，该模式适合地域性或全国性物流，连锁模式还可以兼容前一模式。

三、第三方物流模式的运作流程

消费者与供应方达成协议，由第三方物流企业完成物流服务活动。第三方物流模式运作流程如图 8–2 所示。

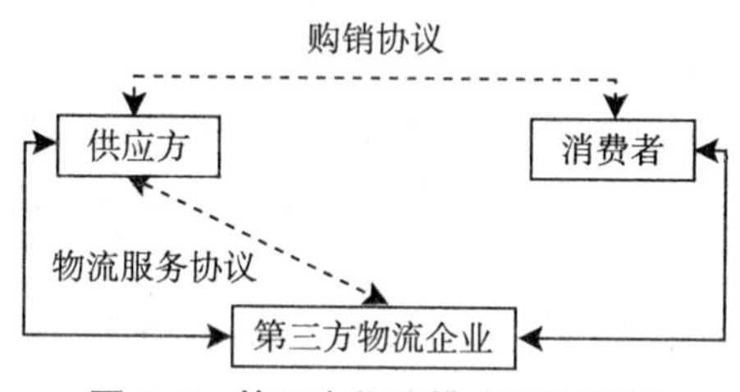

图 8–2 第三方物流模式运作流程

四、第三方物流模式所考虑的因素

第三方物流模式从三个不同的层次来考虑相应的因素，如从配送任务信息层而言，考虑商品、配送量、配送目的地、配送时间；从第三方物流中心选择因素而言，考虑第三方物流配送中心的运输商品类别、第三方物流配送中心配送能力、具有相同的配送目的地、具有相同的供货点、具有相同的配送时间等因素，选择第三方物流模式的因素，如图 8–3 所示。

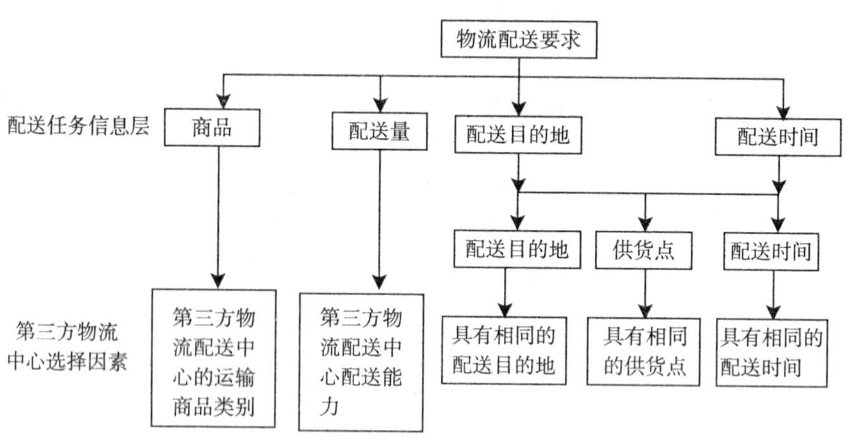

图 8–3 选择第三方物流模式的因素

五、第三方物流模式的优势

在移动商务条件下，第三方物流模式具有明显的优越性，具体表现在：

（1）企业集中精力于核心业务。由于任何企业的资源都是有限的，很难成为业务上面面俱到的专家。为此，移动商务企业应把自己的主要资源集中于自己擅长的主业，而把物流等辅助功能留给物流公司。

（2）灵活运用新技术，实现以信息换库存，降低成本。当科学技术日益进步时，专业的第三方物流供应商能不断地更新信息技术和设备，而普通移动商务企业通常短时间难以更新自己的资源或技能。此时，第三方物流公司能以一种快速、更具成本优势的方式满足这些需求，而这些服务通常都是一家移动商务企业难以做到的。

（3）减少固定资产投资，加速资本周转。企业自建物流需要投入大量的资金购买物流设备，建设仓库和信息网络等专业物流设备。这些资源对于缺乏资金的移动商务企业特别是刚成立的小型企业是个沉重的负担。而如果使用第三方物流公司不仅减少了设施的投资，还解放了仓库和车队方面的资金占用，加速了资金周转。

六、第三方物流模式的发展趋势

1. 国际上第三方物流模式的发展现状

（1）发达国家第三方物流模式在整个物流产业中已占有了较大比重。

（2）重视物流技术研究，为第三方物流模式的发展提供良好的保证。

（3）政府积极促进第三方物流模式的发展。

2. 国内第三方物流模式的发展现状

我国第三方物流模式的市场发展潜力是巨大的，国内许多颇具竞争力的企业、一些跨国公司或合资公司对专业化物流服务的需求旺盛。另外，政府对现代物流企业也给予高度重视和扶持，并积极地研究颁布促进物流发展的有关法规政策，这些都使得现代物流业在我国得到飞速的发展。

第五节　移动商务供应链模式

一、移动商务供应链模式的定义

移动商务供应链模式是指借助互联网服务平台，实现供应链交易过程的全程移动电子化，实现上下游企业的网络协同模式。

移动商务供应链内涵是指在移动商务网络条件下，围绕核心企业，通过对信息流、物流、资金流的控制，从采购原材料开始，制成中间产品以及最终产品，最后由销售网络把产品送到消费者手中的将供应商、制造商、分销商、零售商直到最终用户连成一个整体的功能网链式结构，是从最初供应商的原材料生产到最终形成产品并送达顾客手中的整个过程，是价值流向顾客、定向压力流向供应商的物流过程。

二、移动商务供应链模式类型

1. 移动商务内部供应链模式

内部供应链模式是指在网络条件下企业内部产品生产和流通过程中所涉及的采购部门、生产部门、仓储部门、销售部门等组成的供需网络模式。

2. 移动商务外部供应链模式

外部供应链模式是指在网络条件下企业外部的、与企业相关的产品生产和流通过程中涉及的原材料供应商、生产厂商、储运商、零售商以及最终消费者组成的供需网络模式。

三、移动商务供应链模式的具体过程

1. 订单处理

通过移动商务系统进行订单设定和订单状况管理。当收到客户订单时，核心是要及时分析所需要产品的性能要求，判断是否能达到订单中的技术指标，在能够达到要求的条件下进一步分析订单中产品的成本、数量和利润。

2. 生产组织

利用移动商务可以通过改善供应商、核心企业和客户之间的通信来有效地降低生产组织的困难程度。核心企业使用移动商务系统协调与供应链的准时供应程序，与多个供应商之间协调制订生产计划。此外，由于在订单处理中可以提供核心企业有关产品销售和服务的实时信息，这样在一定程度上会使销售预测变得精确，反过来又大大改善生产组织管理。

3. 采购管理

通过移动商务系统，有效地实现与供应商的信息共享和信息的快速传递。一方面，通过互联网提供给供应商有关需求信息和商品退回情况，同时获得供应商的报价、商品目录、查询回执，从而形成稳定、高效的采购、供应体系；另一方面，通过网上采购招标等手段，集成采购招标和互联网优势，扩大采购资源选择范围，使采购工作合理化，大大减少采购人员，有效地降低采购成本。此外也使核心企业与供应商之间的协商变得合理化。

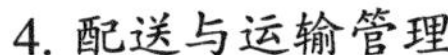

4. 配送与运输管理

通过移动商务系统，对配送中心的交货进行监视，对货物运到仓库进行追踪，同时实现对配货、补货、拣货和流通加工等作业管理，使配送的整个作业过程实现一体化的物流管理。此外，通过对运输资源、运输方式、运输路线的管理和优化，对运输任务进行有效的组织协调，降低运输成本，并实现对运输事项和货物的有效跟踪管理，确保指定的货物能够在指定时间内运送到指定地点。

5. 库存管理

通过移动商务系统，核心企业通知供应商有关订单的交货延迟或库存告急，使库存管理者和供应商追踪现场库存商品的存量情况，获得及时的信息以便更有准备；实现对存储物资有效管理，及时反映购销存动态信息，并且实现跨区域、多库区的管理，提高仓储资源的利用，进而促进库存水平的降低，减少总的库存维持成本。

6. 客户服务

应用移动商务系统，核心企业的客户通过互联网可以非常方便地联络有关服务问题，而核心企业则通过互联网接受客户投诉，向客户提供技术服务，互发紧急通知等，这样可以大大缩短对客户服务的响应时间，改善与客户间的双向通信流，在保留已有客户的同时吸引更多的客户加入供应链中。

7. 支付管理

通过移动商务系统，与网上银行紧密相连，并用电子支付方式替代原来支票支付方式，用信用卡方式替代原来的现金支付方式，这样既可以大大降低结算费用，又可以加速贷款回笼，提高资金使用率。同时，利用安全电子交易协议，保证交易过程的安全，消除对网上交易的顾虑。

四、移动商务供应链模式的优势

(1) 有利于保持现有的客户关系，开拓新的客户和新的业务。

(2) 有利于促进企业三个层次的流程改造，提高运营绩效。

(3) 有利于共享信息，促进供应链中信息流的改善。

移动商务供应链模式与传统供应链模式的比较见表 8-1。

表 8-1 传统供应链模式与移动商务供应链模式区别

项目	传统供应链模式	移动商务供应链模式
承运类型	散装	包裹、单元产品
顾客类型	既定	未知

续表

项目	传统供应链模式	移动商务供应链模式
物流运作模式	推式	拉式
库存、订单流	单向	双向
物流目的地	集中	高度分散
物流要求	稳定、一致	及时、质量及整体成本最优
物流管理责任	单一环节	整个供应链

五、移动商务对供应链模式的挑战

20 世纪 90 年代以来，随着信息技术的飞速发展与经济发展的日益自由化和全球化，移动商务在电子商务的基础上也得了逐步的发展。在移动商务条件下，企业的管理模式从基于单个企业的管理模式发展到了基于扩展企业的管理模式，要解决的主要问题也转变成了供应链管理的问题，即如何有效地整合、集成和利用由多个企业所提供的信息问题。此时，企业想要在竞争中取得优势，最好的办法就是把移动商务和供应链管理结合起来，通过网络建立起自己的电子化的、网络化的供应链。

六、移动商务的供应链模式设计策略

移动商务的供应链模式是通过互联网优化整个供应链，即利用互联网完全的自助交易方式与网络业务伙伴实时进行合作和重要计划信息的交流。在优化的供应链中，客户能够分享各种预测，看到订单的状态，随时输入及修改需求计划。外部采购合作伙伴能共享一些可以利用资源和生产进程信息，供应商可以了解企业的原料需求并参与投标。企业可以从全局范围内了解业务运作情况，供应商和客户信息，并通过平衡核心竞争力和避免无效操作来调整设计自己的供应链。对供应链上的物流、信息流、资金流进行有计划的控制。

1. 移动商务条件下供应链模式设计原则

设计有效的供应链模式，必须考虑移动商务市场条件下的动态因素，包括市场需求的多变、产品寿命周期缩短、外部竞争加剧、价格、利率和汇率的波动等。为了适应这种多变的市场环境，需要设计一种集成化供应链管理模式，从而达到优化供应链的功能，使供应链各环节、各功能实现最佳配合与协调，共同保证供应链整体效益最大化的目标。设计集成化的移动商务供应链模式，应遵循如下基本原则：

（1）柔性原则。在移动商务条件下由于消费者的需求千变万化，顾客要求的服务水平越来越高，供应链系统必须适应这种特点，这就要求供应链包括生产制造系统、产品设计和研发系统、物流后勤系统在内的各个环节具有很强的灵活性，能对需求的变化做出快速的反应。

（2）优化原则。在移动商务条件下的市场竞争更加激烈，因此供应链的各个节点的选择更应该遵循强—强联合的原则，每个企业只集中精力致力于各自的核心业务过程，这些具有核心业务的独立制造单元具有自我组织、自我优化、面向目标、动态运行和充满活力的特点，能够实现供应链业务的快速重组。

（3）简洁原则。移动商务要求企业具有灵活快速响应市场的能力，因而简洁性成为供应链的一个重要原则，供应链的每个节点都应简洁而有活力，能实现业务流程移动商务条件下供应链模式研究的快速组合。比如供应商的选择就应该少而精，以有利于减少采购成本，实施 JIT 采购和准时生产。

（4）协调原则。移动商务条件下，供应链业绩的好坏取决于供应链合作伙伴的关系是否和谐，移动商务具有更强的协同处理功能，供应链模式的设计必须考虑是否形成了充分发挥系统成员和子系统的能动性、创造性以及系统与环境的总体协调性，只有和谐而协调的系统模式才能发挥最佳的效能。

（5）创新原则。创新是企业发展的灵魂，没有创新的思维，就不可能有创新的模式，移动商务条件下快速多变的特点要求在供应链模式的设计过程中遵循创新原则。要生成一个创新的供应链模式，就要敢于打破各种陈旧的思想框架，用新的角度新的视野审视原有供应链模式，进行大胆的改革。

（6）战略原则。供应链模式应有战略性观点，通过战略的观点考虑减少不确定的影响。从供应链模式的战略管理角度考虑，供应链模式的设计必须体现供应链的长期目标，与供应链的长期战略相匹配，要能预见企业未来的发展、环境的变化。供应链模式的发展应和企业的战略规划保持一致，在企业的战略指导下进行。

2. 移动商务条件下供应链模式设计过程

供应链模式设计过程是一个分析问题，提出方案的过程。分析问题就是分析企业的优势和劣势，分析企业面临的竞争环境，从而找出建立有效供应链模式的机会，同时分析供应链上不适应移动商务条件的那些对供应链的目标构成威胁的因素，通过企业状况与环境匹配，得出建立高效灵活供应链的解决方案。

第一步，分析市场竞争环境。这里指微观环境，因为移动商务条件下，企业的微观竞争环境已经发生了很大的变化。分析市场特征的过程要向卖主、用户和竞争者进行调查，以确认用户的需求和因卖主、用户、竞争者产生的压力。通过分析，可以找到供应链面临的机会和威胁，掌握顾客是市场的脉搏。

第二步，分析供应链的现状。主要分析供应链上的供需状况，目的在于找出现在供应链中不适应移动商务条件要求的要素，研究供应链开发的方向，分析总结企业存在的问题及影响供应链设计的阻力等因素。

第三步，提出供应链设计项目。因为供应链模式设计是一个十分复杂的过程，在确定设计之前要做好充分的准备，包括资金、技术、人员、设备、时间等，通过针对现状分析以及企业存在的问题提出供应链设计项目，分析其必要性以免造成浪费。

第四步，建立供应链设计目标。供应链模式的目标在于获得高用户服务水平和低运营成本之间的平衡（它们之间往往有冲突），同时还包括进入新市场、开发新产品、开发新的分销渠道、改善售后服务水平、提高用户满意程度和降低库存成本等目标。

第五步，构建供应链模式框架。分析供应链模式的组成，提出供应链模式组成的基本框架，供应链模式中的成员组成分析主要包括制造工厂、设备、工艺和供应商、制造商、分销商、零售商及用户的选择与定位，以及确定选择与评价的标准。

第六步，评价供应链模式可行性。这不仅仅是策略或改善技术的推荐清单，而且是开发实现供应链管理的第一步。主要是在可行性分析的基础上，结合本企业的实际情况为开发供应链提出技术选择建议和支持。这也是个决策的过程，如果认为方案可行，就可以进行下面的设计；如果不可行，就要进行重新设计。

第七步，设计和创建供应链模式。主要解决以下问题：供应链的成员组成（供应商、设备、工厂、分销中心的选择与定位）；原材料的来源，包括供应商、流量、价格、运输等；生产设计，包括需求预测、生产什么产品、生产能力、生产作业计划、成本控制和库存管理等；分销任务与能力设计；信息管理系统设计；物流管理系统设计等。

第八步，检验和实施供应链。供应链模式设计完成后，应通过一定的方法、技术进行测试，看其是否可以持续满足客户递送的时间、产品数量等方面的要求及快速响应关键客户的要求，以提高供应链的响应性和服务质量。如果不行，返回重新设计。如果不存在什么问题，就可实施供应链。

七、移动商务供应链模式的发展趋势

如果说 20 世纪 70 年代消费者注重的是产品价格的话，那么 20 世纪 80 年代消费者注重的是质量，到了 20 世纪 90 年代消费者开始重视服务，而在 21 世纪消费者却关注的是产品配送的速度如何，也就是说，在 21 世纪物流将成为各企业竞争的焦点。所以如何将产品及时销售并输送给消费者、尽快回收各种废弃物品和残次品将成为主要矛盾，而解决这种矛盾的方法就是物流。但是光靠物流还不足以解决所有的矛盾，同时也未必能带来成本的降低，所以还需要运用各种信息技术和资金做后盾，同时还需要供应链中各个成员的合作。在移动商务供应链管理模式下，借助于移动互联网服务平台来整合整个供应链，实现供应链交易过程的全程电子化，这将极大提高供应链管理的效率，它将在供应链整合中具有其他供应链管理模式无可比拟的优势。它是一种符合时代要求的供应链管理模式，必将在未来显示出强大的生命力。

移动电子商务环境下的海尔物流

一、海尔物流概述

1. 海尔物流推进本部

海尔物流推进本部成立于1999年。海尔集团将原来分散在23个产品事业部的采购、原材料仓储配送、成品仓储配送的职能统一整合，成立独立运作的专业物流公司，2002年海尔物流实现营业额已超过200亿元。

2. 海尔物流三个发展阶段

（1）物流重组。

统一采购：实现每年环比降低材料成本5%。

统一仓储：海尔建立两个全自化物流中心，不仅减少20万平方米仓库，而且呆滞物资降低90%，库存资金减少63%。

统一配送：目前海尔在全国可调拨16000辆车辆，运输成本大大降低。

（2）供应链管理。

内部：实施一体化供应链管理，下达订单的周期由原来的7天以上缩短为现在的1小时内；同时实现流程管理4小时送料到工作现场。

外部：延伸至供应商各部，使海尔的订单响应速度由整合前的36天缩短至现在的不到10天。

（3）物流产业化。海尔物流整合了全球配送资源网络，积极拓展社会化分拨物流业务，通过现代物流科技的应用来创造增值服务。海尔物流成功应用世界最先进的SAP R/3系统和SAP LES物流执行系统，拥有600亿海尔集团物料的管理运作经验和能力。同时利用现有网络开展社会化服务，向其他行业和单位提供全程物流服务，解决成本、响应速度的问题，以客户为中心提供全方位的物流增值服务。

3. 海尔物流的远景

海尔物流希望凭借自己高品质的服务为所有企业建立起高效的供应链体系，并成为中国最大的、客户首选的第三方物流增值服务提供商。

海尔的物流改革是一种以订单信息流为中心的业务流程再造，通过对观念的再造与机制的再造，构筑起海尔的核心竞争能力。

二、海尔物流咨询

海尔物流希望凭借自己高品质的服务为所有企业建立起高效的供应链体系，并成为中国最大的、客户首选的第三方物流增值提供商。

海尔供应链管理咨询服务是海尔物流为拓展第四方物流业务，将海尔物流多年来在流程再造和信息化建设方面的成功经验推向社会，使其他企业在进行物流信息化建设和物流流程管理方面少走弯路，从而提高中国物流行业的整体信息化建设和物流管理水平而开展的，专注于提供供应链整体建设解决方案的专业咨询服务。

依托海尔集团的强大实力和海尔物流先进的物流运作流程及实际运作经验，海尔供应链管理咨询提供先进的行业解决方案、物流战略、物流规划、物流信息系统的建设与实施、物流运作、制造业 ERP 的培训、供应链管理等增值服务，从而降低客户的物流成本，提高客户服务水平。

在海尔先进的管理思想和独特的企业文化的熏陶下，海尔物流拥有一支既懂得 IT 技术，又懂得物流流程设计实际经验的专业咨询和实施队伍。在 OM/SD/WM、MM、TMS、FI/CO、PP、BASIS 等方面具有丰富的实施经验。

同时，通过和世界级的物流管理咨询公司结成战略联盟，海尔物流还拥有一支具有丰富经验和能力的专家队伍，能够向客户提供一流的供应链管理咨询服务和信息管理系统实施服务，提升客户物流能力。

自 1999 年至今，实施的项目如下：

- 海尔物流 ERP 项目。
- 合肥工业园 ERP。
- 大连工业园 ERP（出口加工区）。
- 武汉工业园 ERP。
- 海尔 CCT 手机 ERP 项目。
- 海尔住宅 ERP 项目。
- 海尔 8 个立体库与平面库 WMS。
- 海尔物流存储项目。
- 海尔物流归档项目。
- 海尔物流 3PL 项目。

●海尔物流 LES 项目。

在成功完成集团内部业务的基础上，加强了集团外业务的拓展，实施了以下项目：

● AVAYA（亚美亚）通讯设备有限公司物流增值项目。
● 华普信息技术有限公司物流增值项目。
● 日本美宝集团物流增值项目。
● 中国长城计算机有限公司物流增值项目。
● AFP 集团物流增值项目。
● 金红叶集团物流增值项目。
● 雀巢公司物流增值项目。
● 四川郎酒销售有限公司物流增值项目。
● 青岛华金集团物流增值项目。

先进的物流运作流程，丰富的实施运作经验，专业的咨询队伍，强大的专家网络，再加上海尔独特的企业文化和“真诚到永远”的服务理念——我们有理由相信，海尔供应链管理咨询一定能够成为贵公司的最佳选择，提供给您完美的物流解决方案。

三、社会化联合采购

随着生产技术和管理水平的大幅度提高，产品的生产成本下降的空间越来越小，物流成本的降低成为企业盈利的关键。只有通过有效的物流管理，从而降低企业流通成本，才能在激烈的市场竞争中获胜，因此企业采购外包越来越多地成为企业提高市场竞争能力的首选决策。

海尔物流第三方采购借助完善的供应商网络资源，为其他企业提供零部件的采购增值服务。第三方采购可提供包括钣金、塑料、电子电器、系统机械、印刷包装、住宅设施、敷料等生产加工类产品共 254 类产品数万种规格的零部件代购业务；另外，还包括办公用品、生活用品、劳保用品、生产机械、建筑材料、礼品等非生产加工类共 6 大类近 5000 种规格。同时海尔物流搭建了公平的操作平台，真正实现“公平、互动、双赢”的合作原则。

海尔物流作为中国物流行业的先行者，在物流及供应链管理方面具有明显的优势。海尔物流拥有优秀供应商网络和遍布各个行业的数万家供应商的信息库；海尔集团拥有先进的零部件及整机检测系统，保证产品质量；海尔集团巨大的采购额获得同行业最有竞争力的成本；专业的采购经理人队伍可为企业提供采购过程的全方位服务。

四、第三方物流服务

海尔物流：中国领先的现代综合物流服务提供商。

1. 新的挑战

随着经济全球化和知识经济时代的到来，带来了全球化的竞争，同时也带来了全球化的资源空间。在高科技迅速发展、市场竞争日趋激烈、顾客需求不断变化的今天，一切都要求企业能够快速响应客户的需求，而要达到这一目的，仅靠一个企业所拥有的资源是远远不够的。任何一个企业都不可能在所有的业务上成为世界上最杰出的企业，只有互补，才能共同增强竞争实力，利用全球资源空间，建构全球供应链，实行"一体化管理"模式，成为新经济下新的发展战略。

2. 凤凰涅槃

面对新经济的挑战，海尔集团深刻认识到新的竞争环境对企业管理模式产生了巨大的影响，海尔集团将企业的业务流程再造与物流管理革命相结合，以海尔独特的企业文化为基础，创造性地发展了同步工程，并将海尔的物流能力作为企业发展的核心能力来建设，为海尔集团实现三大战略转移奠定了良好的基础。

短短的几年时间里，借助管理的创新，海尔集团销售额从 168 亿元快速增长到了 2002 年的 700 亿元。海尔物流推进本部为集团的超常规发展提供了强有力的满足订单的支持保障。在瞬息万变和激烈竞争的市场上，为海尔集团的发展赢得了基于时间的竞争优势。而海尔集团的现代物流管理也跨越了从物流重组、供应链管理到物流产业化的三大阶段。并被授予"中国物流示范基地"。

3. 海尔物流

16000 部卡车、42 座大型区域配送中心、投资过亿的世界最先进的SAP R/3ERP 系统和 SAP LES 物流执行系统、600 亿海尔集团物料的管理运作经验和能力、与世界一流的第三方物流公司的策略联盟、满足客户需求的物流解决方案，构成了海尔物流公司的核心能力：以客户为中心的全方位物流服务能力。

4. 物流使命

海尔物流将成为客户首选的全国性的供应链合作伙伴，通过利用现代物流科技的创新增值服务，海尔物流的高素质团队和所拥有的强大资源优势将带给客户低成本高品质的服务。

5. 发展战略

在海尔集团国际化战略指引下，凭借海尔集团的资源优势，推动集团从制造业向服务业的战略转移，以海尔物流基于时间的竞争优势和供应链整合经验为基础，以"双赢"为目标，向客户提供低成本高附加值的综合物流服务。

6. 服务产品

海尔物流的服务产品，将完全以客户为中心，按照其行业特点量身定制其物流运作方案。

(1) 运输服务。海尔物流目前管理着巨大的理货运输业务预算：16 亿元人民币每年。海尔物流控制的 16000 部卡车在祖国各地日夜奔驰。如果加入海尔物流的运输网络，意味着可以获得最佳的运费折算率。同时，海尔物流通过客户分布在全国的服务网络，可视的、灵活的管理系统去帮助您提高对客户的响应速度和配送及时率。

①订单聚集。由于客户采用世界首屈一指的 SAP LES 物流执行系统，将运输管理、仓库管理以及订单管理系统高度一体化整合，使得客户能够将订单转换成为可装运的品项，从而有机会去优化运输系统。

②承运人管理和路径优化。海尔物流提供持续一致的程序去管理承运团队的运作。客户依靠对运输的优化而持续的更新客户的运输费用折扣。

③多形态的费率和执行系统。海尔物流管理各种形式的运输模式，包括了快递、整车、零担、空运、海运和铁路运输。客户的物流团队将按照客户的需求，应用各种先进的费率计算系统向客户提出建议。

④行程执行。海尔物流应用海尔总结出来的一整套的建立在协商、服务功能和其他商业标准的方法来计算运费。通过集中运输中心的设立，客户可以整合所有的承运者，选择合适的承运工具从而大幅度地降低偏差和运输成本。

⑤可视化管理。海尔物流的动态客户出货追踪系统可以对多点和多承运人进行监控，相关的客户可以从系统上直观地查询到订单的执行状况甚至每个品项的信息。

⑥运输线合并。海尔物流具有将不同来源的发货品项，在靠近交付地的中心进行合并，从而组合成完整的订单，最终作为一个单元来送交到收货人手中。

⑦持续移动。海尔物流可以根据客户的需要去提高承运的利用率，从而降低收费费率。

⑧车队，集装箱和场地管理。许多客户都拥有自己的专有卡车、集装箱和设施场地供自己的车队使用。海尔物流可以管理这些资源从而将其纳入海尔物流整体运输解决方案中。

(2) 仓库管理和增值服务。

每个客户都有其独特的市场需要和特殊制造约束，海尔物流致力于为客户设计客户的仓库管理策略，优化每个客户的整体供应链的效率，去满足客户的商业目标。海尔物流以自身的物流管理创新为物流业务的管理创造了新的标准。

①仓库的设施管理。海尔物流提供遍及全国的专用和公共的仓库设施管理，我们的仓库可以提供不同的安全状况、高水平的库存控制来满足客户的不同需要。

②仓库管理流程和绩效控制。海尔物流在管理仓库上是应用一套标准的、可以重复的、文档化的流程来管理，其技术可以依靠信息系统直接传递到每一个需要其信息的运作人员。

③物料供应管理。海尔物流可以提供完整的物料解决方案，包括了计划、采购、收货、上架等。我们设计和实施供应商的管理程序，例如补货、供应商管理库存和供应商管理枢纽等来使物料能够高效率地流动，从而满足客户响应市场的目标。

④直拨。海尔物流的直拨中心可以使客户的产品连续地流淌。一个成功的直拨流程需要对承运人精确的时间控制和对每一个卡车的位置的完善可视化控制。海尔物流具有丰富的经验去管理和创造直拨流程来满足客户不同状况的需要。

⑤库存管理流程。一旦物料进入仓库，海尔物流将通过设计不同的储位来优化您的物料搬运时间。一些例如流利架等技术在仓库里将被采用。我们完全是按照物料的物流特性进行自动的储位优化，从而大幅度地减少了订单的拣选时间和劳动成本。

⑥装配和包装服务。海尔物流与一般的物流公司不同，我们在制造业的装配和包装上有着独特的经验和完善的流程。我们发展出了成功的策略去管理这些活动。我们的能力包括了预装配、最后配置、包装、促销材料的加入、拣选/包装/工具箱等。

（3）供应链服务。

①订单管理。通过在订单处理阶段就计划整个订单的履行，海尔物流可以考虑仓储和运输对订单的影响，通过持续的改进客户的响应速度。海尔物流帮助您管理订单，从订单的接收、评价、优化、追踪状态等。我们可以帮助您履行订单、检查客户的信用。我们集成化的物流执行系统可以帮助客户将订单转变成为可以发运的品种，从而降低运输费用。

②反向物流。海尔物流确信退货等反向商品管理必须被妥善对待。不论其是否要退回到工厂，还是拆毁或者重新包装、重新入库。海尔物流可以帮助用户处理这些反向物流，降低过去用户付出的巨大处理成本。

③规划。海尔可以帮助用户规划、实施和执行供应链的程序。诸如分销资源规划去支持从生产到仓储的各种活动。我们可以帮助用户确定用户的联合预测和协同补货策略。我们也可以提供供应商库存管理的战略和实施步骤。海尔

集团自身的物流业务流程再造的经验可以供用户共享。

五、海尔物流案例分析

1. 海尔物流管理的“一流三网”充分体现了现代物流的特征

“一流”是以订单信息流为中心；“三网”分别是全球供应链资源网络、全球配送资源网络和计算机信息网络。“三网”同步流动，为订单信息流的增值提供支持。

“一流三网”实现了四个目标：

(1) 为订单而采购，消灭库存。在海尔，仓库不再是储存物资的水库，而是一条流动的河。河中流动的是按单采购来生产必需的物资，也就是按订单来进行采购、制造等活动。这样，从根本上消除了呆滞物资、消灭了库存。

目前，海尔集团每个月平均接到6000多个销售订单，这些订单的品种达7000多个，需要采购的物料品种达26万余种。在这种复杂的情况下，海尔物流自整合以来，呆滞物资降低了73.8%，仓库面积减少50%，库存资金减少67%。海尔国际物流中心货区面积7200平方米，但它的吞吐量却相当于普通平面仓库的30万平方米。同样的工作，海尔物流中心只有10个叉车司机，而一般仓库完成这样的工作量至少需要上百人。

(2) 全球供应链资源网的整合，使海尔获得了快速满足用户需求的能力。海尔通过整合内部资源优化外部资源，使供应商由原来的2336家优化至840家，国际化供应商的比例达到74%，从而建立起强大的全球供应链网络。GE、爱默生、巴斯夫、DOW等世界500强企业都已成为海尔的供应商，有力地保证了海尔产品的质量和交货期。不仅如此，海尔通过实施并行工程，更有一批国际化大公司已经以其高科技和新技术参与到海尔产品的前端设计中，不但保证了海尔产品技术的领先性，增加了产品的技术含量，还使开发的速度大大加快。另外，海尔对外实施日付款制度，对供货商付款及时率达到100%，这在国内，很少有企业能够做到，从而杜绝了“三角债”的出现。

(3) JIT的速度实现同步流程。由于物流技术和计算机信息管理的支持，海尔物流通过3个JIT，即JIT采购、JIT配送和JIT分拨物流来实现同步流程。

目前通过海尔的BBP采购平台，所有的供应商均在网上接收订单，使下达订单的周期从原来的7天以上缩短为1小时内，而且准确率达100%。除下达订单外，供应商还能通过网上查询库存、配额、价格等信息，实现及时补货，实现JIT采购。

为实现“以时间消灭空间”的物流管理目的，海尔从最基本的物流容器单元化、集装化、标准化、通用化到物料搬运机械化开始实施，逐步深入到对车间工位的“五定”送料管理系统、日清管理系统进行全面改革，加快了库存资金的周转速度，库存资金周转天数由原来的 30 天以上减少到 12 天，实现 JIT 过站式物流管理。

生产部门按照 B2B、B2C 订单的需求完成以后，可以通过海尔全球配送网络送达用户手中。目前海尔的配送网络已从城市扩展到农村，从沿海扩展到内地，从国内扩展到国际。全国可调配车辆达 1.6 万辆，目前可以做到物流中心城市 6~8 小时配送到位，区域配送 24 小时到位，全国主干线分拨配送平均 4.5 天，形成全国最大的分拨物流体系。

(4) 计算机网络连接新经济速度。在企业外部，海尔 CRM（客户关系管理）和 BBP 电子商务平台的应用架起了与全球用户资源网、全球供应链资源网沟通的桥梁，实现了与用户的零距离。

在企业内部，计算机自动控制的各种先进物流设备不但降低了人工成本、提高了劳动效率，还直接提升了物流过程的精细化水平，达到质量零缺陷的目的。计算机管理系统搭建了海尔集团内部的信息高速公路，能将电子商务平台上获得的信息迅速转化为企业内部的信息，以信息代替库存，达到零营运资本的目的。

2. 积极开展第三方物流

海尔物流运用已有的配送网络与资源，并借助信息系统，积极拓展社会化分拨物流业务，目前已经成为日本美宝集团、AFP 集团、乐百氏的物流代理，与 ABB 公司、雀巢公司的业务也在顺利开展。同时海尔物流充分借力，与中国邮政开展强强联合，使配送网络更加健全，为新经济时代快速满足用户的需求提供了保障，实现了零距离服务。海尔物流通过积极开展第三方配送，使物流成为新经济时代下集团发展的新的核心竞争力。

3. 流程再造是关键观念的再造

(1) 业务流程再造。海尔实施的现代物流管理是一种在现代物流基础上的业务流程再造。而海尔实施的物流革命是以订单信息流为核心，使全体员工专注于用户的需求，创造市场，创造需求。

(2) 机制的再造。海尔的物流革命是建立在以“市场链”为基础上的业务流程再造。以海尔文化和 OEC（日清日高、日事日毕）管理模式为基础，以订单信息流为中心，带动物流和资金流的运行，实施三个“零”目标（质量零距离、服务零缺陷、营运零资本）的业务流程再造。

构筑核心竞争力物流带给海尔的是“三个零”。但最重要的，是可以使海尔一只手抓住用户的需求，另一只手抓住可以满足用户需求的全球供应链，把这两种能力结合在一起，从而在市场上可以获得用户忠诚度，这就是企业的核心竞争力。这种核心竞争力，正加速海尔向世界 500 强的国际化企业挺进。

资料来源：http：//wenku.baidu.com/view/c0846761caaedd3383c4d303.html.

问题讨论：

1. 海尔物流的发展经历了哪几个阶段，分别是什么？

2. 以海尔为例，叙述“流程再造的关键是什么”？

本章小结

本章主要介绍了移动商务物流模式与移动商务供应链模式，了解移动商务物流和供应链模式的基本概念，基本类型；重点掌握移动商务物流模式的运作流程和移动商务供应链模式的具体过程；在熟悉移动商务供应链模式的设计原则的基础上能够理解移动商务供应链模式的设计策略；结合海尔物流案例认识移动商务供应链模式的发展趋势。

本章复习题

选择题

1. 由于物流对象不同，物流目的不同，物流范围、范畴不同，形成了不同类型的物流。消费者、生产者企业所从事的实际的、具体的物流活动属于（　　）。

A. 宏观物流　　B. 微观物流

C. 社会物流　　D. 企业物流

2. 由于物流对象不同，物流目的不同，物流范围、范畴不同，形成了不同类型的物流。伴随和支撑国际间经济交往、贸易活动和其他国际交流所发生的物流活动属于（　　）。

A. 宏观物流　　B. 微观物流

C. 区域物流　　D. 国际物流

3. 物流的基本职能是指物流活动应该具有的基本能力以及通过对物流活动最佳的有效组合，形成物流的总体功能，以达到物流的最终经济目的。以下不属于物流基本职能的是（　　）。

A. 流通加工　　B. 配送

C. 批发零售　　D. 废旧物的回收与处理

4. 为了向客户提供产品和服务的价值，公司必须进行一些能够提供支持这些价值的活动，这些活动往往具有一定的关联性，一般被称做（　　）。

A. 战略目标　　B. 目标客户

C. 核心能力　　D. 价值链

5. 企业自营物流模式意味着移动商务企业自行组建物流配送系统，经营管理企业的整个物流运作过程。这种模式的优点不包括（　　）。

A. 能够保证供货的准确和及时

B. 能够节省物流配送成本

C. 保证顾客服务的质量

D. 有利于维护企业和顾客间的长期关系

6. 哪种移动商务物流模式是指制造业、销售企业、物流企业基于正式的相互协议而建立的一种物流合作关系？（　　）

A. 自营物流　　B. 第三方物流

C. 物流一体化　　D. 物流联盟

7. 下列哪项属于移动商务第四方物流模式具有的特点？（　　）

A. 它对整个供应链及物流系统进行整合规划

B. 在信息共享的基础上，实现优势互补

C. 使产品在有效的供应链内迅速移动

D. 建成后对规模的要求很高，大规模才能降低成本

8. 随着移动电子商务的迅速发展，移动商务的物流模式将呈现的特点不包括（　　）。

A. 信息化　　B. 系统化

C. 独立化　　D. 多功能化

9. 由一组按一定编码规则排列的条、符号，用以表示一定的字符、数字及符号组成的信息的是（　　）。

A. 条码　　B. GIS

C. GPS　　D. ERP

10. 一种基于计算机的工具，它可以对在地球上存在的东西和发生的事件进行成图和分析。通俗地讲，它是整个地球或部分区域的资源、环境在计算机中的缩影，这种工具是（　　）。

A. GPS　　B. GIS

C. POS　　D. ERP

11. 在移动商务条件下，第三方物流模式具有明显的优越性，具体表现在（　　）。

A. 减少固定资产投资，加速资本周转

B. 它对整个供应链及物流系统进行整合规划

C. 它具有对供应链服务商进行资源整合的优势

D. 它具有信息及服务网络优势

12. 以下不属于移动商务供应链模式具体过程的是（　　）。

A. 订单处理　　B. 采购管理

C. 配送与运输管理　　D. 广告宣传

13. 相对于传统供应链模式，移动商务供应链模式具有的特点是（　　）。

A. 承运类型散装　　B. 顾客类型既定

C. 库存、订单流双向　　D. 物流管理责任单一环节

14. 在移动商务条件下由于消费者的需求千变万化，顾客要求的服务水平越来越高，供应链系统必须适应这种特点，这就要求供应链包括生产制造系统、产品设计和研发系统、物流后勤系统在内的各个环节具有很强的灵活性，能对需求的变化做出快速的反应。这种原则叫做（　　）。

A. 柔性原则　　B. 优化原则

C. 协调原则　　D. 战略原则

15. 设计集成化的移动商务供应链模式，应遵循的基本原则不包括（　　）。

A. 简洁原则　　B. 多功能化原则

C. 协调原则　　D. 创新原则

16. 供应链模式设计过程是一个分析问题，提出方案的过程。为了得到建立高效灵活供应链的解决方案第一步工作是（　　）。

A. 分析供应链的现状　　B. 提出供应链设计项目

C. 分析市场竞争环境　　D. 建立供应链设计目标

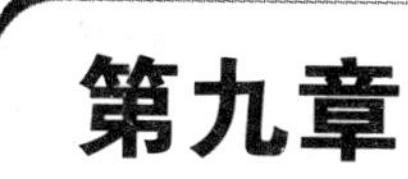

第九章

移动商务模式的法律体系

学习目的

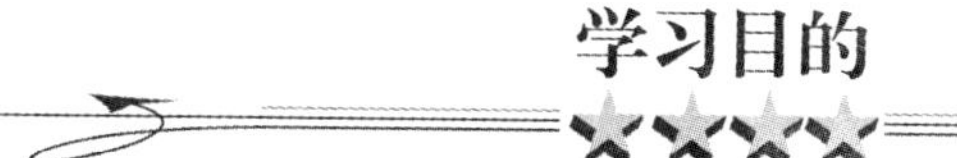

知识要求 通过本章的学习，掌握：

- 移动商务模式法律的任务
- 移动商务模式的立法原则
- 电子支付的定义和特征
- 移动商务模式标准定义
- 移动商务模式的法律环境
- 移动商务模式法律的立法状况
- 电子支付的法律问题
- 移动商务模式网上拍卖的法律问题

技能要求 通过本章的学习，能够：

- 分析移动商务模式标准化存在的问题
- 了解移动商务物流模式标准化发展趋势
- 懂得移动商务模式网站拍卖原则
- 熟悉移动商务模式中知识产权、隐私权和无形财产权的保护

学习指导

1. 本章内容包括：移动商务的立法原则，移动商务法律模式内容，移动商务消费者权益保护，移动商务的身份认证与安全问题，移动证券期货交易的法律问题。

2. 学习方法：结合案例了解移动商务的立法原则，移动商务法律模式内容，移动商务消费者权益保护，移动商务的身份认证与安全问题，移动证券期货交易的法律问题。

3. 建议学时：4 学时。

网购可索取“电子发票” 网店征税时代即将到来

一、首批 22 个试点城市已定

2010 年 7 月 1 日，《网络商品交易及有关服务行为管理暂行办法》实施，国内网店开始步入“实名制”时代。“实名制”的到来，让业内纷纷猜测，这是网店征税前的准备工作，一时间众说纷纭。

2011 年 6 月，武汉市国税局开出国内首张个人网店税单——对淘宝女装网店“我的百分之一”征税 430 余万元。据称，在武汉的淘宝皇冠级以上网店都将被纳入该市税收征管范围。

“网商需要时刻做好收税的准备。目前暂不清楚国家具体何时开征，但淘宝正努力把税收的期限和额度适当放缓。暂不征税是社会给网店的红利，不能将此视为理所应当。”阿里巴巴董事局主席马云对于网商税收问题看得很清楚。

正如马云所预测的，网店征税时代即将来到。

日前，国家发改委、财政部、商务部等八大部委联合下发《关于促进电子商务健康快速发展有关工作的通知》，其中提到，在北京市、上海市、广州市、杭州市等 22 个省市，将开展网络电子发票应用试点，在首批试点城市中，杭州、重庆名列其中。税务总局、财政部负责组织相关部门及各示范城市，研究完善电子商务税收征管制度，制定网络电子发票管理暂行办法及标准规范，研究安全网络电子发票系统及网络电子发票管理与服务平台的建设思路，形成试点工程方案，并在相关示范城市组织开展试点。

在完成了“放水养鱼”的市场培育期后，电子商务即将迎来规范的发展方式。“电子发票”背后透露的信息就是，开网店要纳税了。所谓的电子发票是纸质发票的电子影像，是一串电子记录。纳税人可以在线领购、在线开具、在线传递发票，并可实现在线申报。

二、成本转嫁消费者在所难免

2011 年中国网民在线购物交易额达到 8019 亿元。但网络商铺大多没有实体店，很多无法提供发票。

试点城市之一的重庆市消委会投诉部主任喻军表示，2011 年该消委会受理了10余起针对网店不开发票的投诉。被投诉方多为个体经营者，没有实体店，未办理税务登记，也就提供不了发票。而不少买家似乎也习惯了网店不开发票。

重庆地税局12366服务热线的有关工作人员表示，目前针对网购发票的投诉比较少，可能是因为买家多为个人，发票的价值并不大。不过从税务管理的角度来讲，无论是网店还是实体店，只要商家销售了商品，就有义务开具发票，否则就有偷税漏税的嫌疑。

开具发票对于大的B2C企业来说并不是什么难事。目前京东商城、当当网等B2C电商均默认每单全部开具发票，此项费用支出每年大概需缴纳过亿元税费。这样一笔大的支出，也只有资金背景比较雄厚，经营规模较大，利润率较高，管理也相对比较规范的网上商城能够承受，因此大多数B2C电商都能够依法开具发票。

但对于个人小卖家们，开发票可就没那么容易了，此次开展网络（电子）发票应用试点的实质就是“电子商务缴税”的延续。不少的网络卖家认为，开出网络发票之后，难免要缴税，那么经营成本必定要增加。到时如果有资金雄厚的店家打价格战的话，一些小卖家可能就会“活不下去”。

而网购族们则忧虑，推出电子发票以后，可能会出现网购成本增加的情况，电子发票所增加的税收可能会转嫁到商品价格中。为此不少的消费者开始担心，卖家的经营成本增加，自己将会成为最终的“埋单者”。

对于消费者担忧发票成本转嫁到商品价格的问题，重庆工商大学教授吴江文认为，从短期来看，这确实会给网商带来一定的影响，加大其成本支出，但市场要发展，就必须要规范，国家可能会针对不同销售额的网商出台相应的征税规则，对于一些小的网商或者个体户，应该会采取相应的扶持及保护政策。

在中国电子商务研究中心研究员冯林看来，即便电子发票的试点会提高部分产品价格，但增加对电子商务领域的税收监管是大势所趋。

三、国外网店如何缴税

在很多电子商务发达的国家，网上店铺缴税早已经不再是什么新鲜事。不少国家甚至通过了相关的法律法规对征税进行了界定和保障。

让我们来看看国外的网店征税的标准和依据是什么，也许我们可以从中学习到一些经验。

1. 日本：百万日元收益才报税

在日本，《特商取引法》规定，网络经营的收入需要交税，而且确实有一些日本人在按照法律纳税。据统计，日本年收益低于100万日元的网店，大多没报税，而年收益高于100万日元的，店主却大都比较自觉地报税。日本法律有一条规定——若网店的经营是以自己家为单位的，那么家庭的很多开支就可以记入企业经营成本。在这种情况下，如果一年经营收入不足100万日元，是不足以应付家庭开支的，就可以不用缴税。

2. 英国：与实体经营一致

2002年8月，英国《电子商务法》正式生效，明确规定所有在线销售商品都需缴纳增值税，税率与实体经营一致，实行"无差别"征收，分为三等，标准税率（17.5%）、优惠税率（5%）和零税率（0）。根据所售商品种类和销售地不同，实行不同税率标准。年销售额超过5.8万英镑，则必须到税务部门进行增值税登记。若未超过，则不作硬性要求。

3. 美国：虚拟商品不征税

美国在1998年通过了《互联网免税法案》。该法案最简单、最基本的原则就是：虚拟商品（比如软件、音乐）不应该被征税，但一般商品都需按照实体经营标准纳税。该法案适用期3年，后来两次延期，直到现在还在沿用。不过美国高等法院作出判定，凡是公司实体不在某个州的，消费者通过网上订购发生买卖，则该州不得对这家公司征收消费税。

4. 澳洲：按产品价格定税

在澳大利亚开网店，收费收税是不可避免的。个人开网店，需要向网络平台缴纳登录费、交易服务费等。卖家在网店里每放一个新产品，就要交一笔费用，收费标准依产品的价格而定。

成交后，还要交成交价格2%~5%的交易服务费。使用第三方支付系统时，也需要交手续费。小本经营的个人网店通常不需要报税，除非交易额超过1000澳元。

资料来源：朱烨. 网购可索取"电子发票"网店征税时代即将到来［N］. 中国经济网，2012-03-09.

问题讨论：

网购是否应该交税？

第一节 移动商务的立法原则

移动商务的立法应遵循电子商务立法的基本原则，并与传统商法或者说现有商法基本一致。移动商务立法应遵循电子商务立法的基本原则包括：

一、调整与完善传统商法

我国处于电子商务发展初级阶段，传统的贸易方式与电子商务形式将长期共存，而传统立法中关于贸易的有关法律条文对网上交易带来的不相一致的问题，同时又派生出许多不相适应的地方，如《消费者权益保护法》等。因此，一方面要完善立法，另一方面要考虑到电子商务中出现的新情况，对传统立法做必要的修改。如对于网上交易，立法的重点是保护消费者的利益，使电子签名等工具合法化；对于知识产权保护，重点在于商标权、域名权、专利权等；对于个人隐私的保护，重在禁止贸易壁垒，防止过度采集并利用个人数据进行交易；对于网上的安全，重在保护商家、个人、公共社会、国家安全等；对于跨域交易税收和关税，当前亟待研究的是免税、税收管辖、防止重复征税、税款流失等问题；对于电子支付，重在防止欺诈、伪造问题；对于网上管制，主要涉及有关信息接入，国际合作，有关信息内容、外国信息引发的内容的限制，广告内容限制，以及互联网内容选择平台，要尊重各个国家的文化、语言、历史、传统，保护消费者不受低级的、暴力的、损害公共利益等方面的影响，还有网上交易文化等。

二、国内立法与国际立法的协调一致

在互联网基础上的电子商务是全球性的商务活动，而不仅仅是某个国家的内部业务，因此电子商务的法律制度既要考虑国内环境的问题，又要考虑国际接轨问题。应考虑如下六个基本原则：

（1）电子商务基本主体是企业和各类交易当事人，电子商务法应由企业和各类交易当事人来主导。

（2）电子商务法应保护各交易当事人的利益，基本点应是保护消费者的利益。

（3）电子商务法应保护网上合理的竞争和限制网络垄断。

（4）电子商务离不开政府的推动，电子商务法应明确界定政府的职能。

（5）电子商务法应有利于网络经济与传统产业的融合。

（6）电子商务的物质技术基础设施应面向全球化。

三、移动商务法的主要内容

（一）移动商务合同

在电子商务活动中，电子合同具有重要的意义，它与传统的以纸张为基础的电话、电报、传真等合同不同，交易双方可以突破空间和时间的障碍，这同时又为假冒他人身份从事交易提供了机会，因此，在当事人进行网络签约的过程中，数字签名、公钥加密、认证中心等越来越多地应用到电子商务中，使电子商务合同的法律规范成为一个重要问题。

(1) 网上合同所引发的证据法方面的问题。主要是电子数据能否在诉讼中被法院采纳为证据，而电子数据能否作为证据法上的证据，这直接关系到电子交易中当事人合法权益的保护，关系到网络电子商务的顺利发展。

(2) 网上合同的履行问题。随着互联网的发展，商家们正在将传统的 EDI (Electronic Data Interchange，电子数据交换) 转移到互联网上，并使其交易得到迅速发展。在网上合同的履行中，可能会遇到这样一些问题，如网上合同的跨域流动、网上知识产权的保护、电子交易的支付机制等。

（二）移动商务知识产权保护

网络上涉及的知识产权包括网络技术给版权、专利权、商标权等制度带来的新问题。与网络技术最密切的是版权保护，网络传输中的数字信息包括了各种文字、影像、声音、图形和软件等智力成果，而这些成果存在着版权归属和保护问题，传统的国内法和国际法都相对滞后网络经济的发展，这在专利权、商标权方面已经表现出来。

（三）移动商务隐私权保护

网上隐私权是指公民享有的私人安宁与私人信息依法受到保护，不被他人非法侵犯、知晓、搜集、复制、利用、公开的一种人格权。目前网络隐私保护领域遇到三大问题，如个人数据过度收集、个人数据二次开发利用、个人数据交易问题，这已引起国内外的高度重视。

（四）移动商务网上活动管制

电子商务并非是完全的市场经济，互联网也并不是一个无管制的空间，许多现行的法律适用于互联网设施的分布和使用、适用于互联网上的信息传输、适用于互联网的许多活动，同时也表现出许多方面的不适应，为了规范电子商务活动，研究网上商务活动已成为国内外商法研究的重要内容，如其中的网上税收、广告、网络商人的行为规范等。

（五）移动商务国际私法

对于国际纠纷可以考虑从网址入手来确定管辖权，然后确定其法律适用性，但网络技术对网上行为造成的地域模糊，表现在对互联网案件的识别和链接因素的确定上无所适从，一种是在原有的法律体系中识别，另一种是在原有的法律体系之外通过国内立法与判例、国际条约与公约建立起一个“网络空间法”，形成一个独立的法律部门处理国际纠纷。

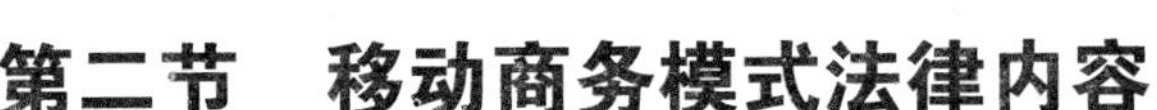

第二节 移动商务模式法律内容

一、移动商务的电子合同成立

（一）要约邀请与要约

移动商务的交易合同的缔结是在互联网与移动通信网上完成的。如何通过短信传输的方式缔结合同，并且合同缔结方式被法律所承认，是移动商务面临的基本法律问题。根据《合同法》第13条规定："当事人订立合同，采取要约、承诺方式。" 因此，移动商务中的电子合同也应当遵循要约——承诺的合同缔结模式。

第一种情形是网络商店在网站上展示商品之图片、定价等情形，消费者通过直接发短信息的方式订购。例如消费者欲购买一台MP3，而进入某一网络电子购物商城。在搜索目标之后，网页上出现了消费者想要选购的机型，此时在网页上会出现商品之图片，并介绍其外形、大小、重量、颜色、价格、产品介绍等。此时售卖人就其网站上所制作或张贴的商品之图片、定价及其他介绍等展示，在性质上是否属于我国《合同法》第15条之"商业广告的内容符合要约规定的"要约邀请，而被视为网络商店之"要约"。

在网络商店中所陈列商品并非实际的货物，所以不应将网络商店所列出的商品看成一种"要约"。再者，网络价目表之标示可由用户通过网络在计算机或者具备上网功能的手机上浏览，系因为网络商家将这些资讯通过服务器而传送给消费者，若依我国《合同法》第15条之规定或可解释为一种商业广告的要约邀请，因此网站上看到的广告及价目表，应属要约邀请，而非要约，除非商业广告的内容符合要约规定的，才视为要约。外国学者基本上也认为售卖人通过虚拟商店（Virtual Shops）之网站展示商品之资讯应被视为与一般广告无异，不应被视为要约，而仅应视为要约邀请，直到受买人回应了该广告表示其欲购买该商品，此意思表示才是要约，而等售卖人接受了此要约并作出承诺时，合同才成立。

第二种情形是网站提供数字化商品（Digital Products）的情况。例如，网站向手机用户提供铃声、图片下载，或者提供手机游戏下载服务。此时消费者在选购数字化商品时，可以在线试听、试玩，其对商品的选择程度并不亚于在现实商店中购买陈列在橱窗或者架上明码标价的真实物品，所以，应当视为要约。况且，由于数字化商品的易复制性，决定了商家不会因为大量消费者订购同种物品，而导致无商品可卖的情况发生，承认其为要约，不会使商家承担违约责任。

第三种情形是双方当事人以短信息方式为意思表示时。如果相对人收到一条短信息，而该意思表示仅针对该个人，且内容具体确定足以解释为要约之内涵，此时该电子邮件就应被解释为要约；然如通过短信群发功能向许多人发送的“本人欲以 2000 元出售本人的二手笔记本电脑，其配备为……”的广告，此时因为该意思表示是针对不特定的多数人，故仅能解释为要约邀请。但是如果这个信息的内容是：“本人欲以 2000 元出售本人的二手笔记本电脑，其配备为……给第一个回复此短信息之人”，此时已是针对某特定之人士，即应解释为要约。总之，是否为要约仍须根据具体情况来加以判断。

总之，网站上的广告或者手机短信息的广告，其目的仅在于唤起消费者的购买意愿，属要约邀请，只有经消费者按键或者发短信息表示接受该要约邀请，而构成要约；而后再由网络商家承诺之后，合同才成立。至于数字化商品，如果商家提供试听、试玩的机会，基本上应与货物标定价陈列无异，可视为要约。若消费者利用鼠标按键确认或以其他类似方式将数字化商品下载，可认为系意思表示之实现，且此时视为合同成立。

（二）要约与承诺

我国规定合同的缔结方式必须采取要约、承诺的方式，而合同的形式则有书面形式、口头形式和其他形式。以电子方式传输为要约与承诺之意表示，以电子方式做成，然后确定合同的法律效力，《合同法》第 11 条规定：“书面形式是指合同书、信件和数据电文（包括电报、电传、传真、电子数据交换和电子邮件）等可以有形地表现所载内容的形式。”

因此,《合同法》承认经由电子方式成立的合同的效力。《合同法》第 14 条规定：“要约是希望和他人订立合同的意思表示，该意思表示应当符合下列规定：①内容具体确定；②表明经受要约人承诺，要约人即受该意思表示约束。”《合同法》第 21 条规定：“承诺是受要约人同意要约的意思表示。”但要约如何生效呢?《合同法》第 16 条规定：“要约到达受要约人时生效。采取数据电文形式订立合同，收件人指定特定系统接收数据电文的，该数据电文进入该特定系统的时间，视为到达时间；未制定特定系统的，该数据电文进入收件人的任何系统的首次时间，视为到达时间。”所以，通过短信息订立合同时，要约以短信息达到移动设备终端开始生效。

随着科技的进步，为了节省当事人间的缔约时间并拓展销售领域，当事人可能运用机械的或自动化的方式来为要约或承诺之意思表示。如自动售票机或饮料自动贩卖机，该自动售票机或自动贩卖机之设置，即可认为设置人有与任何投入约定货币之人订立买卖合同之默示意思表示，受买人投入硬币则是依意思实现而成立合同。在网络发达的今日，在缔约过程中，一方当事人系由其计算机程序或主机独立发起意思或回应意思，也就是说计算机程序或主机得在其程序设计的范围内自行为“意思表示”，而当事人则完全不介入意思表示之过程，此即所谓之“电子代理人”（Electronic Agent）。由于在交易过程中亦有可能发生此种行为，则此“电子代理人”是否也适用于我国传统民法及合同法下的“代理”定义实值得探讨。更有甚者，在网络上也有可能由交易之一方列出一定之最低接受条件，而由两台主机依据其预先格式化的程式进行交易而缔结合同，而其协商或议价过程乃至最后交易之完成都可能完全不须以人为方式介入。

早在 State Farm Mutual Auto. Ins. Co. V. Bockhurt 一案中，美国法院即认为 State Farm Mutual Auto 保险公司就其计算机自动与他人缔结的“续期保险合同”是有效的，法院之理由认为该计算机之所以会如此运作，完全系依照其程序设计者之资讯或指示而为，故该保险公司应受该合同之约束。以计算机程序或电子化系统缔结合同，在现实社会中实为已存在之现象，故其重点应在于如何规范此种自动化的交易，以及更审慎地考虑如何处理网络交易中“本人”及“代理人”的法律关系及责任问题。显然，传统的民法及合同法已不足以解决这些问题，因为原先的法律针对的“代理人”是自然人，而现在的这个代理人却是由人类设计的计算机程序所给予指令的无生命的机器。

所以当我们说根据法律“代理人应当承担民事责任”或“代理人负连带责任”时，这个代理人究竟是机器还是拥有这部机器的人？还是设计程序的人？

从“UCITA 法案”2B-204 条款中可以得到一些解答。“UCITA 法案”2B-204 条款“要约与承诺：电子代理人”明文揭示出，在自动化交易时，得由电子代理人为要约或承诺之意思表示，合同因而成立。该法案中所谓之“电子代理人”，系指被用于独立进行一项行动或对电子信息或行为作出回应而无须再经由个人检视的一种计算机程序、电子或其他自动化的方法。换言之，电子代理人得独立代表个人为意思表示或接受意思表示，此时，其所代表的个人应当承担相应的法律责任。该条文同时规定，如果电子代理人之运作造成电子错误或其他类似之行为时，该合同不成立。该条文可说是将一般合同成立之原则多加了一项考虑因素：即电子代理人与一般自然人不同之处乃在于其无法反应先前程序设计中未预先设定的部分，故通过电子代理人成立之合同必须以电子代理人得以“反应”之部分为限。

(三) 承诺生效时间及地点

无线通信网是跨越时空的限制，因此，对于交易合同成立之认定时间及地点，应该有一个共同的标准和规范。问题是如何认定承诺之生效？在美国法上，承诺可以以一定之行为表示，即相当于我国之意思表示，如点头、握手、寄送支票、寄送商品、将商品自陈列架上取下等，但是单纯的沉默则不视为承诺。问题是受要约人在网络上以鼠标点取网页上之按键，输入密码或下载资料，或者发送短信息，可否被视为适当的承诺？而若是使用先进的声控技术对计算机发出指令而无须以鼠标点取时，是否得视为承诺？如果是要约要求依此方式为承诺，而且这种行为比单纯的沉默慎重得多，自然可视为一种适当的承诺方式。故受要约人若以按下鼠标或按输入键下载数字化商品，此时应可认为系意思实现。

在交易过程中，收受电子文件的时间与地点十分重要，尤其在电子商务时，收受电子文件的时间与地点更难确定，但这一点却往往关乎承诺生效的地点，但是在网上交易的环境，何者构成“承诺”并非清楚可辨，而必须根据具体情况来决定。因此，就衍生出这样一个问题：下载软件或者电子文件的行为是否构成“承诺”？一般而言，在用户经由网络下载电子文件而与供应商建立合同关系时，供应商可经由网络对用户迅速传送移动设备终端应用软件及其他产品，这种合同可以下列三种方式订立：

(1) 供应商可经由网络向客户提供相关的产品条款，客户必须在详细阅读并决定接受该条款的约定后，才会被允许进行资料下载的动作。这种动作应该被视为是一种承诺，因此，这类合同条款应具有法定效力。

(2) 供应商可在其网络上将促销商品的相关合同条款呈现于网络，并显示：“一旦用户使用了或安装了所促销的商品，即表示接受了合同条款。”在此情况下，如果用户使用或安装了相关商品，自然应视为一种承诺。

(3) 在网络上的电子文件并未提示任何使用须知，针对这种情况，应当参考当事人双方之间的约定或是业界一般做法作为事实认定之依据。

(四) 对话方式与非对话方式

消费者与网络商家间的要约及承诺，究竟是以对话方式为意思表示，抑或是以非对话方式为意思表示，此涉及意思表示之生效时间，值得加以探讨。

有人认为，在网络上进行交易系以计算机传送信息，其形式就像传真一样，故基本上应为非对话意思表示。唯 EDI 方式究竟是以对话方式或非对话方式为意思表示？国外学者认为不能一概而论，而须视实际情况而定：

(1) 如果双方系采用即时系统，在一方将信息发送到另一方的电子邮件信箱且无任何迟延，而另一方具有呼叫器或其他即时通信装置可以通知发送方该信息已送达时，纵使所发送之信息有存储、传送、回复的过程，此种情形仍应被视为一种“对话”形式。此时，若双方并无特别约定，则当于收文者“了解”该要约信息时，发文者即受到约束，而不能撤回要约信息。

(2) 如果要约人的要约信息从做成至送达受要约人处必须经过一段“相当”的时间，尤其是通过增值电信业务传送时，要约信息必须“送达”受要约者之“处所”时始能发生效力。如要约人欲撤回要约且在技术上可行的话，可在该要约送达前或同时，将撤回之信息发往受要约人处以撤回要约，否则受要约人有一段合理期限，可以考虑是否接受。若受要约人决定对此要约作出承诺，则必须于期限内将承诺送达要约人之处所，而合同应对于要约人收到承诺时方能宣告成立。

(五) 电子错误

电子传输过程中发生错误时，由于其传输高速、瞬息之本质，其所造成的错误将比传统的有纸贸易难于察觉也难以及时修正。譬如客户欲购买 10 本画册，但由于输入错误，以至电子订单上所显示之信息为要购买 100 本画册。这种情形下合同可否撤销？谁应为错误负责？有关以上的问题，我国立法者可以借鉴美国“UCITA 法案”之规定。为了避免消费者在从事网络交易时因电子错误而丧失其撤销或解除合同的权利，“UCITA 法案”遂于第 118 条加入了保护消费者的特别规定，为消费者提供了一个抗辩的理由，以使消费者敢于利用电子交易。

第三节　移动商务消费者权益保护

一、移动电子商务新业务的推广——对消费者选择权的保护

消费者的选择权是指消费者根据自己的意愿自主地选择其购买的商品和接受的服务的权利。消费者的选择权有以下几方面的内容：①消费者有权根据自己的需要和意愿选择商品和服务，其他人不得干涉；②消费者有权自主选择作为其交易对象的经营者，购买其商品或接受其服务，任何经营者不得强迫消费者接受其提供的商品和服务；③消费者对经营者经营的商品和服务有权进行比较、鉴别、挑选，购买自己满意的商品和服务；④消费者有权自主地作出决定。在比较、鉴别的基础上，消费者有权决定接受或者不接受某种商品或服务。只要在挑选过程中未对经营者的商品造成损害，经营者不得强迫其接受。

我国《消费者权益保护法》第 9 条规定："消费者享有自主选择商品或者服务的权利。消费者有权自主选择提供商品或者服务的经营者，自主选择商品品种或者服务方式，自主决定购买或者不购买任何一种商品、接受或者不接受任何一项服务。消费者在自主选择商品或者服务时，有权进行比较、鉴别和挑选。"

二、信息披露——对消费者知情权的保护

知情权是消费者依法享有的了解与其购买、使用的商品和接受的服务有关的真实情况的权利。消费者以满足生活需要而购买商品或接受服务，因而，商品或服务只有在能满足消费者需要的情况下才会为消费者购买；否则，其需要就不能得到满足。而某种商品或服务是否能满足其需要，只有在对该商品或服务了解的基础上才能知晓。同时，有些商品具有一定的危险性，消费者正确地进行消费也依赖于对商品的有关真实情况的了解。

消费者的知情权包含两方面的内容：第一，消费者有了解商品或服务真实情况的权利，即经营者向消费者提供的各种情况应是客观的而不是虚假的。第二，消费者有充分了解有关情况的权利。一般地说，对商品或服务中与消费者有关的一切信息消费者都有权了解。我国《消费者权益保护法》第 8 条规定："消费者享有知悉其购买、使用的商品或者接受服务的真实情况的权利。消费者有权根据商品或者服务的不同情况，要求经营者提供商品的价格、产地、生产者、用途、性能、规格、等级、主要成分、生产日期、有效期限、检验合格证明、使用方法说明书、售后服务，或者服务的内容、规格、费用等有关情况。"

由于移动电信运营商处于优势地位，消费者处于弱势地位，为维护消费者的利益，必须限制移动电信运营商对其优势地位的滥用。

（一）初始披露

初始披露（Initial Disclosures）指在移动电子商务中，提供电子资金划拨服务的移动运营商在与消费者签订电子资金划拨服务合同时应当披露与消费者账户有关的电子资金划拨的条件。披露应当使用易于理解的语言，且在适当的范围内，应当包括下述事项：①消费者对未经授权的电子资金划拨的责任，以及根据移动运营商的要求，发出适当通知以迅速报告任何遗失、盗窃或未经授权而使用卡、密码或其他存取工具的责任；②当消费者相信一项未经授权的电子资金划拨已经发生或可能发生时，应通知的人或办公室的电话号码和地址；③消费者可发动的电子资金划拨的类型和性质，包括划拨在次数或金额方面的任何限制；④进行电子资金划拨的任何费用或获得进行此类划拨的权利的任何费

用；⑤消费者停止支付预先授权的电子资金划拨的权利和发动此类停止支付命令的程序；⑥消费者有获得电子资金划拨文件的权利；⑦电子资金划拨出现错误时的处理程序；⑧移动运营商关于电子资金划拨对消费者的责任；⑨移动运营商可以向第三人披露与消费者账户有关的信息的特定情况。

（二）条件变更的披露

条件变更的披露是指移动运营商应当向消费者通知对消费者不利的服务条件的变更，即移动运营商必须在变更生效日前一定日期以书面形式通知在初始披露中要求披露的信息的变更，以及将导致增加费用或手续费、增加消费者的责任、可供使用的电子资金划拨方式的减少或在划拨的频率或金额方面更加严格的限制等方面的变更。如果账户条件的变更是为维护或恢复消费者账户或电子资金划拨系统的安全所急需，那么移动运营商可不经预先通知而实施此种变更，但如此种变更是永久的，则移动运营商必须在下一次定期报表中以书面形式通知消费者。

（三）定期披露

移动运营商应当为可能通过电子资金划拨方式存取消费者账户的每一消费者提供定期报表。如果某一账户既未划出也未划入资金，那么金融机构应至少每季度向消费者提供一次报表。

定期报表的作用主要是向消费者提供关于向其账户划入资金及从其账户划出资金最新信息，以及消费者控制其账户的能力的信息。在定期报表中提供的有关每一笔交易的信息包括：①所涉划拨的金额和发动划拨的日期；②划拨的类型；③在划拨资金或划入资金的金融机构持有账户的消费者的身份；④划入资金或划出资金的任何第三方当事人的身份；⑤所涉电子终端的地址或身份。定期报表还必须包括以下信息：①消费者账户的号码；②在定期报表的周期中，移动运营商对划拨或对持有账户的任何费用或收费；③该消费者账户的期初余额和期末余额；④消费者向移动运营商询问问题或通知错误时的联系地址或电话号码；⑤在特定情况下，消费者用以确定事先授权的对账户的划拨是否发生的电话号码。另外，月度定期报表也可以包括关于错误处理程序的简短说明。如果月度定期报表未包括关于错误处理程序的简短说明，那么金融机构至少每年向消费者提供一次关于错误处理程序的说明。

（四）实时披露

对于在电子终端由消费者发动的电子资金划拨，移动运营商应当在该划拨发动时通过短信息的方式向消费者提供该次划拨的电子文件。同时，移动运营商还应当在服务器上保留该项划拨的电子文件，其必须清楚有效地列明以下信息：①划拨的金额，也包括该划拨的费用；②划拨的日期；③划拨的种类及划出或划入消费者账户的种类；④确认发动划拨的消费者身份、消费者账户或用以发动划拨的存取工具的数码或密码；⑤终端的位置；⑥划入资金或划出资金的第三方的姓名。

（五）预先授权电子资金划拨的披露

预先授权的电子资金划拨指事先授权的经基本固定间隔重复发生的电子资金划拨。与其他信息披露一样，预先授权电子资金划拨都致力于确保消费者得到关于借记或贷记其账户的电子资金划拨的充分信息。从消费者账户划出资金的预先授权的电子资金划拨只能由消费者以书面形式进行授权，且授权书副本应在进行划拨时提供给该消费者。如果预先授权的借记消费者账户在金额上是不断变化的，那么移动运营商每次必须在计划划拨日之前向消费者书面通知计划划拨的金额和日期，或从消费者处得到以下授权：仅仅当计划划拨的金额超过了预先确定的范围时才向消费者发出这种通知。消费者有权在预定的划拨日前的任何时候以口头方式或书面形式通知移动运营商停止支付任何预先授权的借记电子资金划拨。

三、消费者对未经授权的划拨的责任

未经授权的电子资金划拨是指由消费者以外的未获发动划拨实际授权的人所发动的，从该消费者账户划出资金而该消费者并未从该划拨受益的电子资金划拨。但本术语不包括下述任何电子资金划拨：①由消费者向其提供该消费者账户卡、密码或其他存储工具的，该消费者以外的人发动的电子资金划拨，除非该消费者已通知有关机构不再授权他人发动电子资金划拨；②由消费者或与其共谋的任何人发动的，具有欺诈意图的电子资金划拨；③由金融机构实施的，构成一项错误的电子资金划拨。

一项特定的交易是否构成未经授权的划拨，常常引发一系列困难的事实问题与法律问题。例如，消费者可以授权其朋友或家庭成员为特定的有限目的而使用其移动终端（如手机）。如果朋友或家庭成员划拨的金额超过了授权的金额，或在授权被撤销以后继续使用该设备，那么，这些划拨是否是未授权的就是一个难以回答的问题。

一般来讲，只有在满足下列先决条件的前提下，消费者才对涉及其账户的未经授权的电子资金划拨承担责任：①该划拨是使用一个消费者已接受的卡或其他存取工具发动的，“已经接受的卡或其他存取工具”指，当向其签发卡或其他存取工具的人以在账户间划拨货币为目的或以获得货币、财产、劳务或服务为目的，已要求并接受或已签署或已使用此类卡或其他存取工具之时，以发动电子货币为目的的，适用于消费者账户的卡、密码或其他存取工具；②电子资金划拨机构已提供一种方法，以确认持有存取工具的消费者的身份；③电子资金划拨机构已向消费者进行关于消费者对未经授权的划拨的责任披露，已向消费者提供在消费者认为已经发生或可能发生未经授权的划拨情况时受理通知的人员或办公室的电话号码和地址以及该机构的营业日。

第四节　移动商务的身份认证与安全问题

一、传统电子商务中的身份认证

针对电子商务中交易当事人身份认证的难题，主要国际组织和国家已经或者正在制定实施有关电子商务的法律来改变这种状况。其中包括 1998 年联合国国际贸易委员会制定的《数字签名统一规则》，1998 年欧盟公布的《欧盟电子签名法律框架指南》和 1999 年通过的《数字签名统一规则草案》，1998 年国际商会制定并通过的《数字签名法》，1998 年新加坡的《电子交易法》及 2000 年美国的《电子签名法案》等。所有这些有关电子商务的立法都确立了数字签名的法律效力和电子认证机构的地位，并以此来确认交易当事人的身份。表现为：

（1）以数字签名鉴别交易当事人身份与文件归属问题。数字签名又被称为“公开密匙加密”。其基本原理是当事人选择一对很大的质数作为密匙，用其中一个对文件加密，用另一个质数解密。在具体应用中，签名一方将公开密匙公开，用私人密匙在文件上加密签名后发给收件人，收件人用已知的公开密匙解开文件并验证电子签名的正确性。通过数字签名验证，产生的法律后果是：文件自从签名后从未被篡改过；标识了签名人的身份且表明文件归属于签名人。

（2）以认证机构的认证鉴别密匙及其持有人的可信度问题。电子认证机构作为独立于交易各方的权威机构，负责管理公开密匙数据库，通过向交易各方发放数字证书，确认公开密匙与持有人的关联性和交易各方的身份。另外，还在交易双方或者第三人对当事人身份或交易内容有质疑时，提供有关当事人的资信状况和资料。通过认证机构的认证，产生的法律后果是对数字签名的有效性最终确认。

国外电子商务中交易当事人身份认证引入数字签名和认证制度，具有易更换、难伪造、可进行远程线路传递的优点，保障了网上信息传输的安全性、真实性和不可否认性，以其低成本、安全可靠性有效地解决了交易当事人身份认证的困境，其先进性与合理性是其他制度所不能比拟的。但是，数字签名和认证制度也存在不可避免的缺陷。第一，它建立的理论前提是数字签名和认证制度技术上具有绝对的先进性，能绝对保证网络安全。事实上任何技术的进步都是相对的，任何网络的安全也是相对的，用更先进技术武装起来的黑客将轻而易举地破译此种密钥，威胁电子商务交易安全。因此该理论的前提站不住脚。第二，基于上述理论假设，该制度将密钥被盗用的责任风险全部推到通常是消费者的持有人身上，规定如果文件上数字签名是错误或伪造的，但持照经营的认证机构在认证时遵循了法律的要求，则其不应对他人因信赖这些错误的或伪造的数字签名而遭受的任何损失负责。这显然违背了民法的公平理念，忽视了对弱势当事人利益的保护。

二、移动电子商务中的身份认证

从移动电子商务的网络结构分析，有可能遭受攻击的地方主要有：移动终端与交换中心之间的空中接口、移动网关与应用服务提供商之间的传输网络。一方面，虽然 GSM 采用了比较先进的加密技术，可是由于移动通信的固有特点，手机与基站之间的空中无线接口是开放的，这给破译网络通信密码提供了机会。而且信息一旦离开移动运营商的网络就已失去了移动运营商的加密保护。因此，在整个通信过程中，包括通信链路的建立、信息的传输（如用户身份信息、位置信息、用户输入的用户名和密码、语音及其他数据流）存在被第三方截获的可能，从而给用户造成损失。另一方面，在移动通信系统中，移动用户与网络之间不像固定电话那样存在固定的物理连接，商家如何确认用户的合法身份，如何防止用户否认已经发生的商务行为，都是急需解决的安全问题。移动网关一般是实现信息格式的转换，但也有的移动网关（如 WAP 网关）对信息进行加解密处理，因而整个移动电子商务的安全链条就存在安全断点。如何解决好移动支付的安全问题，并且通过宣传培养用户通过移动终端进行消费的信心，是决定移动电子商务下一步发展的关键。

在无线世界里，由于空中接口的开放，人们对于进行商务活动的安全性的关注远超过有线环境。仅当所有的用户确信，通过无线方式所进行的交易不会发生欺诈或篡改，进行的交易受到法律的承认和隐私信息被适当的保护，移动电子商务才有可能成功和推广。在有线通信中，电子商务交易的一个重要安全保障是 PKI（公钥基础设施）。在保证信息安全、身份证明、信息完整性和不可抵赖性等方面 PKI 得到了普遍的认同，起着不可替代的作用。PKI 的系统概念、安全操作流程、密钥、证书等同样也适用于解决移动电子商务交易的安全问题，但在应用 PKI 的同时要考虑到移动通信环境的特点，并据此对 PKI 技术进行改进。WPKI（Wireless PKI）技术满足移动电子商务安全的要求：即保密

性、完整性、真实性、不可抵赖性，消除了用户在交易中的风险。

第五节　移动证券期货交易的法律问题

一、证券期货交易发展阶段

证券交易的形态经历了实物券、证券集中交易、专门清算机构三个阶段，证券发行经历了有纸化、无纸化、交易方式自动化、登记托管统一化的四个发展阶段，为移动商务参与证券交易创造了条件。

二、证券期货委托

证券委托指投资者向证交所会员进行具体授权买卖证券的行为。我国的证券交易所实行会员制，只有具备证券交易所会员资格的证券公司才能够在证券交易所内进行证券交易，不具有会员资格的一般投资者只有委托证券公司才能实现交易。由此可见，在交易程序上，一般投资者须经过委托程序，而对从事自营业务的综合类证券公司，就不必经过这一程序。

证券委托买卖协议包括：①会员与客户遵守证券交易所交易规则及其他有关业务规则的承诺；②会员已向客户揭示证券买卖的各类风险，包括不同委托方式的风险；③客户表明会员已向其说明证券买卖的各类风险；④会员受托业务范围和权限；⑤指定交易或转托管的有关事项；⑥客户开户所需证件及其有效性的确认方式和程序；⑦委托、交割的方式、时间、内容和要求；⑧交易结算资金及证券管理的有关事项；⑨交易费用及其他收费说明；⑩会员对客户委托事项的保密责任；⑪客户应当履行的交收责任；⑫违约责任及免责条款；⑬争议解决办法。

证券商与投资者之间，存在两种基本的法律关系：一个是证券商委托进行证券交易结算的法律关系，即行纪法律关系；一个是证券商与投资者在单纯的资金账户和证券账户方面的法律关系，是证券交易、结算之前或之后的法律关系，实际上是托管法律关系。客户进行证券买卖之前，需要在证券商处开立证券账户和资金账户。但客户在购买证券之前，需要在资金账户中存入资金；在卖出证券之前，需要在证券账户中存入证券。买入的证券可以继续托管在该证券商处，也可以不托管；卖出证券所得资金也可以存在资金账户或提出。因而证券商为客户的开设的资金账户中的资金和证券账户中的证券是证券买卖的前提或结果，但不是证券买卖本身。

证券公司为投资者提供经纪服务相互之间形成法律关系，但对于这种法律关系性质的认定存在很大争议。许多法律、法规使用了“代理”一词，例如《证券法》第 137 条规定：在这证券交易中，代理客户买卖证券，从事中介业务的证券公司，为具有法人资格的证券经纪人。但如果仔细研究证券市场的交易机制，《证券法》规定的“在证券交易中的代理”与《民法通则》中的“代理”，不具有同样的行为模式。我认为：“在证券交易中证券公司经纪人与投资者的关系是行纪或居间法律关系。这是由我国的民法范畴决定的。对于《证券法》第 137 条的规定与民法的有关规定相脱节之处，极有必要有立法机关将《证券法》第 137 条规定的‘代理’解释为适用行纪的有关规定，‘中介业务’解释为居间业务等。”

三、移动证券期货业务

目前，移动公司推出的基于无线网络应用，服务于金融证券行业的开放式综合业务平台——“移动证券”，提供移动证券无线 JAVA（K-java）应用服务和移动证券声讯（Interactive Voice Response，IVR，即互动性语言问答）应用服务。通过手机操作或 IVR 方式，可实现以下功能。

实时行情：实时行情界面清晰，提供强大的图表分析功能（走势图、日/周/月等 K 线图），操作简便，同时提供自选股等个性化管理功能。提供深沪两市 A、B 股及基金、债券的实时行情查询（具体菜单如下：报价、分时走势图、K 线图、F10 信息、自选股、大盘行情、排行榜、9 转交易、退出系统）。

股市资讯通：为用户提供及时、全面、权威的财经资讯、个股点评、大盘分析，与知名专家实时互动交流。会聚名家策略、要闻分析、热点透视、潜力股推荐、投资组合等权威资讯（具体菜单如下：要闻点睛、操盘必读、大盘分析、苏武康看盘、黄硕说股、点石成金、个股龙虎榜、卓越投资）。

在线交易：通过手机进行深沪两市各种证券品种的交易、查询、转账等各项业务，操作简便、兼容性强。买入、卖出、撤单、查询、银证转账、修改密码、传真服务、人工服务等（具体菜单如下：买入股票、卖出股票、委托撤单、委托查询、成交查询、股票资金、资金流水、配号中签、密码修改）。

“实时行情”与“股市资讯通”这两项服务是向投资者提供有关证券交易的信息和证券市场行情的信息，可以归入信息提供一类，其所涉及的法律问题主要是：证券信息所涉及的版权问题以及证券监管部门对发布证券信息的特殊要求；而“在线交易”服务则是向投资者提供便捷的证券交易方式，属于证券交易一类，其所涉及的主要是证券的交易过程及其风险承担。从两种服务的关

系来看，信息提供是为证券交易服务的。

四、移动证券期货交易法律关系

移动公司为证券交易提供无线网络服务，不但改变了证券交易的方式，而且改变了证券交易的法律关系。移动公司参与证券交易过程，有两种方式可供选择：其一，直接参与，即中国移动公司与证券公司一起作为共同的受托人，与投资者签订委托合同；其二，间接参与，即中国移动公司不参与委托合同的签订，而是由与其有合作关系的服务提供商（SP）和证券公司作为共同的受托人，与投资者签订委托合同，同时，中国移动公司与 SP 再签订合作合同。两种方式比较，前者的法律关系虽然简单，但是中国移动公司将面临更大的法律风险；后者的法律安排虽然关系复杂，但是却可以避免一定的诉讼纠纷。这是因为：

（1）中国移动公司如果直接签订委托合同，那么，根据《合同法》第 409 条"两个以上的受托人共同处理委托事务的，对委托人承担连带责任"的规定，中国移动公司将和证券公司对投资者承担连带责任。这样做的后果就是：一旦发生交易委托方面的纠纷，投资者就可以以中国移动公司和证券公司为共同被告提起诉讼，即使纠纷的发生并不是由中国移动公司所引起；同时在承担责任方面，理论上投资者既可以单独向证券公司请求赔偿，也可以单独向中国移动公司请求赔偿，移动公司承担赔偿责任后，可以向证券公司追偿。中国移动公司存在巨大的法律风险。

（2）中国移动公司是专业化提供移动通信服务的公司，其不具备证券方面的专业人员和技术管理经验。因此，中国移动公司直接参与证券交易委托必然会加大其经营成本，承担更大的经营风险；同时，作为移动运营商，直接参与证券交易活动，也将面临难测的政策风险。

（3）随着我国证券业的飞速发展，证券公司的数量也将增长迅速。中国移动公司如果要直接参与证券交易，就必须与众多的证券公司发展合作关系。这样做，对于中国移动公司来讲，带来了巨大的经营成本，是非常不经济的。

五、移动证券委托应当注意的法律问题

目前我国没有《网络证券交易法》，只有证监会颁布的《网上证券委托暂行管理办法》（以下简称《办法》）。由于 Internet 的开放性，自其问世以来，资源共享和信息安全一直作为一对矛盾体而存在着。基于网络系统内在的脆弱性、对网站管理的麻痹、不正确的安全策略和安全机制以及缺乏先进的网络安全技术等原因，网络黑客（Hackers）对 Internet 的攻击越来越猛烈，网站遭受破坏

的事例不胜枚举。证券业作为一个开放的、社会化的行业，其安全关系着国家和投资者等多方面的利益。如果在线证券交易系统因遭受黑客攻击而被破坏，受到影响的将不仅仅是几个投资者，而可能是一个国家整个的金融体系。因此，《办法》对网上证券委托进行了相对严格的法律规制。

移动商务面临的隐私和法律问题

一、垃圾短信

在移动通信给人们带来便利和效率的同时，也带来了很多烦恼，遍地而来的垃圾短信广告打扰着我们的生活。在移动用户进行商业交易时，会把手机号码留给对方。通过街头的社会调查时，也往往需要被调查者填入手机号码，甚至有的用户把手机号码公布在网上。这些都是公司获取手机号码的渠道。垃圾短信使得人们对移动商务充满恐惧，而不敢在网络上使用自己的移动设备从事商务活动。目前，还没有相关的法律法规来规范短信广告，运营商还只是在技术层面来限制垃圾短信的群发。目前，国家工信部正在起草手机短信的规章制度，相信不久的将来会还手机短信一片绿色的空间。

二、定位新业务的隐私威胁

定位是移动业务的新应用，其技术包括：全球定位系统（Global Positioning System，GPS），该种技术利用 3 颗以上 GPS 卫星来精确（误差在几米之内）定位地面上的人和车辆；基于手机的定位 TOA 技术，该技术根据从 GPS 返回响应信号的时间信息定位手机所处的位置。定位在受到欢迎的同时，也暴露了其不利的一面——隐私问题。移动酒吧就是一个典型的例子，当你在路上时，这种服务可以在你的 PDA 上列出离你最近的五个酒吧的位置和其特色。或者当你途经一个商店时，会自动向你的手机发送广告信息。定位服务在给我们带来便利的同时，也影响到了个人隐私。利用这种技术，执法部门和政府可以监听信道上的数据，并能够跟踪一个人的物理位置。如果定位技术被恐怖分子利用，他们通过定位通信用户的位置，可以对其抢劫和绑架而实施犯罪活动。

三、移动商务的法律保障

电子商务的迅猛发展推动了相关的立法工作。目前，已经有 60 多个国家就电子商务和数字签名发布了相关的法规。美国 1995 年犹他州颁布的电子签名法则是全球最早的电子商务领域的立法。

2005 年 4 月 1 日，中国首部真正意义上的信息化法律《电子签名法》正式实施，电子签名与传统的手写签名和盖章将具有同等的法律效力，标志着我国电子商务向诚信发展迈出了第一步。《电子签名法》立法的重要目的是为了促进电子商务和电子政务的发展，增强交易的安全性。

移动商务的另一个应用就是娱乐行业。据 IDC 公司的研究报告，2006 年移动游戏的总产值将高达 50 亿美元，其消费者将达到 1 亿人。随着生活水平的提高，越来越多的青少年拥有手机、PDA 等移动设备。游戏对青少年具有较大的诱惑力，而在什么类型的游戏适合青少年方面各国有着不同的法律规定，在移动游戏领域也出现了相应的隐私和法律问题。在美国，游戏是实行分级制度。哪一级的游戏适合儿童玩都有着详细的规定。在法国、韩国和日本，对于限制儿童接触不良网络游戏方面都通过技术屏蔽、税收和家庭公约等途径进行法律和制度上的管制。为了引导未成年人的网上娱乐活动，我国相关部门鼓励社会各方面“积极创作、开发和推荐”适合未成年人的网络游戏产品，净化网络文化环境。2005 年 8 月 5 日，文化部游戏产品内容审查委员会正式公布了第一批适合未成年人的网络游戏产品。

资料来源：移动商务的安全和隐私问题 [N]. 安全中国网，2009-05-20.

问题讨论：

1. 简述垃圾短信与隐私的关系。
2. 简述手机定位 TOA 技术及其应用。

本章小结

移动商务的立法原则应遵循电子商务的基本原则，并与传统商法或者说现有商法基本一致。主要有两个方面：一是调整与完善传统商法；二是国内立法与国际立法的协调一致，后一点包括 6 个方面的内容：①电子商务基本主体是企业和各类交易当事人，电子商务法应由企业和各类交易当事人来主导；②电子商务法应保护各交易当事人的利益，基本点应是保护消费者的利益；③电子商务法应保护网上合理的竞争和限制网络垄断；④电子商务离不开政府的推动，电子商务法应明确界定政府的职能；⑤电子商务法应有利于网络经济与传统产业的融合；⑥电子商务的物质技术基础设施应面向全球化。

如果要立法，移动商务法律体系与电子商务法律体系一致，包括：①移动商务合同；②移动商务知识产权保护；③移动商务隐私权保护；④移动商务网上活动管制；⑤移动商务国际私法。

如果要立法，移动商务法的主要内容包括：①移动商务买卖双方身份认证办法；②移动商务网上身份证制度；③移动商务网上电子合同的合法性程序；

④移动商务网上电子支付管理；⑤移动商务电子商务安全保障；⑥移动商务电子证据制度；⑦移动商务网络著作权法；⑧移动商务网络反垄断法；⑨网络言论法。

目前我国还没有《移动商务法》，移动商务法规与标准也不多，因此健全移动商务法律、法规、标准体系势在必行，可以借鉴现有的电子商务法律、法规、标准体系。

移动商务是传统电子商务＋先进的移动通信技术，是电子商务发展的最新形态。在电子合同的订立、小额电子资金的划拨、移动证券委托等许多方面都有其独特之处，目前还没有关于移动商务的法律，相关问题只能参照《民法通则》、《合同法》、《商业银行法》、《证券法》及其相关法规。明确移动商务的特点，区分其与传统交易的不同之处，对正确运用民商法基本理论，适用相关法律法规解决出现的问题将大有裨益。特别值得强调的是，移动增值业务的推出，事实上在一定范围内可以通过手机划拨资金，使得手机SIM卡成为了一种新型的电子货币，移动运营商在下一步的发展中有可能成为准金融机构。新的电子货币、新的交易模式、新的服务内容，一步步向现有的法律提出挑战，法学研究应当及时对此做出回答。

本章复习题

一、名词解释

要约邀请　要约

二、选择填空题

1. 移动商务的立法原则应遵循（　　）的基本原则，并与（　　）或者说（　　）基本一致。

A. 电子商务　　B. 传统商法

C. 现有商法　　D. 国外法

2.电子商务立法的基本原则是（　　）。

A. 调整与完善传统商法　　B. 国内立法与国际立法的协调一致

C. 与传统法完全一样　　D. 与国外法完全一样

3.移动商务法的主要内容包括（　　）。

A. 移动商务合同　　B. 移动商务知识产权保护

C. 移动商务隐私权保护　　D. 移动商务网上活动管制

E. 移动商务国际私法

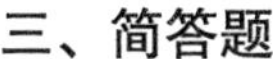

三、简答题

1. 在移动电子商务新业务的推广中如何对消费者选择权进行保护？

2. 在移动电子商务新业务的推广中如何对消费者知情权进行保护？

3. 浅谈移动商务中的身份认证与安全问题。

4. 为什么说在证券交易中证券公司经纪人与投资者的关系是行纪或居间法律关系。

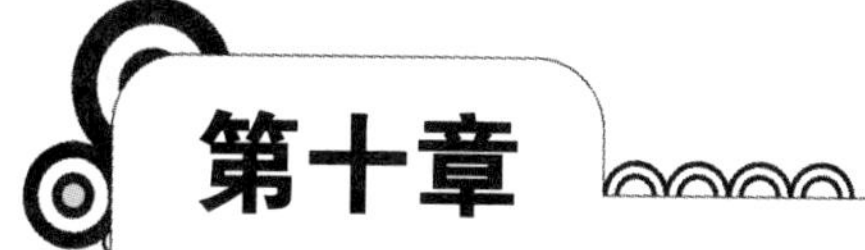

第十章 移动商务的实验经济学

学习目的

知识要求 通过本章的学习，掌握：

- 实验经济学的概念、内涵、特点、优势
- 移动商务实验经济学主要内容
- 移动商务实验经济学构建原则
- 移动商务实验经济学存在问题
- 移动商务实验经济学发展趋势

技能要求 通过本章的学习，能够：

- 了解移动商务物流与供应链模式的实验经济学设计
- 了解移动商务支付的实验经济学设计
- 了解移动商务实验经济的构建步骤
- 熟悉移动商务实验经济学的案例

学习指导

1. 本章内容包括：实验经济学及其内涵。

2. 学习方法：结合案例了解国内外移动商务实验经济学的基本状况及其发展。

3. 建议学时：2 学时。

游戏

在上课前，教师可以做一个游戏（game），游戏就是实验经济学的一种形式。

教师设定问题：选定一组实验者，然后他们每个人都猜一个数字，必须是1~100中的整数。条件是谁最接近所有实验者所猜数字的平均值的1/3，谁就赢（如赢得一笔可观的货币）。

这个游戏在课堂上完成，就是实验经济学的过程。

第一节 移动商务实验经济学及其构建

一、实验经济学及其内涵

（一）实验经济学概念

实验经济学（Experiments with Economic Principles）是经济学家在挑选的受试对象参与下，按照一定的实际规则并给以一定的物质报酬，以仿真方法创造与实际经济相似的一种实验室环境，不断改变实验参数，对得到的实验数据分析整理加工，用以检验已有的经济理论及其前提假设或者发现新的理论，或者为一些决策提供理论分析。

（二）实验经济学的产生与发展

实验经济学的产生是经济学方法论的革命，实验经济学的开创者是佛农·史密斯（Smith），2002年获得诺贝尔奖，标志着实验经济学步入主流经济学行列。

实验经济学的产生和发展是经济学的方法论的革命，经济学的发展已经突破了单一的学科范围，日益呈现出与其他学科交叉相容的态势，经济学研究旧的方法不能完全满足需要，还有一些研究真空需要新的方法来填补，在面临多学科的综合层面上，一些经济理论需要重新检验。

实验经济学是经济学发展的第三个阶段：第一阶段，人们认为经济学仅限于研究物质资料的生产和消费结构，仅此而已，即传统市场学；第二阶段，经济理论的范围扩大到全面研究商品现象，即研究货币交换关系；第三阶段，经济研究的领域业已囊括人类的全部行为及与之有关的全部决定，这使实验经济

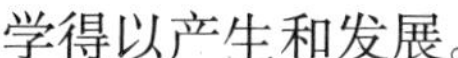

学得以产生和发展。

实验经济学自身的发展可分为两个阶段：第一阶段从 20 世纪 30~50 年代；第二阶段从 20 世纪 60 年代到现在。

（三）实验经济学的内涵

经济理论的实验与物理、化学实验一样包含实验设计、选择实验设备和实验步骤、分析数据以及报告结果等环节。由于实验对象是社会中的人，需要验证的是行为命题，经济理论的实验需要运用有别于物理、化学实验的方法，主要方法有：

1. 模拟和仿真

经济理论的实验不能刻意复制出现实经济的运转过程，而是要模拟出允许不同人类行为存在的环境，以便于实验者能够在这样的环境中观察人们不确定的价值观及其与环境之间的相互作用。实验经济学可以通过一些仿真技巧来提高实验结果的可信度和可重复性。

（1）采取“随机化”方法，被实验者的选取、角色的分配均随机产生。

（2）保密实验意图，十分小心地讲解实验，不出现暗示性术语，以防止被实验者在实验前对行为对错已有判断。

（3）使用“价值诱导理论”（Induced Value Theory），诱导被实验者发挥被指定角色的特性，使其个人先天的特性尽可能与实验无关。

2. 行为分析和心理研究

经济理论的实验是把社会中的人作为被实验者，所要验证的是人的行为命题，自然就需要借助行为和心理分析的方法。

（1）运用行为理论来完善和改进实验。

（2）运用行为理论来解释实验结果。

3. 比较与评估

实验经济学高度重视比较和评估的方法。通过比较和评估，判断实验本身的好坏，分析实验失败的原因，验证理论的真实性。

（1）将“效率”作为比较标准。

（2）方法上采取独立变动自变量。

（3）评估的结论建立在概率分布基础上。

二、实验经济学特点

经济学实验的产生与发展标志着经济学方法论的重大变革和进步，具有以下四个方面的特点：

（1）经济学实验改变了目前经济学类课程主要以课堂讲授为主的单一模式，

用实验的方法来验证经济理论和模拟经济运行过程，使经济理论及其实务具体化、动态化、过程化，从而能够带来更加直观、快捷、高效的教学效果。

(2) 它能综合多门学科的知识，使实验参加者形象地感受到多门学科知识之间彼此联系、相互依赖，从而增强其对相关经济理论和具体业务的深刻理解和融会贯通。

(3) 它能激发和培养实验参加者主动创新的精神。经济学实验用数理统计的方法取代单纯的数学推导，用现实数据代替历史数据，从而解决以往实证分析的高度抽象和简化及与现实社会不一致的问题。

(4) 实验参加者可以操纵实验变量和控制实验条件，可以再造实验过程与反复验证结果，这有利于增强实验参加者分析与解决实际问题的能力，并激发其主动创新的精神。

三、实验经济学的原则和方法

(一) 一般性原则

1. 经济实验室条件：区别于理论模型与真实世界

真实世界中大部分的经济现象和经济过程都是复杂的，体现为制度和环境等的复杂性上。

理论模型是对自然经济过程和现象的抽象，在简化性假设的基础之上，保持了关键性的能影响经济结果的环境和制度因素。

实验研究是在构造实验制度和环境的前提下检验人们的行为，从而得出有关理论和经济过程的数据。实验研究的目的决定了其与理论模型、真实经济过程的接近程度。

2. 有效激励被试者

(1) 报酬的特征。在实验的设计中，需要使被试者得到“明显”的报酬激励，而且这种报酬激励要与相关理论假设相配合。

(2) 报酬的形式。

(3) 报酬的水平。

(4) 报酬不能为负。

3. 实验经济学无偏性 (Unbiasedness) 原则

实验经济学的无偏性原则是指计量经济学的无偏性在实验经济学的应用，估计值在待估参数的真值附近摆动，对待估参数的真值无偏倚。从分析测试的观点看，无偏性意味着测定的准确度。总体参数的无偏估计量的意义为：样本估计量（平均数、变异数、方差等）的数学期望等于母体真值，表示的方式

为：$E(\hat{\theta}) = \theta$。

（二）具体原则与方法

实验经济学的原则和方法是指提高实验结果的可信度和可重复性的原则和方法。

1. 原则

报酬的单调性（实验参与者愿意接受报酬并做出真实的反应）；

报酬的显著性（实验参与者行为与其获得报酬有联系，足以向外界传递信息）；

报酬的支配性（实验参与者自己支配他作出行动所需费用）；

实验的隐私性（实验参与者仅获得他自己决策的报酬）；

实验的并行性（实验条件可以重复，其设计方法也可以用于类似实验）。

2. 方法

郭冬林汰渍洗衣粉的广告是如何让人们相信的：事件的真实性，被实验者是随机的，事先当事人不知道效果即意图是保密的。

使用"价值诱导理论"（Induced Value Theory），保证实验的真实性，即与事实的一致性，使其个人先天特性尽可能与实验无关。

采取"随机化"方法，被实验者的选取、角色分配均随机产生。

保密实验意图，十分小心地讲解实验，不出现暗示性术语，以防止被实验者在实验前对行为对错已有判断。

四、移动商务的实验经济学构建

（一）移动商务实验经济学实验的四个基本组成

佛农·史密斯（Smith）认为每一个经济学实验都包含三个要素，分别是实验的环境、机制和主体，可以进一步将其细化成四个基本组成。

（1）实验的环境（Environment）。这是实验的基础，是在实验进行之前设定好的背景性因素，它包括最初的禀赋、参照系以及激励的成本等。

（2）实验的机制（Institution）。也就是在实验中对信息的处理制度或规则，各种市场交易信息在这些规则下变成了相互制约的合同。

（3）实验的主体（Subject）。经济学实验的主体是千差万别的人，在实验中存在选择合适的实验主体的问题。

（4）实验参与者的行为（Behavior）。参与者的行为和其他各种可控因素一起影响着实验的环境和机制，所以也构成了实验的基本部分。

（二）移动商务实验经济学的内涵

移动商务实验经济学是指将实验经济学方法运用到移动商务教学与研究领域，同时具有实验经济学的三个方面的内涵。

1. 移动商务模拟与仿真

移动商务模拟与仿真是指模拟与仿真移动商务的业务流程、技术流程以及相应的环境，通过手机、PDA、掌上电脑等手持移动终端从事的商务活动环境的模拟过程。

2. 移动商务行为与心理

移动商务行为与心理是将行为与心理的分析方法运用在移动商务过程，在移动商务环境下，交易当事人的心理与行为活动真实地反映在特定的经济环境中，作为教学和研究的依据。

3. 移动商务比较与分析

移动商务比较与分析是指对各种移动商务活动进行比较和多方面的数量比较分析。

五、移动商务实验经济学课程设计

（一）创建实验条件

1. 如何解决干扰因素问题

2. 如何确定处理变量和常数

（二）实验说明

1. 目的

2. 例子

3. 私人信息

4. 真实世界

5. 实验软件的操作方法

（三）测试性实验

1. 选择谁作为实验被试者

（1）学生；

（2）专业人士；

（3）被试者的性别；

（4）被试者的文化背景。

2. 被试者对风险的态度

（1）在实验中对被试者的风险态度不作任何控制和观察；

（2）将被试者的风险态度作为处理变量。

（四）选择多少被试者

（五）实验设备

（六）实验的实施

第二节 移动商务实验经济学案例分析

一、福建移动便携式“私人中医”模式

“悬丝诊脉”是古时中医诊病的绝活儿，医生只要将一根丝线系在患者的手腕上，通过细线振动的频率就能了解患者的身体状况。现在，用手机也可以“把脉”了。日前，中国移动福建公司应用多项先进的物联网技术，成功推出了“基于脉搏信号控制的手机远程监护系统”，实现手机中医诊脉、日常体检、M2M 呼救等功能，有力地推动了传统中医现代化、国际化的发展。目前，这一技术已获得国家专利，并获第十九届全国发明展览会银奖。

“基于脉搏信号控制的手机远程监护系统”整合了手腕脉搏检测设备，并植入中医诊脉程序，可结合中医原理对患者进行手机“诊脉”。同时，通过蓝牙模块与手机嵌入式 Labview 软件模块互动，用手机即可实现对患者脉搏波形的频谱分析、脉率显示及异常情况分析。这样，患者即便在家，也可远程获得中医号脉，实现现代版“悬丝诊脉”。

该系统有力地推动了传统中医现代化、国际化的发展。体表医学在中国具有天然的土壤，自古以来，中医体表治疗体系一直是医生治病的主要手段，老百姓对医生从体表看病治病亦比较信任，以前，由于缺少人体体表医学信息检测、量化、诊断手段，医生的治疗效果无法判断；现在，借助物联网技术和计算机科学的应用，人们可以立即从体表医学检测系统上了解治疗情况，中医的体表医学治疗手段和评价体系将更加完善，人们会更加喜欢中医。

这一技术同时还实现了身体紧急情况呼救的功能。运用 M2M 技术，在患者发病时，可通过手机一键求助。此外，一旦其心率超过设定阈值，系统也将及时把相关数据传送给急救中心或患者亲友，尤其是借助手机 GIS 定位技术自动发送位置信息，缩短患者等待抢救的时间。

可以说，在物联网风生水起的今天，依托物联网技术的融合与延伸实现智慧医疗服务已成为全球趋势。医疗信息化在物联网技术的联姻下，对于创新医疗卫生服务模式，解决“看病难、看病贵”，提高人民群众健康水平具有重大意义。

二、东莞移动"智慧商务"模式

由中国移动广东公司东莞分公司组织的"智慧商务，物流先锋"物流专场信息化解决方案体验会2010年在东莞举行，此次活动由东莞移动精心策划，活动旨在通过让知名物流企业提前体验"智慧商务"一体化解决方案给物流商务办公带来的高效便捷，从而带动和加快东莞物联网产业的发展。

据了解，"智慧商务"物流版是东莞移动面向物流快递行业人手管理不足等现状而开发的行业应用产品，该产品的应用对提升物流行业的信息化程度，为物流企业带来直接经济效益和管理价值将起到重要作用。它不仅可节省时间、减少工作量、降低管理费用、有效改善库存结构，而且在增加货物监控节点、实时反馈货物状态，提高客户满意度方面对物流企业也有极大的帮助。

同时，该产品通过整合400呼叫中心、MAS信息机短信平台、"智慧商务"等信息化产品，真正做到加密投递流程监控节点、缩短货物分拣时间、精准收货投递环节、实时查询投递进程、提升仓库管理效能。在体验会上，一位知名物流企业高层人员在体验了"智慧商务"一体化解决方案后兴奋地说："过去有了解过物流巴枪，但想不到东莞移动能够将物流巴枪和呼叫中心以及短信平台结合在一起，真正能提高企业的管理效率，降低管理成本。"

此次东莞移动率先推出的"智慧商务"产品，是东莞移动为推动物联网建设而自主设计开发的，除了可应用于物流产业之外，还可广泛应用于其他行业。据介绍，在"智慧商务，物流先锋"物流专场信息化解决方案体验会如火如荼举办的同时，东莞移动还作为第15届中国（虎门）国际服装交易会"唯一指定信息化合作伙伴"，在会场设立"智慧商务"展台，以"信息兴业"为出发点，为参展的服装企业和广大客商展示、提供了丰富全面的信息化产品和业务。此外，东莞移动还积极组织举办各场大型模拟无线订货会活动，邀请大批各行业知名企业参与体验，感受"智慧商务"给企业和商家带来的便捷、高效、轻松。

本章案例

实验经济学的产生和发展

实验经济学自20世纪30年代产生以来，经历了80多年，主要涉足的领域有：个体决策实验（Individual Decision Making Experiments）、博弈实验

(Games Experiments) 和市场实验 (Market Experiments) 等领域。

一、实验经济学的早期研究（1930~1950 年）

1. 关于个体决策的实验研究

经济学史上，关于个体选择行为早期的正式实验是由索斯顿报道的。他考虑实验化地决定个体无差异曲线的问题，关心检验体现偏好的无差异曲线的代表性和获得用以评价无差异曲线的连续选择数据的实用性。索斯顿设计了一个实验，要求每个主体在包括帽子与鞋、帽子与衣服的商品束中作大量的假定选择，他报道了每一个主体的详细选择数据，并发现在假定无差异曲线是双曲线的情况下，在评价主体准备在帽子与鞋、帽子与衣服之间做出交易选择的数据之后，评价一个曲线是可能的。索斯顿得出的结论是：这类选择数据是可以用无差异曲线来代表，而且以这种方式评价无差异曲线是可行的。

1947 年，纽曼和摩根斯坦提出了个体选择更加权威的理论，即预期效用理论。他们继承 18 世纪数学家伯努利对“圣·彼得堡悖论”的解答并进行严格的公理化阐述而形成了预期效用模型。模型的基本内涵是：风险情境下最终结果的效用水平是通过决策主体对各种可能出现的结果的加权估价后获得的，决策者谋求的是加权估价后形成的预期效用的最大化。这一过程与决策者的风险态度密不可分，如以概率三角形来表示决策思想，则决策者的风险偏好程度可用预期效用函数的线性无差异曲线的斜率来表示，即斜率愈大风险偏好程度愈高，斜率愈小风险偏好程度愈低。

预期效用理论的提出，不仅在经济理论，而且在实验经济学方面都有深远的影响。预期效用理论的预言对有关个体决策实验给出了一个新的焦点。

许多经济学家都从事这方面的实验研究，代表人物有 Preston and Baratta (1948)；Mosteller and Nogee (1951)；Allais (1953)；Edwards (1953)；May (1954)；Davidson，Suppes，and Siegel (1957)；Davidson and Marschak (1959)。

尽管如此，更多的人知道，在实验室中能观察到对预期效用理论的各种系统性的违背。其中最著名的是阿莱提出的“阿莱悖论”。阿莱认为，关于个人选择行为的实验，不仅可以检验个人选择行为理论，而且还可以用来说明个体选择中的理性行为。阿莱在他的实验中，要求主体作两次假定选择：

第一次，在 A 和 B 中选择其一：

A：100%的可能性获得 100 万法郎。

B：10%的可能性获得 500 万法郎，89%的可能性获得 100 万法郎，1%的可能性一无所获。

第二次，在 C 和 D 中选择其一：

C：11%的可能性获得 100 万法郎，89%的可能性一无所获。

D：10%的可能性获得 500 万法郎，90%的可能性一无所获。

根据预期效用理论，一个追求效用最大化的主体，在第一次选择中 A 偏好于 B，那么，在第二次选择中必然 C 偏好于 D。然而，阿莱报道的通常的偏好模型是 A 偏好于 B，但 D 偏好于 C。尽管阿莱的选择是假定的，但他报道的现象已经被后来的学者用真实的选择实验所证实（其中包括用小额现金进行的实验）。阿莱的实验结果被经济学家称为“阿莱悖论”。继“阿莱悖论”之后，又出现了数百个实验，用以解释个人选择理论实验数据的各个部分，引起了经济学家更大的关注。

2. 关于博弈理论的实验研究

博弈理论的实验研究最早可以追溯到 1947 年的纽曼和摩根斯坦。他们在《Theory of Games and Economic Behavior》中不仅对个体选择提出更加权威的理论，而且对博弈论的预言以及它精细明确的游戏规则激起了相互作用行为实验的新波浪。从此以后，人们开始更多地关注相互作用行为的实验。

1950 年，约翰·纳什（John Nash）将博弈理论引进议价行为模型，并进行纯议价博弈实验。纳什提出有关谈判的对称性、效用线性变换的无影响性和不相关可选择方案的独立性三条公理。满足这三条公理，则存在纳什均衡解。也就是说，在参与者均为理性的情况下，保证能够产生效用最大的分配。但是，如果他们议价失败，那么非合作结果就产生了。同时，他还设定（S，D）这一对数，代表议价者的最后期望效用结果。因此，这一理论指出，议价结果将在很大程度上取决于议价者对可能的选择结果的偏好，以及他们对风险的规避程度和心理承受能力。

1952 年 2 月，美尔文·爵烁和莫莱尔·弗莱尔（Melvin Dresher and Merrill Flood）作了一个具有重大影响的实验。这个实验首次介绍了后来被称为“囚犯困境”的著名的实验。他们研究的博弈论是下面给出的在一对固定主体之间的博弈矩阵的百倍重复。主体之间仅通过行或纵的选择来联系。博弈矩阵为：

-1，2	1/2，1
0，1/2	1，-1

实验以美分的形式支付。通过一百个博弈游戏，每个博弈者在每个游戏中获得他的支付数额。“纳什均衡”预言道：在重复实验的每一次，博弈者都将选择（2，1），即第二行第一纵。这样博弈者的预期收入是行博弈者为$0，纵博弈者为$0.50。当然，这是非效率的。因为如果博弈者每次选择（1，2），他们的收入将是行博弈者为$0.50，纵博弈者为$1.00，他们将都获得更多些。可见，均衡博弈比合作博弈有较少好处。

弗莱尔详细报道了已观察到的支付给一对博弈者的收入是行博弈者为

$0.40，纵博弈者为$0.65。这个结果与均衡结果相差很远。爵烁和弗莱尔把这一结果解释为反对通常假定的博弈者总是倾向于选择"纳什均衡"策略的证据。他们的实验证明，即使在一个平衡的博弈里，所观察到的行为也是与博弈理论所预测的相反。同时，实验也证明了博弈理论的一个预测，即对个人行为的刺激，在某些情况下可能给合作博弈带来相当难度。

1957 年，Thormas Schelling 报道了在一个信息对称情形下的博弈实验。实验包括两个例子：

第一个例子：给你和你的竞争者$100。要求你们能在没有交流的情况下达成一致意见如何去分这$100。你们每一个都要在一张纸上写出想要的数量。如果两个要求数量之和不多于$100，每个人将获得刚好所要的。如果超过$100，则什么也得不到。

第二个例子：你和你的两个竞争者各拥有字母 A、B、C 中之一。你们每个人以任何次序写出字母 A、B、C。如果三个单子上的字母次序一样，则你们将获得奖金$6，其中持有字母是所有三个单子上的第一个字母者得奖金$3，第二者得奖金$2，第三者得奖金$1。如果三个单子上的字母次序不一致，则你们什么也得不到。

Schelling 报道，在第一个例子中，40 个主体有 36 个主体选择$50。在第二个例子中拥有 A 字母的 12 个主体中有 9 个人的字母顺序是 A、B、C，12 个拥有 B 字母的主体中有 10 个人选择 A、B、C，16 个拥有 C 字母的主体中有 14 个人选择 A、B、C。Schelling 的观点是：暗示的变化可能有助于产生明显的便于协商的结果，而博弈论者的高度抽象的模型可能排除了在便于协商中起重要作用的因素，但 Schelling 也意识到怎样做实验的细节可能很重要。有时实验者希望回避引进多余的影响方式构筑环境。多年来，Schelling 实验的重大影响大多数间接地反映在实验的方式方法上，后来的学者们用此种方法解释各种各样现象。

最后的一套实验研究不是设计直接去检验博弈论假定，而是关于策略环境的认真研究。Suppes and Atkinson（1960）报道了一个包括 1000 多个主体的一系列实验，设计用以调查在博弈情形下简单学习理论的预期力量。在实验过程中，主体不知道他们正在作博弈，而且被简单地要求作一系列选择，之后告诉他们导致的结果，没有告知在实验中结果将决定其他人的行动。然后，他们报道了主体被越来越多地通知关于博弈的过程。在这期间，主体或者知道他们在作博弈，而没有看到支付矩阵，或者既知道他们在作博弈，也知道结果是如何决定博弈者的行为。所有这些过程由假定的货币支付来执行。而且最后的一套实验被执行，以主体完全被告知关于博弈建立在他们博弈行为基础上所获得的实际支付。

Suppes and Atkinson 发现，他们的实验结果能较好地与学习理论预期相一致。在大多数案例中，主体不知道他们在干什么。当主体被告知有关博弈和结果回报时，实验结果有所不同。尤其当货币支付增加时，主体倾向于一个理想的博弈策略，而且很可能这种结果可直接一般化到更加复杂的强化程序。

Suppes and Atkinson 所作的实验是在不同的信息和支付情形下用了不同的博弈（零和博弈和非零和博弈、2 个人和 3 个人、复杂的和纯策略平衡），所以他们没有得出关于环境是如何影响博弈理论预期准确性的一般性结论。但他们的实验为学习与调适模型领域的研究奠定了基础。

3. 关于市场组织的研究

市场组织较早的一个实验是由张伯伦（1948）报道的。他创建了一个市场，告诉每一个买者和卖者一个不可分商品每单位的保留价格（也就是说，对于买者来说，低于此价格去买商品，则有利可得；对于卖者来说，高于此价格卖商品，则有利可得）。当买者与卖者在一个分散的市场进行自由协商交易时，买者的保留价格决定商品的需求曲线，同时，卖者的保留价格决定商品的供给曲线。因此，在假定买者与卖者愿意以此方式交易他们的保留价格时，竞争均衡能在可控的实验室中建立。

张伯伦报道的实验包括 46 个市场，用稍微变化的均衡价格，他观察到实际交易的数量与竞争数量相比，42 个市场中，实际交易的数量大于竞争数量，其余 4 个市场中，实际交易的数量与竞争数量相等。同时，平均价格与竞争价格相比，39 个市场中，平均价格低于竞争价格，其余 7 个市场中，平均价格高于竞争价格。可见，实际交易价格数量和竞争均衡预期的价格数量之间存在差别，所以，市场的结果经常不同于竞争均衡。自张伯伦实验后的数年里，他用已知的供求曲线建立实验市场的技术被广泛地运用。

20 世纪 50 年代的最后 10 年和 21 世纪初，由 Hoggatt（1959），Sauermann and Selten（1959，1960），Siegel and Fouraker（1960）等人所进行的双寡头垄断（duoply）和求过于供（oligopoly）的市场情况的实验研究影响较大。其中，Siegel and Fouraker 获得了 1959 年美国艺术和科学学会的诺贝尔奖。Siegel and Fourake 设计了一系列的实验。在这些实验里，主体成对地讨价还价一直到他们在价格和数量上达成一致。这取决于给每个主体在每个价格和数量下他所能获得好处的支付表。在他们的实验中，特别强调主体关于支付可获得的信息。他们把一个主体仅知道自己的支付表的案例与一个主体知道两个支付表的案例以及两个主体知道两个支付表的案例相比较。他们发现，随着信息量的增加，主体选择帕累托最优的频率在增加。然后，他们给每个讨价还价者增加支付方面的区别，观察主体选择的数量比帕累托最优多一点或少一点所产生的不同有多大。他们在实验中发现变化非常小，主要是因为主体觉得潜在的支付区别不值得冒继续讨价还价的危险。

Siegel and Fouraker 实验研究的两个方法很出名：一是尽全力保证主体相互行为的匿名性，以避免实验中引进非控制的社会现象；二是他们通过改变不同决定导致的不同支付的大小来调查动机改变的效果。他们实验的结果，证明了一个讨价还价者可获得的信息量和他的信心水平是将要达到的价格量合同的重要因素。

二、实验经济学的近现代发展（20 世纪 60 年代至现在）

20 世纪 60 年代，是实验经济学稳定发展的 10 年。第一个实验经济学评论开始出现，Rapoport and Chammah（1965）组织了一个与“the Prisoner”有联系的庞大的研究团体，有 100 多篇实验经济学方面的学术论文被发表，人们更多地关注实验经济学的方法论问题。

一个证明经济理论与实验设计联系密切的重要的方法论的进步出现在 Becker，Degroot and Marschak（1964）的研究工作中。他们设计实验去测试个体的预期效用功能。而且关心怎样刺激实验主体使其暴露他们真实的保留价格。他们的实验方法是：给每个主体一张彩票，然后要求主体标注他愿意卖的货币数量。告诉每个主体他所标注的卖价将与随机决定的价格相比较。如果随机决定的价格（提供价格）比标注的价格高，那么实验者将以随机决定的价格而不是标注价格购买彩票。否则，主体只能保留彩票。不难看出，效用最大化者的占优策略是陈述自己的真实卖价。因为许多现代经济理论是建立在主体是效用最大化的假定基础上的，只有主体的效用能被准确地评估，理论的预期才能被了解。值得注意的是，如果主体不是效用最大化者，情况则会不同。

20 世纪 70 年代，实验经济学进一步发展。国际科学基金会对实验经济学的研究提供稳定的支持，使实验经济学的发展有了物质上的保证。在德国和美国，不同的实验群体在各种学术会议上进行接触和交流，其中起主导作用的人物有德国的 HeinzSauermann，Reinhard Selten，Reinhard Tietz 和美国的 Charles Plott，Vernon Smith。在这期间，实验经济学作为一门学科逐渐与实验心理学区别开来，尽管这两个学科有许多重叠的观点。

20 世纪 80 年代和 90 年代早期，实验经济学的发展突飞猛进，而且伴随其成长出现了变成主流学科的迹象。早期的实验者 Maurice Allais 赢得了 1988 年诺贝尔经济学纪念奖。这极大地增加了经济学的实验研究，而且研究范围不断扩大。经济学的许多基本领域已经成为实验经济学的研究对象。实验经济学涉足的领域主要有公共品供应问题、协商问题、议价行为问题、市场组织问题、拍卖问题以及个体选择问题。2002年诺贝尔经济学奖获得者，美国乔治—梅森大学的Vernonl Smith，发展了一整套实验研究方法，为通过实验室实验进行可靠的经济学研究确定了标准。Vernonl Smith率先采用了“风洞测试”的新方法研究选择性市场设计，利用实验展示了选择性市场机制的重要性。他的研究成果对确立实验是经验主义经济分析中一个必不可少的工具起到了有力的推动作用。

资料来源：张淑敏.实验经济学的发展与经济学方法论的创新［J］.财经问题研究，2004（2）.

问题：

实验经济学是怎样产生和发展的？

本章小结

实验经济学（Experiments with Economic Principles）是经济学家在挑选的受试对象参与下，按照一定的实际规则并给以一定的物质报酬，以仿真方法创造与实际经济相似的一种实验室环境，不断改变实验参数，对得到的实验数据分析整理加工，用以检验已有的经济理论及其前提假设或者发现新的理论，或者为一些决策提供理论分析。

实验经济学是经济学发展到一定阶段的产物，至今有80多年历史，实验经济学引入计量、行为、心理等分析方法，主要采用模拟和仿真、行为分析和心理研究、比较与评估等分析方法。

如果我们进行移动商务实验经济学实验时，需要掌握一些基本原则和方法，按实验的环境（environment）、实验的机制（Institution）、实验的主体（Subject）、实验参与者的行为（Behavior）基本构成及其规则进行实验活动。

实验经济学的开拓者史密斯提出了实验经济学的七大用途：①

（1）检验一个理论或者比较不同的理论。

（2）探寻理论失败的原因。

（3）把经验性的规律作为新理论的基础之一。

（4）比较实验环境。

（5）比较实验机制。

（6）评价政策建议。

① Vernon L.Smith，“Economics in the Laboratory”，*Journal of Economic Perspective*，8，Winter 1994.

(7) 把实验室作为测试有关机制方面设计的场所。

应该说，实验经济学弥补了经济学分析方法存在的缺陷，实验经济学在提供新的分析方法的同时，也存在许多缺陷。

尽管如此，实验经济学在中国仍具有十分广阔的研究前景，除用于检验比较、经济理论之外，还可以用于以下几个方面：移动商务公司新产品上市之前，可以设计相应实验让移动客户进行体验，用于国内的经济学教学，实验经济学用于教学已成为一种趋势，由于其直观性和参与性，会使学生在学习经济知识时更有兴趣，有助于理解。

本书将此作为该书的一个内容，主要是出于普及和推广的想法，因此，仅此开了一个头，但愿年轻的朋友继续开拓这一个领域。

本章复习题

1. 什么是实验经济学?
2. 简述实验经济学的内涵与特点。
3. 简述实验经济学的原则和方法。
4. 设计一堂移动商务实验经济学课程。

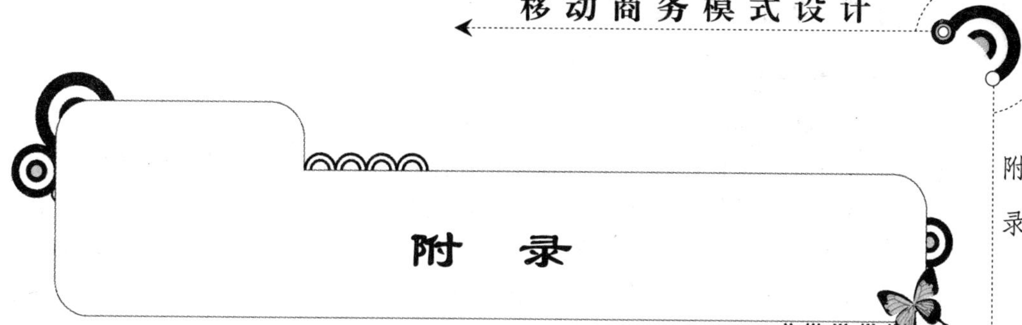

附录 1:
湖南省人民政府关于加快移动电子商务发展的意见

湘政发〔2009〕15 号

为贯彻落实国家《电子商务发展“十一五”规划》、《国家移动电子商务试点示范工程总体规划》和国家移动电子商务发展战略目标，促进移动电子商务发展，结合我省实际，现提出以下意见。

一、充分认识加快移动电子商务发展的重要意义

移动电子商务是基于移动通信网络和互联网络技术，使用移动智能终端进行交易、支付和认证活动的电子商务活动，是信息化条件下的新型经济活动。加快发展移动电子商务，切实推进国家移动电子商务试点示范省（湖南）建设，充分发挥移动电子商务对经济社会发展的促进作用，是贯彻落实国家信息化发展战略的重大举措，对进一步推动全省信息化与工业化融合，加快信息化建设步伐，促进经济社会发展方式转变，实现富民强省具有重要意义。

二、移动电子商务的发展目标、基本原则和发展重点

（一）发展目标

到 2013 年，移动电子商务应用水平居全国前列，移动电子商务服务平台交易额突破 1000 亿元，用户规模突破 1 亿户，商户规模突破 10 万家，实现产值 200 亿元，自有知识产权的移动电子商务关键技术装备与软件在国内市场占有率超过 20%，新增就业岗位 5 万个。将移动电子商务服务平台建成全球领先的技术先进、数据安全、系统稳定的移动电子商务核心平台，形成完整的具有自主知识产权的移动电子商务国家级技术标准体系。

（二）基本原则

加快发展移动电子商务，必须坚持重点推进与协调发展相结合，突出移动电子商务发展的重点行业、重点领域和关键环节，充分发挥试点示范的带动效应；坚持政府引导与企业主导相结合，各级政府在整合资源、引导投资、带动社会参与等方面积极推动、协调，充分发挥企业在推广应用中的主体作用，建立政府与企业的良性互动机制；突破瓶颈，寻求集约化建设、合作共赢的新途径和新方式，着力培育一批具有国际竞争力的移动电子商务企业。

（三）发展重点

1. 打造一个平台。建设全国一流、面向民生的移动电子商务服务平台，方便百姓生活，带动自主创新，推动电子商务产业和信息服务业发展，带动移动电子商务软件开发、物流服务、机具制造、研发培训等产业聚集，形成完整的产业链。

2. 建设两大基地。

一是在长沙高新技术产业开发区建立移动电子商务产业园。推动安全芯片、SIM 卡、智能读卡设备等移动电子商务核心产品的研发、制造企业落户园区，形成移动电子商务关键技术、产品的产业集聚。

二是大力支持中国移动通信集团公司在湖南建设中国移动电子商务产品创新基地。建设全国移动电子商务服务平台，开展移动电子商务业务运营工作，制定行业相关业务规范和标准，在全国开展移动电子商务业务拓展、用户拓展、商户拓展、系统支撑，到 2013 年形成 1000 人的运营团队。

3. 实现三项创新。

一是技术自主创新。形成以无线射频识别技术（RFID）为核心的移动支付的技术标准、智能终端设备标准，实现具有国内自主知识产权的技术。

二是商业模式创新。在移动电子商务领域建立完整的上、下游产业链，建立价值链多方合作共赢的移动电子商务新模式。

三是协作机制创新。打破行业壁垒，形成开放的社会协作模式，打造各环节相互协调的运作机制，加强产业资源整合，聚集国内外产业链上的优势企业构造新的产业链，架构新的产业群，形成以信息为纽带的全过程的有机协作。

4. 推进六大应用工程。

一是推进移动便民小额支付工程。通过布放移动 POS 终端，实现手机购物等现场支付功能；鼓励企业接入移动电子商务平台，开展企业对个人（B2C）的远程交易服务，扩展服务范围，提升企业信息化水平；鼓励各级行政机关、事业单位和社会团体使用移动小额支付的业务应用。

二是移动便民网上购物工程。借助 SMS、GPRS、移动互联网等无线技术，通过短信、语音、网站、手机定制终端软件等方式的远程移动支付业务，实现基于手机终端的互联网远程购物功能及业务应用。推动省内企业广泛开展移动商务活动，培育一批在互联网领域有影响的企业。

三是移动企业一卡通工程。基于无线射频识别技术（RFID）实现企业内部多功能的移动电子商务刷卡服务，实现企业员工考勤、企业门禁、车库管理、安保、内部消费支付等功能。同时，推进校园一卡通应用，实现身份识别、现场支付交易等电子商务服务功能。

四是实现移动公交一卡通工程。成立由政府主导，相关企业和国家移动电子商务试点示范工程承担单位共同参与的运营实体，以市场化的运作方式共同推进移动公交一卡通工程；推动公交相关行业与移动运营商的合作，通过技术创新对车载 POS 终端、公交 IC 卡进行改造，实现手机刷卡乘坐公交的移动公交一卡通应用。

五是推进移动公用事业缴费工程。引导水、电、煤、有线电视等公用事业缴费类业务运用移动电子商务，统一支付，改善应用环境，大力研发公用事业远程控制终端，实现全自助化的移动公用缴费流程，带动公用事业远程控制终端产业发展，通过信息化手段提升城市的整体公共服务能力。

六是推进移动农村电子商务工程。搭建移动农村电子商务平台，以县域有实力的零售批发企业市场化运作为主体、构建标准化农家店经销网络，建立以集约化采购和现代物流配送为手段，实现工业品进村、农副产品进城、门店资金归集的全新商务模式，推进移动农村电子商务加快发展。

三、完善发展移动电子商务的政策措施

（一）加大对移动电子商务发展的扶持力度

根据国家移动电子商务发展战略目标，结合我省的实际，制定《湖南省移动电子商务发展规划》。将移动电子商务列入信息产业发展重点扶持范围，省财政每年从省信息产业专项资金中安排一定比例的资金，用于扶持和引导移动电子商务重点领域应用、关键共性技术和应用软件的研发及产业化、移动电子商务相关标准的制定、信息服务业统计建设等。建立健全适应移动电子商务发展的多元化、多渠道投融资机制，鼓励企业参与市场竞争，建立适应电子商务发展的风险投资、融资担保、责任保险等机制。

（二）落实移动电子商务税收优惠政策

切实落实国家已出台的扶持高新技术产业、金融业、科技服务业、软件产业和现代物流业等的税收优惠政策。对从事移动电子商务的企业在经营过程中发生的技术开发费用，符合国家税法规定条件的，可以按当年实际发生额的一定比例在企业所得税前加计扣除。

（三）放宽移动电子商务行业准入

鼓励和引导更多企业参与移动电子商务产业，推动移动电子商务产业链的发展完善。凡新办移动电子商务企业，注册资本按法定最低注册标准执行。除国家法律、行政法规有明确规定外，任何部门和单位一律不得设置企业登记的前置条件。

（四）加强对移动电子商务企业的用地支持

简化移动电子商务项目建设用地审批手续，对移动电子商务项目建设用地，凡符合土地利用总体规划和城镇建设规划的，优先安排用地计划。

（五）拓宽移动电子商务投融资渠道

鼓励符合条件的移动电子商务企业进入境内外资本市场融资，积极拓宽股票上市、企业债券、项目融资、产权置换等筹资渠道。鼓励移动电子商务企业以标准、专利等知识产权为纽带，通过知识产权质押融资，进行跨地区、跨行业兼并和重组。引导和鼓励金融机构对符合国家产业政策的移动电子商务企业予以信贷支持，加快开发适应移动电子商务企业需要的金融产品。

（六）增强全社会的移动电子商务应用意识

加大宣传力度，充分利用各种媒体，采用多种形式宣传移动电子商务应用，增强企业和百姓的移动电子商务应用意识、应用能力和信息安全意识，各级行政机关、企事业单位和社会团体应积极采用移动电子商务方式交易和支付。

（七）大力培养移动电子商务人才

积极构建新型的移动电子商务人才培养体系和人才培养模式，省属高等院校要加强移动电子商务相关的学科专业建设，培养移动电子商务技术开发和应用人才。有关部门和单位要采取多种形式，加大对从事移动电子商务人员的专业培训，及时更新相关知识，提高业务水平；加强移动电子商务人才交流工作，把移动电子商务人才纳入省重点引进的人才目录，引进一批素质较高、层次合理、专业配套的移动电子商务人才。

（八）建立绩效考核和奖励制度

对发展移动电子商务工作做出重大贡献的企业家，根据行政奖励的有关规定给予奖励。

四、切实加强对移动电子商务发展的组织领导

各级各部门要结合实际，建立促进移动电子商务的重大政策、重要措施和重点项目的跟踪调度、定期协调制度，及时研究解决移动电子商务发展中的重大问题。各市州要抓紧制定加快发展移动电子商务的配套政策及实施方案，各相关单位要制定具体操作办法和措施，在全省形成促进移动电子商务发展的合力。

（一）建立畅通的工作机制

各级政府信息化和信息产业主管部门要积极组织、指导和协调移动电子商务试点和推广应用工作；各级商务主管部门要加强对移动电子商务发展的支持和行业管理工作，省技术质量监督管理部门要支持制定移动电子商务技术和应用标准。省移动电子商务工作领导小组其他成员单位要根据各自工作职责，做好促进移动电子商务发展的相关工作。各级各有关部门要采取切实有效的措施，积极推进移动电子商务试点示范工作，积极支持相关企业搞好移动电子商务试点示范工程的产品研发、推广应用、协调服务和市场宣传，为移动电子商务工程的顺利实施创造有利条件。

（二）制定移动电子商务发展规划

科学合理规划移动电子商务发展，尽快制订具体的实施方案。规划建设一批拥有自主知识产权、民族品牌和技术标准的移动电子商务龙头企业。进一步完善移动电子商务产业园的规划建设，引导产业集聚，形成产业集群。

（三）建立科学合理的统计指标体系

各级统计部门要建立移动电子商务统计指标体系，其数据记入电子信息产业。信息产业主管部门、工商行政管理部门应当按照统计部门要求，协助做好有关工作，及时提供移动电子商务企业名录。

湖南省人民政府

二〇〇九年六月一日

附录 2：

福建省电子商务工作指导协调小组关于加快福建省移动电子商务发展的实施意见（2009-06-24）

闽电子商务协〔2009〕3 号

为贯彻落实《国务院办公厅关于加快电子商务发展的若干意见》（国办发〔2005〕2 号）和国家发改委、国务院信息办制定的《电子商务发展“十一五”规划》（发改高技〔2007〕1194 号）以及原信息产业部与福建省人民政府签署的《关于加快海峡西岸经济区信息产业发展的合作协议》，结合我省区域经济和移动电子商务体系发展的实际情况，现提出推动我省移动电子商务发展的实施意见，请组织贯彻实施。

一、移动电子商务发展的现状与趋势

（一）国内外移动电子商务的发展现状与趋势

随着移动通信技术的日臻成熟和迅速推广应用，移动电子商务于20世纪90年代初期在美国出现，随后在日本和韩国得到迅速发展，许多移动电子商务业务的正式商用都最早出现在日韩，使之成为了全球移动支付领域的领跑者。近几年，移动电子商务在全球范围内受到移动运营商、商业银行、卡组织、服务供应商、IT公司以及手机终端制造厂商等多类机构的关注和参与，取得突破性发展，已成为各国特别是发达国家增强经济竞争实力、赢得全球资源配置优势的有效手段。

与全球移动电子商务业务快速发展相比，我国21世纪初才步入移动电子商务市场预热期。从2000年开始，我国移动通信企业与商业银行合作推出了银行卡账户支付的“手机银行”业务，主要围绕个人账户管理、手机费充值等缴费业务。2003年起，我国移动支付参与者开始增多，市场上SP（服务供应商）的数目逐渐庞大，以第三方为主体的移动支付模式在国内兴起，推出了手机号与银行卡号绑定的移动支付模式。目前，我国的移动电子商务模式逐步成形，整个市场从预热期逐渐转向发展初期。

（二）福建省移动电子商务的发展现状与趋势

近年来，我省国民经济和社会事业发展较快，开展移动电子商务必需的经济基础和技术条件初步形成。2008年，我省地区生产总值达10823亿元，人均生产总值30123元。截至2008年底，我省移动电话用户2368万户，同比增加560万户，移动电话普及率达到66.13部/百人，为移动电子商务的兴起奠定了较好的经济基础。我省移动运营商已经开展了基于手机钱包和小额支付平台的移动电子商务应用，初步实现代缴水电气费、手机充缴移动话费、慈善捐款、考试报名缴费、订报和购买彩票、保险和购买游戏卡、软件等10多类应用，其中仅福建移动手机支付用户超过130万户，2008年交易金额约6亿元，发展迅猛。

移动电子商务作为现代电子商务体系的重要组成部分和发展前沿，得到了我省有关部门的高度重视，《福建省电子商务“十一五”发展规划》提出了“十一五”期间“鼓励发展移动电子商务”。省经贸委、省信息产业厅、省通信管理局等16个部门在《关于加强福建省电子商务发展的实施意见》（闽经贸商业〔2008〕255号）中明确提出建设“移动电子商务示范，鼓励基础电信运营商、电信增值业务服务商、内容服务提供商和金融服务机构相互协作，建设移动电子商务服务平台，探讨面向不同层次消费者的新型服务模式”。因此，制定我省关于加快移动电子商务发展的实施意见很有必要。

二、福建省移动电子商务发展的指导思想与发展原则

（一）指导思想

深入贯彻落实科学发展观，按照中央关于支持海峡西岸经济区建设和省委省政府“两个先行区”建设的战略部署，以市场需求为导向，以企业为主体，以商务模式创新为驱动力，以优化环境为重点，以示范工程为抓手，通过扶持重点项目建设推动移动电子商务在重点领域与行业的应用，壮大移动电子商务产业价值链，加快福、厦、泉区域移动电子商务示范推广，逐步辐射与带动闽西北区域电子商务的兴起及应用，促进我省产业结构调整，推动经济增长方式转变，提高国民经济运行质量和效率，将我省建设成为海峡西岸移动电子商务发展先行区。

（二）发展原则

1. 政府引导，企业主导。政府部门要在市场准入、资金扶持、资源整合、制定法规标准等方面加强对移动电子商务的扶持、引导和规范，紧密结合福建地方特点，研究制定实施方案与配套措施，为移动电子商务发展营造良好的创新环境、人文环境和政策环境，提高企业积极性，依靠企业促进移动电子商务发展。

2. 创新模式，先行先试。以创新商务模式为核心，探讨移动电子商务产业链各方的合作模式，在重点行业、重点领域和重点区域先行试点，探索一条具有福建区域特色的移动电子商务发展之路。

3. 营造环境，保障安全。以促进发展与规范管理为指导，加快移动电子商务地方性政策法规、技术标准和规范体系建设，加强市场监管，规范市场秩序，防范金融风险，保障交易安全。

4. 重点推进，协调发展。坚持需求导向，以重点项目为抓手，推动移动电子商务在重点区域、重点领域的应用，通过区域带动、试点示范推动移动电子商务的协调发展。

三、福建省移动电子商务发展目标

到“十一五”期末，我省九设区市移动电子商务综合服务平台、运营中心与信用服务平台基本建设完成，移动电子商务的发展环境、支撑体系、技术服务、推广应用协调发展格局基本形成，移动电子商务产业价值链和商务模式比较完善，移动电子商务在重点区域、重点领域、重点行业应用广泛，使福建成为海峡西岸经济区内移动电子商务的重要汇集地，成为国内电子交易、电子支

付及信用体系的重要中心。

2009年目标：搭建开放、安全的移动电子商务平台架构，制定技术标准与业务规范，为实现统一门户、统一数据、统一接口、统一移动电子商务新业务（SI业务）管理提供架构支持。初步整合当前的电子商务应用，选择一个条件较好的设区市试点，在公交等公共事业重点领域开展具有影响力的规模业务试点。

2010年目标：选择前期试点效果较好的行业进行商用推广，与相关行业共同探讨确定商业模式。完善移动电子商务平台功能，建设信息中心，实现信息的加工、采集、存储、查询和分析五类业务的支撑；加快移动电子商务新业务（SI业务）研发与接入，业务覆盖全省主要设区市，在重点领域应用粗具规模。

2011年目标：在移动电子商务市场规模、产业发展、技术研发三个方面取得重大突破，移动电子商务市场环境、支撑体系、技术服务和推广应用四个方面协调发展的格局基本形成。对移动电子商务平台进行升级和扩容，建设商务引擎，实现商务论坛、智能搜索、商务智能分析等功能，完善已有系统管理功能和接口，全面打造移动电子商务产业链。到2011年，发展移动电子商务用户600万户以上，各类商户规模12000家以上，全年交易额突破280亿元。

四、福建省移动电子商务发展的主要任务

（一）建设福建省移动电子商务综合服务平台

鼓励更多的基础电信运营商、增值电信业务服务商、内容服务提供商和金融服务机构相互协作，建设面向行业用户的移动电子商务信息化服务平台。进一步加大对“福建省企业移动信息化公共服务平台”、“福建省移动电子商务公共服务平台”、“福建省商务领航中小企业移动信息化服务平台”的扶持和推进力度，发挥其重点示范引导作用。支持和推广网上商城并扶持建设WAP商城，引导传统商业企业开展网上营销，探讨面向不同层次消费者的新型服务模式。

（二）依托和利用我省电子商务应用安全基础设施

移动电子商务的发展要充分利用我省已经建设的基础设施，依托和利用已建成的福建CA中心和KM中心，以减少投资，最大限度地保证业务系统工作的连续性、可靠性、安全性。

（三）搭建移动电子商务支付平台

充分发挥电信运营商的无线网络资源优势，建立移动支付平台，为用户、金融机构和服务提供商提供安全稳定的通信渠道。利用语音、SMS、WAP等多种通信手段，为不同级别的移动支付业务提供不同等级的安全服务。逐步制定

移动支付等结算体系的统一标准和规范，依托银行卡联网通用平台，引导金融机构为支付平台建立一套完整、灵活的安全体系，保证用户支付过程的安全通畅。

（四）建立科学合理的移动支付业务的运作模式

鼓励移动电子商务产业链各方合理分工、密切合作，建立科学合理的移动支付业务的运作模式，实现产业链各方利益共享，推动移动支付业务的健康发展，实现各个环节之间的共赢，共同做大做强移动电子商务。充分发挥电信运营商在产业链中的引领和带动作用，鼓励运营商加强信息资源的整合和移动电子商务产业链各个环节的整合。

（五）加快移动电子商务信用体系建设

以建立信用体系与加强信用监管为手段，以健全法规和创新制度为支撑，促进移动电子商务各方诚信经营，防范交易风险。将移动电子商务企业和个人信用信息纳入全省统一的企业和个人征信体系，作为我省社会信用体系建设的组成部分，将企业和个人电信缴费信息纳入企业和个人信用信息基础数据库管理，依法向社会和有关监管部门提供企业和个人信用信息查询和公示。

（六）建立技术支撑及服务体系

组织移动电子商务产业链各方围绕移动电子商务发展的关键环节开展移动电子商务关键技术研究。鼓励电信运营商联合高等院校、科研机构加强技术创新，加快具有自主知识产权的电子商务硬件和软件产业化进程，提高电子商务平台软件、应用软件、终端设备等关键产品的自主开发能力和装备能力，研究制定移动电子商务关键领域的技术标准和规范。引导企业积极探索并逐步建立移动电子商务服务体系和服务标准，为用户提供专业化、规范化、个性化的服务，同时建立客户服务和申诉渠道，保障用户的合法权益。

（七）支持发展第三方支付服务

研究并设定第三方支付机构的准入条件，探索第三方支付模式，加强与各金融单位的合作，构建安全灵活的支付平台，消除支付障碍，在提供高速网络服务的同时不断增强客户终端的功能，使移动用户更方便地使用移动电子商务业务。分阶段对原有的不同支付服务和支付方式进行系统化整合。

（八）拓展移动电子商务应用的重点领域

一是推动移动电子商务在金融证券领域的应用。鼓励金融机构借助电信运营商建设的移动电子商务平台，办理多种金融业务，实现账户信息查询、存款账户间转账、银证转账、汇款、证券买卖、外汇买卖、股票交易、代缴费、金融信息查询等功能。

二是推动移动电子商务在关乎民生的公共事业领域的应用。鼓励电信运营商、金融机构、公共事业领域的企事业单位加强合作，稳妥分步实现水、电、气、交通违章罚款等公共业务的移动缴纳，有效缓解银行、交警等单位营业厅的排队压力，提高相关单位的缴收效率。推动 RFID 技术（无线射频识别技术）和移动通信技术的结合，力争在 3~5 年内实现在公交车、出租车上搭建现场支付终端，用户乘车只需携带一部手机，就可轻松实现公共交通领域的移动支付。以手机作为电子化票务信息的载体，逐步推广非接触手机票和二维码取票凭证两种业务。

三是推动移动电子商务在超市、百货等消费领域的应用。利用 SMS 、GPRS 以及 CDMA 制式作为传递交易数据的通信载体，扶持零售企业和饮食服务企业广泛应用 POS 系统，力争 5 年内覆盖我省 80%的大中型商场。用户能够通过移动终端在商场轻松实现移动支付。

四是推动移动电子商务在居民社区和农村的应用。结合智能化社区试点建设和农村信息化示范建设，积极开展移动电子商务试点示范，把移动电子商务应用融入到居民社区和农村信息化中。

五是推动移动电子商务在文化娱乐领域的应用。重点发展移动订购影音节目、互动游戏、购买彩票和手机订电影票等多项业务。

六是推动移动电子商务在物流领域的应用。充分利用互联网和移动通信网络，在全省范围内加快推广以条码凭证为主体的电子配送体系，结合定位技术、短消息服务、无线应用协议（WAP）技术以及呼叫中心技术，完善物流公共服务平台功能并逐步推广，为流通大户、供销社、农副产品配送中心等提供移动商务信息服务，促进农民增产增收。

七是推动移动涉税信息服务业务的应用，拓展纳税辅导、政策咨询、税法宣传等服务功能，方便纳税人办税和逐步减轻纳税人办税负担，营造温馨和谐的办税环境与氛围。

八是推动移动电子商务在国际贸易领域的应用。支持“福建省国际电子商务应用平台”开通移动增值服务及相关配套业务。鼓励外经贸企业积极开展移动电子商务。

（九）拓展海峡两岸移动电子商务合作应用

依托移动电子商务综合服务平台建设闽台农信通系统、台湾农产品溯源系统、闽台物流通系统等信息化系统，开展面向两岸合作的移动电子商务应用。加强与台湾农业相关部门的合作，为闽台经贸往来和两岸物流企业提供优质高效的信息服务。鼓励获得许可的企业建设直达海峡对岸的通信海缆和海峡西岸光缆登陆点，为两岸的移动电子商务合作提供良好的基础网络环境。

五、福建省移动电子商务发展的保障机制

（一）加强移动电子商务组织体系建设

省电子商务工作指导协调小组下设省移动电子商务专门小组，全面指导移动电子商务工作。制定促进我省移动电子商务发展的实施方案，明确贯彻落实发展的目标、任务和工作重点及相关政策，形成统一领导、统一规划、协调一致的管理体系，强化政府对移动电子商务的宏观指导。各设区市经贸委（贸发局、商贸办）负责移动电子商务应用推广工作在本辖区内的组织实施，成立相应的工作协调小组，采取有效措施，统一制定本地移动电子商务发展规划，推动移动电子商务在相关行业与重点领域的应用。

（二）实行政策和资金扶持

认真贯彻国家制定的有关扶持移动电子商务发展的政策，研究制定电信业、金融业和移动电子商务相关企业相互支持、协同发展的地方性政策。充分发挥政府投入的带动引导作用，协调有关部门在信息化专项资金中划拨设立专款对移动电子商务在重点领域的应用示范项目给予必要的资金支持。

（三）完善金融服务政策，引导形成多渠道投入机制

加大对移动电子商务信用体系涉及的各基础电信运营企业、银行和银联机构、第三方支付服务提供商、移动电子商务平台技术提供商和商贸企业等产业链上下游企业的协调力度，加快建立信用评价与评级机制、信用监督与失信惩戒机制，鼓励和引导产业链上下游企业积极参与移动电子商务建设与应用，支持和引导以企业为主体、按照市场化运作方式健全适应移动电子商务发展的多元化、多渠道的投融资机制。引导银行业金融机构加大对符合贷款条件的移动电子商务项目的信贷支持力度，积极探索符合移动电子商务项目实际需要的金融创新产品。

（四）扩大多领域、多层次的区域协作

选择一设区市或一重点行业启动移动电子商务试点，通过试点的示范应用，带动移动电子商务的广泛应用。充分发挥移动电子商务试点的示范与辐射作用，加快移动电子商务的应用，提升全省移动电子商务的整体发展水平。加强对移动电子商务的指导，加大对经济欠发达地区的支持力度。

（五）加强移动电子商务标准化体系建设

认真研究和借鉴国内外有关移动电子商务发展的先进经验，建立与国际、国家接轨的标准化体系，通过搞好标准化工作支持移动电子商务发展。组织专家、企业和科研机构参与标准化的制定，将标准化工作融入移动电子商务项目的建设过程，在项目立项方案评审、开发实施监理和项目验收中加强标准化的

符合性审查。

（六）加强宣传培育形成新型消费习惯

按照“应用带动客户使用，宣传催化客户使用，发展强化客户使用”的原则，积极组织各地开展宣传活动，以5·18、6·18平台为载体展示移动电子商务为社会带来的便捷和高效，加强移动电子商务知识普及与应用宣传，提高社会各界对移动电子商务的认知水平。充分利用各移动运营企业的营业厅和用户体验中心开展移动电子商务产品推介、新业务试用，举办多种主题活动和优惠促销活动，逐步引导市民形成移动电子商务新型消费习惯。

（七）加强移动电子商务业务的市场监管

积极研究和探索移动电子商务活动的监管模式、监管方法和监管手段，加大执法力度，维护市场秩序。规范移动支付行为，防范移动支付金融风险，保障资金流动安全。建立和完善通信管理、工商、公安和金融部门的协调联动机制，打击移动电子商务领域的违法犯罪活动。结合整顿和规范市场经济秩序工作，严厉查处移动电子商务领域的不法行为。

（八）加快与移动电子商务相关产业的发展

积极吸纳和引进与移动电子商务相关的基础产业发展，重点支持安全芯片、SIM卡、支付手机、智能读卡设备和自动售货机等移动电子商务核心技术、产品的研发和产业化发展，形成移动电子商务产业孵化机制，培育信息产业新的增长点。利用3G发展契机推动移动电子商务及其产业链发展，优先选用我省地产电子产品，积极推荐我省地产电子产品在电信运营企业总部的入围和集采。

福建省电子商务工作指导协调小组
二〇〇九年六月十一日

附录3：

加快推进全省无线城市建设的指导意见

吉政办发〔2011〕32号

为充分发挥信息化在转变经济发展方式和促进吉林老工业基地振兴中的重要作用，进一步推动省政府与中国移动通信集团共建无线城市战略合作协议的深入实施，经省政府同意，现就加快推进全省无线城市建设提出以下意见：

一、充分认识无线城市建设的重要意义

无线城市建设是指利用无线宽带接入技术，建设覆盖整个城市的无线宽带信息网络系统，通过该系统和平台为社会各界提供更加方便快捷的城市信息和互联网应用服务。目前，国内外400多个城市正在实施无线城市建设。无线城市正在成为继水、电、气、交通之后的城市重要公共基础设施，成为衡量城市整体运行效率、信息化程度和综合竞争力的要素之一。

随着现代信息技术在政务、商务、生产、生活等社会各领域的普及应用，对无线城市的建设和发展提出了迫切需求。加快全省无线城市建设，构建宽带、泛在、融合、安全的无线网络，促进信息化在社会各领域的广泛应用，对于进一步提升城市管理水平和政府服务能力，改变城市生活管理方式，促进产业结构优化升级，培育发展新兴产业，加快经济发展方式转变，具有重大而深远的意义。各地、各部门要按照贯彻落实科学发展观的要求，在统筹推进“三化”和实施 “三动”战略中，把无线城市作为城市化发展的重要载体和支撑，制定无线城市发展规划，落实无线城市建设各项任务，努力为无线城市建设创造良好条件，提供优质服务。

二、无线城市建设的指导思想和发展目标

（一）指导思想

全面贯彻落实科学发展观，着眼于加快“数字吉林”建设和提升城市现代化管理与服务水平，大力推进信息化与城市化融合，按照政府引导、市场化运作、系统规划、梯次推进、试点先行、产业带动的原则，以信息化体制、机制创新为动力，以信息技术应用为主导，以信息资源开发利用、整合共享和普遍服务为核心，拓展无线数字应用领域，提升城市管理与运行效率，完善城市服务功能，促进经济社会发展和城市建设水平的快速提升。

（二）发展目标

用3年时间渐次推进9个市（州）政府所在地无线城市建设，适时向县级城市推广。建立全省统一的无线城市公共信息门户，实现宽带无线通信网络对县级以上城区的100%覆盖，逐步建成全省高带宽、高可靠性，基于综合信息化应用平台体系的无线城市群。实现无线宽带业务在电子政务、城市管理、应急指挥、公共事业等领域的应用，核心城市80%以上政务服务项目可以在线办理，70%以上中小型企业和90%以上大型企业可以在线使用无线宽带进行营销活动。建立无线城市产业链雏形，培育一批无线城市相关设备与产品生产企业，以无线宽带业务应用带动服务业升级，促进吉林省经济发展方式转变。

三、无线城市建设的重点任务

（一）实施无线网络覆盖工程，完善信息化基础设施

无线网络是无线城市建设的基础，是实现无线城市各种应用的载体，加快无线网络建设是无线城市建设的首要任务。要在全省分区域、按步骤加强第二代移动通信（2G）基站、第三代移动通信（3G）基站和无线局域网络（WLAN）建设，规划开展第四代移动通信（4G）网络建设，进一步提升全省移动通信网络覆盖水平。要在2G网络100%覆盖基础上，推进3G网络在县级以上城市的连续覆盖，同时在全省热点地区建设3万个无线局域网络，实现行政单位、公共场所、居民小区、商业街区和旅游景区无线局域网络的全覆盖，积极推进第四代移动通信（4G）网络在地、市级城市普及应用，为无线城市提供无所不在的基础信息网络。

（二）建设移动政务信息系统，率先推动政府部门应用

结合电子政务建设，建立无线吉林公众信息门户系统和无线政务应用平台，推动无线宽带业务在各级政府部门的应用，通过建立移动政务应用模式，提高行政效率，降低行政成本。要以无线吉林公众信息门户为依托，建立宣传推介吉林的信息窗口，提供政府信息发布、政策查询和与群众生活密切相关的公共信息服务内容。以政务信息化应用平台为载体，加快无线政务、无线信访、智能交通、应急指挥、城市管理、平安城市等重点项目建设，利用无线网络和终端的优势，推进政务办公、网上审批、电子监察、警务应用、移动执法、移动监管等各类应用。各地、各部门要主动利用移动信息平台的互动服务功能，开展面向公众的信息查询服务和各类增值服务业务，不断拓展公共服务的领域和范围。

（三）打造无线生活服务平台，拓展移动便民信息服务

整合社会保障、教育、卫生、市政等公益性信息资源，推进无线宽带业务在科技教育、医疗卫生、社会保障、市政服务等领域的应用，促进信息公开与便民服务。推进无线城市“一卡通”应用，为城市居民提供水、电、气、热、医疗保险、养老保险、公积金、交通、公共就业等信息查询及费用缴纳等便民服务。推进无线校园和无线教育平台建设，推动校园管理、在线教育、家校互动移动化应用。推进城市居民电子健康档案建设，提供移动挂号预约、远程会诊、电子病历、医患互动服务。开展移动电子社区试点示范，推广移动平安社区监控平台、移动抄表、无线便民信息服务亭等项目，建设一批具有示范效用的无线宽带智能楼宇和居民社区。

（四）推进无线数字城管系统建设，提升城市管理信息化水平

推进基于无线网络的城市管理与服务，提高城市管理、环境保护、社区卫生等信息化管理水平。重点建设无线城市智能交通系统、无线城市监控系统、大气污染无线监测系统、无线路灯监控系统项目。加快建设市（州）基于无线城市应用的应急平台，建设含自然灾害、事故灾难、公共卫生、社会安全事件的信息监控与信息发布系统。进一步完善“平安吉林”公共安全视频监控手段，扩大监控范围，实现公安、消防、交管、城管、城建、急救等部门的协同联动。建设“数字城管”系统，运用移动定位、视频监控、数据传控等技术，通过无线城市智能交通、无线城市监控、无线环保监测等系统，实现现场稽查和监管。

（五）推广移动商务和物联网应用，促进“两化”融合发展

抓住信息化与工业化融合发展机遇，建设企业移动信息化应用系统，在企业研发、生产、管理、销售等环节，提供移动信息化解决方案，提升企业信息化水平。推动移动电子商务在金融证券、商贸流通等领域的应用，发展面向公共事业、交通旅游、就业家政、休闲娱乐、市场商情等方面的移动电子商务应用，扩展移动支付、手机“一卡通”、移动物流配送和移动商务管理的应用领域。着眼于促进工业产业跃升，推动物联网技术在吉林省汽车、石化、农产品加工、医药等重点行业的应用，推广智能传感器、视频监控、GPS 定位、无线射频识别等现代信息技术，建立汽车车载应用信息服务基地、化工危险品物流监控系统和食品药品安全追溯系统，带动相关行业物联网应用，提升企业物联网应用水平。

（六）培育无线城市新兴产业，促进服务业优化升级

通过融合推进信息化与城市化，加快培育新兴产业和新的经济增长点。大力扶持 3G 应用、移动电子商务、软件信息服务、网络动漫、电子娱乐等新兴产业发展。推进物联网、传感网、云计算等新技术发展，培育移动互联网、物联网等新兴产业。发展手机增值业务信息服务，鼓励企业积极参与信息开发、制作、采集、整合与发布，开展政府便民的科技、教育、卫生、交通、旅游、市政等信息服务。以发展吉林动漫产业为重点，整合图书、文艺、影视等信息资源，带动吉林动漫创意、传媒的产业化发展。发展无线传播特色文化，引导优秀人才开展文化创业，推动文化创意产业发展，不断培育和孵化优秀的无线城市产品和服务，促进无线城市产业链的形成。

四、推进无线城市建设的主要措施

（一）加强无线城市建设的组织领导

成立吉林省无线城市建设工作领导小组，负责全省无线城市建设工作的协调与指导。各地、各部门要按照全省无线城市建设任务要求，指定专门机构和人员负责，落实无线城市建设职责分工，全力推进无线城市建设，建立无线城市建设长效运行机制，促进无线城市的发展和应用。

（二）抓好应用试点和示范工作

全省先行启动长春市、吉林市、辽源市、松原市和延边朝鲜族自治州无线城市建设试点，重点推动电子政务、移动商务、城市管理等方面的应用项目建设。开展试点的市（州）政府要加强对无线城市建设的统筹规划与协调，在政策扶持、资源开发和基础设施建设等方面给予支持，及时总结经验，为在更大范围的推广应用奠定基础。

（三）推进无线城市相关产业发展

建立无线城市发展产业联盟，以实施产业化专项、合资合作、项目研发等方式，组织通信运营商、软硬件提供商、系统集成商、信息服务商等共同参与无线城市建设，支持省内企业研发生产用于无线城市的软、硬件产品，支持企业开展基于无线网络的增值服务，支持地理信息、网络动漫、电子娱乐等新兴产业发展，建立联盟企业交流合作机制，形成上、下游产业链，培育吉林省的无线城市产业群。

（四）营造无线城市发展的良好环境

各级政府要全力支持无线城市建设，在政府采购、配套资金和市政基础设施资源等方面，给予必要的政策支持，营造良好的投资环境。要利用各种媒体开展群众性无线城市建设宣传活动，展示信息化在便捷信息沟通、改进生活方式、加强城市管理和政府公共服务中的作用。建立无线城市体验中心、服务站和培训点，提升社会公众应用技能，形成全社会共同参与的无线城市建设良好氛围。

吉林省人民政府办公厅

二〇一一年十二月十四日

参考文献

[1] 洪涛. 高级电子商务教程（第二版）[M]. 北京：经济管理出版社，2011.

[2] 洪涛. 电子商务盈利模式案例 [M]. 北京：经济管理出版社，2010.

[3] 洪涛. 网络销售 [M]. 北京：经济管理出版社，2011.

[4] 洪涛. 物联网经济学 [M]. 北京：中国铁道出版社，2011.

[5] 赵卫东，黄丽华. 电子商务模式 [M]. 上海：复旦大学出版社，2006.

[6] Siau K.，Ee-Peng，Lim-Z. Shen. Mobile Commence：Promise，Challenges，and Research Agenda [J]. *Journal of Database Management*，2001（12）.

[7] Barnes S. J.. The Mobile Commerce Value Chain：Analysis and Future Developments [J]. *International Journal of Information Management*，2002（22）.

[8] Ian M.，Janusz M.，Julio C. et al. Business Models for Mobile Content：The Case of M-games [J]. *Electronic Markets*，2002（2）.

[9] 王燕，高玉飞. 移动商务的价值链与商务模式研究 [J]. 物流科技，2006（29）.

[10] 移动期货引领期货投资新理念 [DB/OL]. http：//business.sohu.com/20040819/n221619603.shtml，2004-08-19.

[11] 谈移动商务在餐饮行业中的应用 [DB/OL]. http：//www.ccas.com.cn/Article/HTML/11838.html，2010-02-19.

[12] 我国餐饮行业移动信息化需求潜力巨大 [DB/OL]. http：//www.china.com.cn，2007-08-07.

[13] Google：移动旅游搜索将是大势所趋 [DB/OL]. http：//news.ifeng.com/mil/air/hklyzx/detail_2010_10/14/2779699_0.shtml，2010-10-14.

[14] 移动购物从虚拟走向现实 [DB/OL]. http：//www.cnii.com.cn/20060529/ca361563.htm，2006-07-13.

[15] 中国移动通信网，http：//www.10086.cn/index.htm.

[16] 王汝林.移动商务理论与实务 [M]. 北京：清华大学出版社，2007.

[17] 洪涛.电子商务盈利模式 [R]. 2009.

[18] 百度百科. baike.baidu.com/view/3720877.htm.

[19] 百度百科. http：//baike.baidu.com/view/4358723.htm.

[20] 北斗卫星导航系统试运行 [N]. 人民日报（海外版），2011-12-28.

[21] 移动电子商务的法律问题 [R]. 知识产权实验室，2007-04-18.

[22] 罗霄. 移动支付让手机变成移动 POS 机 [N]. 北青网—北京青年报，2011-09-14.